入門
中国法

Introduction to Chinese Law

田中信行 編

第2版

弘文堂

第2版はしがき

　初版の「はじめに」では、本書は入門書でありながら六法全書的構成は採用していない、とお断りしていましたが、この第2版は六法全書的構成に切り替わっています。これは民事法分野の整備が進み、民法典の制定が見通せるようになったため、成文法全体の構成がほぼ確定的になったことを受けた変更です。このことが示しているように、2020年を前にして中国法はようやく体系的に完成の域に近づいたといえるのではないでしょうか。

　しかし成文法の体系が確立する一方で、中国の法治主義は現在、深刻な危機に直面しています。今世紀のはじめに胡錦濤政権が成立したのちの10年間、WTO加盟を実現して国際社会の一員となった中国は、飛躍的な経済発展により大国としての地位を着実に築いてきましたが、同時に国内的には経済発展がもたらす社会の歪みに悩まされることになりました。大小の利権が社会の隅々に腐敗を生み出し、いたるところで権力が汚染されていったのです。とりわけ、中国の司法を指導する中央政法委員会の周永康書記が、反腐敗闘争を悪用してみずから腐敗勢力の頂点に君臨したことは、中国の法治主義と司法を実態面から危機へと導く要因となりました。

　胡錦濤政権を受け継いで誕生した習近平政権は、周永康一派の掃討を手始めに、法治の回復と司法の再建に取り組む姿勢を見せていますが、彼が目指す法治は、改革・開放以降取り組まれてきたそれとはまったく方向性を異にしています。文革から改革・開放への転換にあたって鄧小平が求めた法治は、中国共産党も含めた適法性（＝適正手続）の強化であったのですが、習近平の主張するそれは党による統治を強化する道具としての法治という意味で、文革時期に毛沢東が提唱して結果的には人治への道を開いた考え方と違いがありません。

　2期目を迎えた習政権は、改革・開放政策からの転換を具体化し、新しい政策へと移行しつつありますが、それにあわせて中国法全体の理論と法解釈の見直しを進めようとしています。これまでもめまぐるしい変動を繰り返してきた中国法ですが、成文法体系のひとまずの完成を目前に控えて、ふたたび激動の渦に取り込まれていくことになるのでしょうか。

　この第2版ではそのような問題意識を前提に、一段と進化した中国法の特

徴的な部分を中心に概説するとともに、そこここに垣間見える危機の萌芽についても注意喚起をしています。はじめて中国法を学ばれる方は、あまりにも政治的な中国法のあり方、作用に驚かれ、違和感をもたれるかもしれませんが、「日本法とは違う」という意識を常に忘れず、その違和感こそが中国法の特徴なのだと理解してください。

　近代法的常識では容易に理解しがたい中国法ですが、いまや中国とのビジネスは多くの分野で不可欠の存在となっており、中国法も避けて通れないリスクの1つです。「中国法なんて法律ではない」というのは、これまで多くの人が共有してきた印象ですが、その印象にこだわっていては先には進めません。とっつきにくい面があることは否定しませんが、先入観を捨てて本書を読んでいただければ、多少は中国についての理解が深まり、いつか中国とのビジネスに関わるようなことがあったとしても、本書で学ばれた経験がどこかできっと活かされるものと確信しています。

　　2019 年初秋

　　　　　　　　　　　　　　　　　　　　　　　田中　信行

初版「はじめに」

　この本は、はじめて中国法の勉強をしてみようという方のための、入門書です。中国のこともよく知らないし、法律のこともよくわからない、という方が読んでも、中国や中国法がある程度は理解できるようになることを目指して、書かれています。そのため、法制度や法律そのものの内容の説明だけでなく、中国社会や政治、経済の仕組みにまで話が広がっているところもあり、法律の中身だけ知りたい、という方は、余計な話が多すぎる、と感じるかもしれません。しかし著者としては、そういう方にも、ぜひそうした余計な話にも耳を傾けていただきたい、と考えています。

　中国法を理解するうえで、もっとも気をつけなければならないことは、中国は日本とはまったく違う国だ、ということです。外国ならどこも違ってあたりまえ、ということもあるでしょうが、政治、経済、社会の仕組みが日本とはまったく異なり、法のあり方も全然違うという意味で、中国は日本からもっとも遠く離れた国の1つです。

　本書を読めばおわかりになると思いますが、たとえば中国語の「都市」とか「農村」という言葉は、われわれがちょっと想像もできないような意味で用いられています。都市に住む「住民」や農村に住む「農民」も同じです。もちろん、一般的な日常会話のなかでは、日本語と同じ意味で使われる場合もありますが、法制度上の概念としては、きわめて特殊な、中国ならではの意味をもっています。

　最近、中国の経済ニュースのなかにしばしば登場するようになっている「都市化」という言葉も、したがって日本語と同じ意味ではありません。これを日本で通常いうところの「都市化」と同じに解釈すると、とんだ誤解をすることになってしまいます。

　またある時、中国ビジネスに長年携わってこられた方から、「中国の弁護士が民事不介入の原則も理解していないのには困った」という話をうかがったことがありますが、日本では常識に属する民事不介入（公権力は民事に介入しない）の原則も、実は中国法は認めていないのです。おそらく、民事不介入の原則は世界の常識、と勘違いしている日本のビジネスマンに、中国の弁護士

さんも困ったことでしょう。

　しかし、これらはほんの一例にすぎません。本書を読めば、同じような誤解、勘違いにつながる話があちこちに散らばっていて、びっくりされるかもしれません。

　本書の構成が、いわゆる六法全書的構成と違っているのは、上記のような中国社会の独特な仕組みを法制度と結びつけて、効率よく説明しようと考えたからにほかなりません。各章ないし節のはじめでは、法制度の形成過程が説明されていますが、あわせてそうした中国社会の仕組みについても解説しています。また、中国や中国法の理解にとって重要な事項・用語は、重要語句として太字で示してあります。そして、初学者の方でも安心して読み進められるように、とくに説明が必要と思われる事件や用語については巻末の【用語解説】で多少詳しい説明も加えてあります。

　中国や中国法についてよく知らない、ということはハンデにはなりませんから、むしろいっさいの予断を排して、虚心坦懐に読んでいただくことをお勧めします。ただし本書は入門編ですので、あまり深く立ち入った説明はしていません。これでは物足りない、もう少し詳しい説明がほしい、と思われた読者は、巻末の【参考文献】を手がかりに、ぜひ次のステップに進んで、勉強してください。

　法律関係の文章は堅苦しくなりがちですが、弘文堂編集部の登健太郎さんには、できるだけ読みやすくということで、編集上、いろいろなアイデアを出していただきました。記して謝意を表します。中国法に関心を抱いてくださる方が一人でも増えることに、本書が少しでも貢献できれば、望外の喜びというほかありません。

　　2013 年初秋

田中　信行

初版「はじめに」

目　次

第2版はしがき　i
初版「はじめに」　iii
凡例　xii
中華人民共和国 行政区画図　xiii

第1章　法と国家　1

第1節　法建設の歴史……1
Ⅰ　中華人民共和国成立前史……2
1 中華ソビエト共和国の成立(2)　2 国共内戦(2)
Ⅱ　中華人民共和国の成立……3
1 人民政治協商会議共同綱領(3)　2 三大立法(3)　3 54年憲法体制の成立(4)
Ⅲ　社会主義建設をめぐる曲折……4
1 社会主義社会への移行(4)　2 反右派闘争と大躍進(5)　3 文化大革命(5)
Ⅳ　「改革・開放」の時代……6
1 民主主義と法秩序の回復(6)　2 市場経済化とグローバル化(6)　3 WTOシフト後の課題(7)

第2節　国のしくみ……8
Ⅰ　党・国家体制……8
1 党と国家の関係(8)　2 党の指導体制(8)　3 党の基層組織(9)
Ⅱ　国家機構……9
1 民主主義的中央集権体制(9)　2 行政区画(11)　3 民族区域自治(12)
Ⅲ　クローズアップ……12
1 挫折した政治改革(12)　2 集中的統一指導(13)

第3節　法のしくみ……14
Ⅰ　立法……14
1 立法権(14)　2 立法手続(15)
Ⅱ　法源……16
1 政策(16)　2 法律解釈(16)　3 判例(17)　4 党内法規(17)
Ⅲ　クローズアップ……18
1 党内法規の整備・強化(18)　2 最重要の法源(19)

第2章　憲法・行政法　20

第1節　憲法……20
Ⅰ　概説——歴史と背景……20
Ⅱ　82年憲法……21
1 基本的特徴(21)　2 改正の経緯(21)
Ⅲ　人権……24
1 人権の容認(24)　2 市場経済化による変化(25)　3 法の下の平等(25)
4 選挙権(25)
Ⅳ　クローズアップ……26
1 政治的要求には厳しく(26)　2 人権行動計画(27)

第2節　行政法……27

Ⅰ　概説──歴史と背景……27

Ⅱ　行政のしくみとおもな法律……28

　　1 行政機関の役割(28)　**2** 人治の背景(28)　**3** 行政法の整備(29)　**4** 依法治国(30)

　　5 国家安全戦略綱要(30)　**6** 公務員法(32)

Ⅲ　クローズアップ……33

　　1 監察体制改革(33)　**2** 反右派闘争の教訓(33)

第3節　戸籍制度……34

Ⅰ　概説──歴史と背景……34

Ⅱ　おもな法律……35

　　1 戸籍登記条例(35)　**2** 住民身分証法(36)

Ⅲ　クローズアップ……36

　　1 経済格差(36)　**2** 戸籍制度改革(37)　**3** 都市化政策の問題点(37)

第4節　住民自治制度……38

Ⅰ　概説──歴史と背景……38

Ⅱ　おもな法律……39

　　1 都市住民委員会組織法(39)　**2** 村民委員会組織法(40)

Ⅲ　クローズアップ……40

　　1 村の自治と党の指導(40)　**2** 選挙の形骸化(41)

第3章　民　　法　　　　　　　　　　　　42

第1節　民法総則……42

Ⅰ　概説──歴史と背景……42

　　1 民法通則から民法総則へ(42)　**2** 統一民法典の制定に向けて(43)

Ⅱ　民法総則の内容……44

　　1 概要(44)　**2** 基本規定(45)　**3** 主体(46)　**4** 民事権利(47)

　　5 民事法律行為(48)　**6** 代理(49)　**7** 責任(50)

Ⅲ　クローズアップ……51

　　1 訴訟時効(51)　**2** 表見代理(52)

第2節　物権法……53

Ⅰ　概説──歴史と背景……53

　　1 総論(53)　**2** 物権法制定以前(54)　**3** 物権法の制定(55)

Ⅱ　物権法の内容……55

　　1 総則規定(55)　**2** 所有権(57)　**3** 用益物権・土地法(59)　**4** 担保物権(61)

Ⅲ　クローズアップ……63

　　1 統一民法典と物権法の改正(63)　**2** 農村土地の権利関係の変化と進展(64)

第3節　契約法……67

Ⅰ　概説──歴史と背景……67

　　1 統一契約法の制定の経緯(67)　**2** ウィーン売買条約の影響(67)

　　3 民法総則の制定による修正(68)

Ⅱ　契約法の内容……68

　　1 契約法の構成(69)　**2** 契約の定義と基本原則(70)　**3** 契約の成立(70)

　　4 契約の効力(71)　**5** 契約の履行(73)

Ⅲ　クローズアップ……78

1 "先進的立法"の不安さ(78)　　2 中国に独自の規定は何に由来するのか(79)
　　3 "先進性"と同居する伝統的観念(79)

第4節　権利侵害責任法……80
　Ⅰ　概説——歴史と背景……80
　Ⅱ　権利侵害責任法の内容……81
　　1 立法趣旨(81)　　2 帰責原理(82)　　3 公平責任(83)　　4 不法行為の効果(責任負担方法)(84)　　5 複数者の関与による不法行為(86)　　6 責任主体に関する特別規定(87)
　　7 製造物責任(89)　　8 自動車交通事故責任(90)　　9 医療損害責任(90)
　　10 環境汚染責任(91)　　11 高度危険責任(91)　　12 飼育動物損害責任(92)
　　13 工作物責任(92)
　Ⅲ　クローズアップ……93
　　「リスク社会」と法的対応(93)

第5節　家族法……94
　Ⅰ　概説——歴史と背景……94
　　1 伝統中国の家族(94)　　2 家族法の近代化——20世紀前半の家族法(94)
　　3 中国「社会主義」と家族法(95)　　4 民法典編纂と家族法(96)
　Ⅱ　おもな法律……96
　　1 概要(96)　　2 婚姻法(97)　　3 養子法(101)　　4 相続法(102)
　Ⅲ　クローズアップ……104
　　1 計画出産と法(104)　　2 婚姻家族をめぐる法律問題と司法解釈(105)

第4章　知的財産権法
106

第1節　中国における知的財産権諸法の誕生と発展……106
　Ⅰ　知的財産権諸法の誕生(第1期)……106
　Ⅱ　WTO加盟と知的財産権諸法の国際化(第2期)……107
　Ⅲ　知的財産権法制の発展(第3期)……107
　Ⅳ　条約の加盟状況……108
　Ⅴ　クローズアップ……108
　　1 米中知的財産権紛争の背景(108)　　2 知的財産権に関連する中国国内法の整備(109)

第2節　特許法……111
　Ⅰ　概説——歴史と背景……111
　Ⅱ　特許法の内容①：3種の特許権……111
　　1 発明特許権の保護(111)　　2 実用新案特許権の保護(112)
　　3 意匠特許権の保護(113)
　Ⅲ　特許法の内容②：特許権侵害行為に対する権利行使……113
　　1 特許権侵害行為(113)　　2 差止請求と損害賠償請求(114)
　　3 管轄人民法院(115)
　Ⅳ　クローズアップ……116
　　特許法の第4次改正案(116)

第3節　商標権の保護……117
　Ⅰ　概説——歴史と背景……117
　Ⅱ　商標法の内容……117
　　1 商標の種類(117)　　2 商標権の取得要件——膨大な商標出願と比較的迅速な手続(118)
　　3 商標権の有効期間と権利行使(119)

目
次

vii

Ⅲ　クローズアップ……120

中国における渉外OEM生産と商標権侵害・最高人民法院判決(120)

第4節　著 作 権 法……122

Ⅰ　概説──歴史と背景……122

Ⅱ　著作権法の内容……122

1 保護客体(122)　　2 著作権の保護期間(123)　　3 著作権の種類(123)

4 著作権侵害行為に関する措置(123)

Ⅲ　クローズアップ……124

著作権侵害等とインターネット法院(124)

第5章　企 業 法　　　　　　　　　　　　　　　　125

第1節　国 内 企 業 法……125

Ⅰ　概説──歴史と背景……125

1 国営企業とは(125)　　2 国有企業の改革(126)

Ⅱ　おもな法律……127

1 会社法(128)　　2 企業国有資産法(133)　　3 その他の企業法(135)

4 企業破産法(136)　　5 証券法(137)

Ⅲ　クローズアップ……138

1 中央企業の改革(138)　　2 コーポレート・ガバナンス(139)　　3 骨抜きにされる会社法(141)

第2節　外 資 系 企 業 法……142

Ⅰ　概説──歴史と背景……142

1 適用法令の「ねじれ」現象(142)　　2 外資導入政策と会社法制(143)

3 外商投資法の制定(144)

Ⅱ　おもな法律等……144

1 外資系企業に適用される会社法の体系(144)　　2 外資参入規制に関する法令(148)

Ⅲ　クローズアップ……151

1 M&Aに関する諸規制(151)　　2 国有資産保護に関する法体系(153)

第3節　競 争 法……154

Ⅰ　概説──歴史と背景……154

Ⅱ　おもな法律……154

1 独占禁止法(154)　　2 不正当競争防止法(159)

Ⅲ　クローズアップ……160

1 社会主義市場経済体制との関係(160)　　2 価格法と独占禁止法(161)

3 行政独占と独占禁止法(162)　　4 域外適用と外資への影響(163)

第6章　労 働・社 会 保 障 法　　　　　　　　164

第1節　労 働 法……164

Ⅰ　概説──歴史と背景……164

1 中国の社会主義と労働者(164)　　2 中国の労働法制の大きな流れ(165)

Ⅱ　おもな法律……167

1 概要(167)　　2 労働法(168)　　3 労働契約法(168)　　4 労働組合法(172)

5 労働紛争調停仲裁法(174)

Ⅲ　クローズアップ……175

1 中国における労働争議(175)　　**2** 労働者派遣の規制強化(176)

第2節　社会保障法……177

Ⅰ　概説——歴史と背景……177
Ⅱ　社会保障のおもな内容……179
　　1 養老保険(179)　　**2** 医療保険(180)　　**3** 労災保険(180)　　**4** 失業保険(180)
　　5 出産保険(181)　　**6** 社会救済、社会福祉、戦没者・軍人遺族・傷痍軍人・退役軍人への特別優遇措置(181)
Ⅲ　クローズアップ……182
　　1 経済発展と社会保障(182)　　**2** 社会保険と財源の確保(183)
　　3 外国人の加入問題(183)

第7章　環境法 185

Ⅰ　概説——歴史と背景……185
　　1 生成期(1949〜1973年)(185)　　**2** 初歩的発展期(1973〜1978年)(186)
　　3 発展・改革期(1978年〜現在)(186)
Ⅱ　環境法の内容……187
　　1 環境法の基本原則(187)　　**2** 環境法のおもな制度(188)
Ⅲ　クローズアップ……194
　　1 経済発展が優先され、環境投資が環境保護の需要を満たしていない(195)　　**2** 環境保護における政府の責任が明確になっていない(195)　　**3** 司法による環境被害救済が実現できていない(196)

第8章　刑事法 197

第1節　刑法……197

Ⅰ　概説——歴史と背景……197
　　刑法制定の歴史的背景と立法の変遷(198)
Ⅱ　刑の内容……199
　　1 刑法の基本原則(199)　　**2** 刑法の適用範囲(200)　　**3** 犯罪概念(201)　　**4** 刑事責任(202)　　**5** 未完成犯罪(202)　　**6** 共犯(202)　　**7** 単位犯罪(203)　　**8** 刑罰(203)
Ⅲ　クローズアップ……204
　　1 死刑の多さ(204)　　**2** 犯罪成立の客観的基準を満たしてもいなくても犯罪は成立する(204)
　　3 奇異な罪刑法定原則(205)

第2節　刑事訴訟法……206

Ⅰ　概説——歴史と背景……206
　　1 グローバル・スタンダードへの道(206)　　**2** 被告人の権利保障へ(206)
　　3 2018年改正による「暗転」(207)
Ⅱ　刑事訴訟法の内容……208
　　1 立案(208)　　**2** 捜査(208)　　**3** 弁護活動(209)　　**4** 起訴(210)　　**5** 裁判管轄と裁判組織(210)　　**6** 第1審手続(211)　　**7** 第2審手続(212)　　**8** 証拠(212)　　**9** 付帯民事訴訟(213)　　**10** 裁判監督手続(213)　　**11** 死刑審査承認手続(213)　　**12** 特別手続(214)
Ⅲ　クローズアップ……214
　　1 無罪推定原則は働いているか(214)　　**2** 強大な公安権力(215)　　**3** 弁護士の受難(215)
　　4 金持ちは刑事罰を免れる(216)　　**8** 中国の裁判は司法か行政か(216)

目次

ix

第9章　情報法

218

- I　概観——歴史と背景……218
  - **1** 1990年代までの情報通信政策(218)　　**2** 2000年代までの情報通信政策(219)
  - **3** 2010年代の情報通信政策(220)
- II　おもな法律等……221
  - **1** 電信業務の分類による出資規制(221)　　**2** サイバーセキュリティ法(221)　　**3** 電子商取引法(224)　　**4** 個人情報保護制度(226)
- III　クローズアップ……228
  - **1** 個人情報保護に関する統一法典の制定に向けた動き(228)　　**2** 電信業務と情報をめぐる今後の方向性(228)

第10章　紛争解決制度

230

第1節　裁判……230

- I　概説——歴史と背景……230
- II　組織と活動原則……231
  - **1** 司法機関(231)　　**2** 基本原則(232)　　**3** 判決の事前審査制度(234)
- III　おもな法律……235
  - **1** 人民法院組織法(235)　　**2** 人民検察院組織法(236)　　**3** 法官法、検察官法(237)
  - **4** 弁護士法(237)　　**5** 国家統一法律職業資格試験実施弁法(239)
- IV　訴訟手続……240
  - **1** 民事訴訟法(240)　　**2** 行政訴訟法(241)
- V　クローズアップ……243
  - **1** 裁判の独立と党の指導(243)　　**2** 打黒闘争と司法腐敗(245)　　**3** 政法工作条例(246)
  - **4** 人民内部の矛盾論(247)

第2節　調停……248

- I　概説——歴史と背景……248
  - **1** 人民調停委員会(248)　　**2** 誰が調停員に?(248)　　**3** その他の調停制度(249)
- II　人民調停法……249
  - **1** 調停の対象(249)　　**2** 組織(250)　　**3** 調停手続(250)
- III　クローズアップ……250
  - **1** 調停の強制(250)　　**2** 調停の法的効力(251)　　**3** 調停員のレベルアップ(251)

第3節　仲裁……252

- I　概説——歴史と背景……252
- II　仲裁法……253
  - **1** 仲裁機関(253)　　**2** 仲裁手続(254)　　**3** その他の仲裁機関(254)
- III　クローズアップ……254
  - 仲裁の信頼性(254)

第4節　陳情……255

- I　概説——歴史と背景……255
- II　陳情条例……256
- III　クローズアップ……256
  - 問われる意義(256)

第5節 **渉外紛争解決制度**……257

Ⅰ 概説——歴史と背景……257

Ⅱ 常設仲裁機関……258
1 組織と規則 (258) 2 仲裁人 (258)

Ⅲ おもな法律……259
1 準拠法 (259) 2 民事訴訟法第4編 (260) 3 仲裁法 (261)

Ⅳ クローズアップ……261
1 裁判か仲裁か (261) 2 仲裁場所と仲裁機関 (262)

用語解説 265
立法年表 274
参考文献 276
事項・法令索引 277

凡　例

● 中国語の表記には簡体字ではなく、日本の常用漢字を用いた。

● 現状では一般に、日本語に翻訳された法令および文献へのアクセスが困難であることを考慮し、原則として詳細な法令条文の引用、文献など出典の表示は省略した。なお、より深く学びたい読者のために、巻末の【参考文献】で比較的参照しやすい日本語の文献をまとめている。

● 機関名や法令名、または日本においてもごく一般的になっているものを除いて、中国語の用語には［　　］を付した。また、ただ日本語の訳語で表記するだけでは不十分と思われる中国語の用語について、中国語原文を［　　］の中に入れて併記している。

● 本文中に解説される法令のあとに年号が付されている場合は、採択日、公布日、施行日のうち、もっとも早い日の年を示してある。巻末の【立法年表】も同じである。

● 中国法を学ぶうえでとりわけ重要と思われる用語は、太字で示している。なかでもさらに「＊」が付されている用語については、巻末の【用語解説】において説明を付しているので、参照されたい。

● 頻出する用語について、略語を用いている場合がある。原則として各章の初出箇所にそれぞれ定義しているが、便宜のため以下におもな略語を掲げておく。

　　　　人代　　　人民代表大会
　　　　全人代　　全国人民代表大会
　　　　ソ連　　　(旧)ソビエト社会主義共和国連邦
　　　　中共　　　(中華人民共和国建国前の)中国共産党
　　　　党　　　　中国共産党
　　　　党大会　　中国共産党全国代表大会
　　　　文革　　　プロレタリア文化大革命

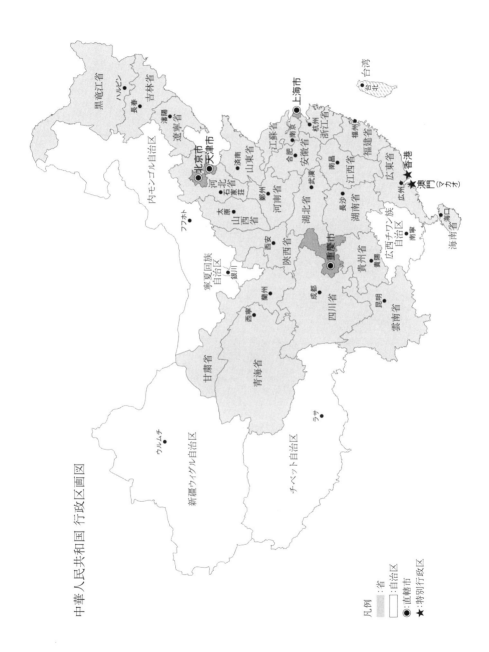

第1章　法と国家

　本章では、現代中国法を概観するための前提として、中華人民共和国における法制度建設の歴史と、そこで形成された国家および法制度の基本構造について概説する。

　中華人民共和国は建国からすでに 70 年を経ているが、その歴史は、社会主義国家の建設を目指したはじめの 30 年と、社会主義一辺倒を離れ、市場経済化という方向での改革（＝改革・開放政策）を目指した後の 30 年とに二分されている。

　第1節では、はじめの 30 年を振り返ることによって、そこで問われた問題を明らかにし、後の 30 年に取り組んできた改革の課題について検討する。

　ただし 2012 年の習近平政権成立後は、改革・開放政策の基本方針が否定され、法と国家が全面的に党に従属する体制への移行が目指されている。法治国家という観点からみれば、法にも国家にも転機をもたらす要因となったプロレタリア文化大革命の時期と同じ危機に直面している。21 世紀の今になって、なぜ失敗だったと総括されていた半世紀も前の政治体制が復活しようとしているのか。第2節以下ではこの点についてもあわせて説明する。

　第2節、第3節では、日本などとはまったく異なる中国の国と法のしくみについて、その基本的な特徴と問題点を概観し、本書が紹介する現代中国法の理解に必要な基本知識を学習する。

第1節　法建設の歴史

　中華人民共和国の法建設史は、①建国前の革命時期（本節Ⅰ）、②建国後の社会主義法建設時期（本節Ⅱ・Ⅲ）、③改革・開放の時期（本節Ⅳ）に分けることができる。①と②の段階は、**社会主義**[*]国家として先行するソビエト社会主義共和国連邦（以下「ソ連」という）の法制度をモデルに、ソ連共産党の指導のもとで法建設を進めたが、1960 年代以降はその方針を転換して、中国独自の法理論と法制度を追求するようになった。

　1966 年に始まった**プロレタリア文化大革命**[*]（以下「文革」という）は、社会に未曽有の混乱をもたらしただけでなく、既成の価値観をいっさい否定した

ため、法秩序は破壊され、法制度は壊滅状態におちいった。

文革を指導した毛沢東中国共産党主席が 1976 年に死去したことをきっかけに、文革は終息を迎え、鄧小平が指導する新しい「**改革・開放**」の時代が始まった。

I 中華人民共和国成立前史

1 中華ソビエト共和国の成立

中国では、1919 年の五・四運動以降を、新民主主義革命の時期と呼んでいる。1921 年 7 月に成立した中国共産党（以下「中共」という）は、1924 年に国民党との間に協力関係を結んで第 1 次国共合作を成立させ、軍閥政治の打倒を目指した。しかしその後、国民革命軍総司令官の蒋介石は、1927 年に反共クーデターを起こして、国民党単独による国民政府を南京に樹立した。国共分裂後の中共は各地で蜂起を試みたが国民党軍によって鎮圧され、井岡山に立てこもった。その後は省境地域に勢力を伸ばし、華中、華南一帯に革命根拠地を形成して、1931 年には江西省瑞金に中華ソビエト共和国中央政府を樹立した。

同年に中共は、中華ソビエト共和国憲法大綱を公布して、労農民主政権の樹立を目指した。しかし、国民党軍の攻撃によって 1934 年に中華ソビエト共和国は崩壊し、中共軍は西北方の陝西省延安まで約 1 万 2000km に及ぶ大移動［長征］を余儀なくされた。1937 年になると抗日戦争の激化を受け、抗日民族統一戦線を組織するための第 2 次国共合作が成立した。両党がふたたび協力関係を結んだことにより、ソビエト政府は解消されて、その支配地域は国民政府の特別地区となった。

2 国共内戦

1945 年に抗日戦争が終了したのち国共は再度分裂し、1946 年には全面的な内戦が始まった。国民党は米国の援助を受けて物量的には優勢であったが、土地政策などで広範な農民の支持を集めた中共の人民解放軍が、しだいに国民党軍を圧倒していった。

中共は軍事的な優勢を利用して少しずつ解放区を統合し、1948 年には東北解放区や華北解放区に新政府を樹立した。そしていよいよ全国的解放を間

近に控えた1949年2月、中共は「国民党の六法全書を廃棄し、解放区の司法原則を確立するについての指示」を出して、新中国の建設にあたっては国民党の法制度をいっさい継承せず、解放区における法制度を継承し発展させる方針を明らかにした。

Ⅱ　中華人民共和国の成立

1　人民政治協商会議共同綱領

1949年9月、北京で中国人民政治協商会議が開催され、革命戦争を闘った統一戦線の代表によって、新しい政権建設についての話し合いが行われた。会議は臨時憲法にあたる**共同綱領**を採択し、中央人民政府委員会主席に毛沢東を選出して終了し、10月1日に中華人民共和国が成立した。

共同綱領は、中華人民共和国を「新民主主義すなわち人民民主主義の国家」と規定した。それは「労働者階級が指導し、労農同盟を基礎とし、民主的諸階級と国内諸民族を結集した**人民民主主義独裁**[*]」の国家であると説明しており、この定義は現在も継承されている。

2　三大立法

中国革命は、半封建・半植民地の中国を、帝国主義勢力から解放し、労働者と農民を資本家と地主から解放するという目標を達成した、と総括された。したがってその成果はまず、労働者、農民、女性の解放として表現されなければならなかった。

そのために取り組まれたのが、1950年に立法された3つの法律である。まず**労働組合法**は労働者の民主的権利の保障と経営への参加を定め、**土地改革法**は農地を地主から解放して農民自身の手に渡し、**婚姻法**は封建的家族制度からの女性の解放を実現した。

解放区以来の事業であった土地改革が完了した1952年には、戦後の混乱も一段落して安定に向かい、全国的に軍事管制が解除された。同時に、旧政府から留用されていた全体の半数近い司法人員を追放する司法改革が断行され、体制の刷新がはかられた。

1953年には**計画経済**[*]の実施に向けた第1次**5カ年計画**[*]がスタートし、全国人民代表大会（➡本章第2節Ⅱ1(1)。以下「全人代」という）を招集するため

に全国的な普通選挙が実施されるなど、本格的な国家建設が始まった。

3　54年憲法体制の成立

　1954年にはじめての全国人民代表大会（全人代）会議が開催され、**憲法**が採択された。これによって暫定的な共同綱領体制はその役割を終え、中華人民共和国の政治体制が発足した。

　この憲法は、ソ連の1936年憲法（いわゆるスターリン憲法）をモデルとして起草されたが、中国社会がまだ社会主義段階に到達していなかったので、社会主義への過渡期という歴史段階に対応する社会主義型の憲法として成立した。憲法は社会主義建設という目標と中国共産党（以下、建国後については単に「党」という）の指導的地位を明示することによって、一党独裁体制を構築した。

　憲法は共同綱領と同じく、中華人民共和国を「労働者階級が指導し、労農同盟を基礎とする人民民主主義国家」と規定したが、「新民主主義」は削除し、代わりに「社会主義的工業化と社会主義的改造を通じて、搾取制度の漸次的絶滅と社会主義社会の建設を保障する」と規定して、社会主義化の方向を明確に打ち出した。

Ⅲ　社会主義建設をめぐる曲折

1　社会主義社会への移行

　農村の土地は、土地改革によっていったんは農民の私有とされたが、農業の生産性を向上させるという理由で、早くも1953年頃から集団農業への移行が始められ、1955年にはほぼ集団化が実現した。都市の工業資本は、建国直後から一部を除いて国有化されたため、農業の集団化が実現したことによって、1956年には当初の予測をはるかに超える速さで、**所有制**の社会主義的改造（＝公有化）が完了した。

　同年9月に開催された中国共産党第8回全国代表大会（以下、中国共産党全国代表大会につき「党大会」という）は、社会主義への移行を宣言すると同時に、人民民主主義独裁の権力が実質的には**プロレタリアート独裁**に変化したことを明らかにした。これにより中国は、社会主義へ至る過渡期を終了し、社会主義そのものを建設する時期に入ることになった。

第1章　法と国家

4

また、「嵐のような革命の時期」は過ぎ去ったとして、民主的生活の拡大と法制度の完備が求められ、刑法、民法をはじめとする法典の編纂作業が促進されることになった。しかしこの安定はほんの一時期で過ぎ去り、後述する 1957 年の反右派闘争を機に、中国はふたたび混乱のなかに埋没していくことになる。

2 反右派闘争と大躍進

建国後の反革命弾圧闘争に一区切りつけた党は、社会主義社会への移行を機に民主化を実現しようと、言論自由化策[百花斉放、百家争鳴]を実施した。ところが予想をはるかに上回る党への批判に直面して方針を転換し、これら批判勢力を対象とする**反右派闘争**[*]に乗り出した。

一方で、農業集団化を促進した毛沢東党主席は、その成果を強調するため大増産運動を開始し、さらに農業生産[合作社](協同組合)を、パリ・コミューンになぞらえた[政社合一](行政機関＝郷人民政府と生産協同組合の一体化)の**人民公社**[*]へと移行させる**大躍進政策**[*]を実施した。ところがこの大増産運動は失敗に帰し、1960 年代初頭の農村は自然災害も加わって、全国的な飢饉に襲われ、数千万の死者を出す惨状におちいった。

毛沢東は責任をとって 1959 年に国家主席の座を劉少奇に譲ったが、しだいに劉との政策の違いが表面化するようになり、両者の関係は党を二分する熾烈な権力闘争へと発展していった。

3 文化大革命

1960 年代初期に劉少奇や鄧小平が指導した政策に反発した毛沢東は、指導権を取り返そうと 1966 年に**プロレタリア文化大革命**[*](文革)と称する権力闘争を仕掛けた。劉・鄧の政策を資本主義的として批判し、彼らを「資本主義の道を歩む実権派」[走資派]とみなして粛清した。

党や政府の指導者層に支持基盤をもたなかった毛沢東は、人民解放軍の責任者であった林彪の支持を受けて、軍や学生、一般労働者を動かし、既存の党・国家体制を破壊した。これによって完成途上にあった法制度も徹底的に破壊され、混乱におちいった中国は実質的な軍事管制に移行せざるをえなくなった。

軍事管制が強化されて社会的混乱がある程度収拾された 1969 年には、第 9

回党大会が開催されたが、毛沢東を支えていた林彪国防部長が、1971年に
クーデター未遂事件を起こすなど、政治的混乱は10年の長きに及んだ。
1976年に毛が死去し、権勢をふるっていた「四人組」（江青＝毛沢東夫人、張
春橋、姚文元、王洪文）が失脚したことによって、ようやく文革は終末を迎えた。

Ⅳ　「改革・開放」の時代

1　民主主義と法秩序の回復

　1978年末に開催された党の第11期中央委員会第3回全体会議（3中全会）
は、文革路線からの決別を宣言し、**改革・開放**の時代が始まった。改革とは
国内の経済体制改革を意味し、開放とは対外開放を意味した。文革の混乱期
を通じて、中国は実質的に鎖国状態にあったので、対外開放は大胆な路線転
換であった。しかもこの対外開放は、文革前の経済交流が社会主義諸国を対
象としていたのに対し、経済体制改革を促進するために西側先進諸国から資
本と技術を導入しようとするものであった点でも、大きな転換といえた。

　この改革・開放政策を推進するために中国は、まず文革で形成された負の
イメージを払拭しようと、民主主義と法秩序の回復に取り組んだ。1979年
には建国以来の課題であった刑法と刑事訴訟法をはじめ「地方各級人民代表
大会及び地方各級人民政府組織法」、選挙法、人民法院組織法、人民検察院
組織法、中外合資経営企業法という7つの重要な法律を制定した。外国企業
との合弁事業を可能にする中外合資経営企業法は、まさに対外開放という新
時代の幕開けを象徴する法律であった。

2　市場経済化とグローバル化

　1980年代の経済改革はしだいに、計画経済体制から市場経済体制への移
行という方向性を明確にしていった。1987年の第13回党大会は中国の経済
体制を「社会主義商品経済」と定義したが、1992年の第14回党大会はこれ
をさらに発展させ、「**社会主義市場経済**」と定義し、今日に至っている。第
13回党大会は同時に中国社会を社会主義の初級段階にあるとして、多元的
な所有制を容認した。また「世界の市場は1つ」との認識をはじめて示すと
ともに、国際経済市場への参加を表明したが、第14回党大会では WTO（当
時は GATT、1995年から WTO＝世界貿易機関）への加盟方針を表明した。

このような改革の進展に対応して、改革・開放時代の法制度形成は、まず1980年代における社会主義的法制度の回復期を経て、市場経済的要素の導入へと進み、さらに1990年代にはグローバル・スタンダードの導入へと展開していく。とりわけ、WTO加盟交渉時期には法制度のグローバル化が最重要の課題とされ、この時期の法改正によって中国法はその内容を大きく変化させることになった。

中国法の**グローバル化**は、それまで社会主義的原則に立脚していた法の理論と体系を、激しく突き動かした。近代法的（＝ブルジョア法的）として否定されていた諸原則が、少しずつ導入されるようになり、社会主義法的な原則と混在するようになっていった。また、実際の法改正作業において、WTO加盟交渉を後押しする必要から、実行可能性を十分に検討しないままに法改正が強行される傾向が強まり、法治主義の強化を目指すはずの法改正が、かえってその空洞化をまねくという皮肉な結果も生み出した。

3 WTOシフト後の課題

2001年末に中国のWTO加盟が実現したことで、これ以降の立法にはグローバル化という圧力が、それ以前のようには働かなくなった。反対に、WTOに加盟したことを受け、国際競争のなかでいかに自国の権益を主張し、守っていくかという課題が、クローズアップされるようになる。国際市場での中国企業の競争力強化策は、［国進民退］（国有企業の躍進と民営企業の退潮）をまねくと同時に、官財癒着による官僚層の腐敗現象を拡大するという副産物も生み出した。

また国内的には、経済発展を優先させたことが経済格差の拡大につながり、労働者や農民の生活や権利をないがしろにしている、との批判が高まった。こうした問題に対応するため、2000年代以降は、経済格差の是正が重要な課題となったが、政府の対策に不満をもつ労働者や農民の抗議活動が広まり、各地で騒乱が多発する不安定な状況をまねいている。

総じていえば、1990年代に経済発展とグローバル化に重点をおきすぎた政策が、社会的矛盾の拡大要因となっており、2000年代はその是正が課題とされたのであるが、法治主義の空洞化が重くのしかかって、法改正だけでは対応できなくなっているのが現状といえよう。

第2節　国のしくみ

　中国の国家体制は、日本など資本主義社会の属する近代市民国家とは異なり、ソ連の国家体制をモデルとする**社会主義**国家体制を採用している。ソ連型国家モデルの基本的な特徴は、革命政党を唯一の支配政党とする一党独裁体制を前提に、その党と国家とが一体化した「党・国家体制」を形成しているところにある。

　党・国家体制においても、建前として党と国家とは、組織と機能において区別されるべきものとされているが、中国では「党による指導」が格別に重視されているため、建前とは別にその実態は、ほとんど一体化した関係におかれている。

I　党・国家体制

1　党と国家の関係

　中国は中国共産党による一党独裁体制を採用しており、中国社会に存在するすべての組織の活動を、党が一元的に指導している。この**一元的指導体制**の根幹を形成しているのは後述する［党管幹部］と呼ばれる人事管理体制と、［対口指導］と呼ばれる指導体制である。この2つの制度を基軸として、党と国家とは一体の関係を形成しており、これを「**党・国家体制**」と呼ぶ。両者の関係については、「党は頭脳で、国家は手脚」といわれるように、党機関が政策を決定し、国家機関がそれを執行するという役割分担になっている。

　たとえば、1986年に党中央が出した「全党が社会主義法制度を断固守るべきことについての通知」は、党と人民代表大会（➡本節 II 1(1)）との指導上の関係について次のように指摘している。

> 　各級人民代表大会およびその常務委員会の決議、決定は、事前に同級の党委員会によって原則的に承認されなければならない。

2　党の指導体制

（1）［党管幹部］体制　　党は党組織だけでなく、国家機関、企業、事業

体ほか、社会団体など、公認されているすべての組織の人事を管理している。ポストの高低に応じて中央から地方まで、党中央組織部以下の人事管理組織が分担して管理しており、人民代表大会をはじめとするすべての選挙もその対象に含まれている。

（2）〔対口指導〕体制　党中央以下の各級地方党委員会には、当該地方国家機関に対応する党機関が設置されており、国家機関に対する指導を分担している。国家機関の側にはその指導の受け皿となる〔機関党組〕が設置され、党の指導に従って当該組織を指導している。したがって、当該国家組織の実質的な責任者は当該組織の責任者ではなく、この機関党組の責任者ということになる。両者は兼任されている場合もあれば、分担されている場合もある。

ちなみに司法関係機関では、人民法院、人民検察院、**公安**[*]、国家安全、司法行政の各機関を、一括して党の政法委員会が指導している。

3　党の基層組織

国家機関以外にも党の指導を徹底するため、企業、事業体、社会団体などあらゆる組織に党の基層組織が設置されている。党規約によれば、3人以上の党員が所属する組織には基層組織を設置しなければならないが、3人に満たない場合でも、複数の組織を合わせて設置されていることがある。

党の基層組織は、所属する党員数によってその呼称が異なり、100人以上が所属する場合は委員会と呼ばれる。郷級の行政機関に設置される基層組織は、郷党委員会などと称するため、地方党委員会とまぎらわしいが、地方党委員会はその1級上の県級までしか設置されていない（なお県、郷などの行政区画については➡本節Ⅱ 2）。各企業に設置されている党委員会は、この基層組織である（➡第5章第1節Ⅲ 2）。

図表1　基層組織の組織形態と党員数

組織形態	党員数
委員会	100人以上
総支部	50人以上100人未満
支部	3人以上50人未満

Ⅱ　国家機構

1　民主主義的中央集権体制

中華人民共和国の国のしくみは、日本など資本主義の国とは大きく異なっている。まず近代国家の特徴とされる三権分立は採用されておらず、中央集

権の国家体制になっている。民主主義的な中央集権体制という意味で、[民主集中制] と呼ばれる。

国家機構は権力機関、行政機関、裁判機関、検察機関の4つの機関によって構成される (**図表2** 参照)。行政、裁判、検察の各機関は権力機関に対して責任を負い、その監督を受ける。地方分権は否定されており、地方国家機関は中央の統一的指導に服する。

(1) **人民代表大会（人代）**　**権力機関**とは議会と行政機関の2つの機能を併せもつ [議行合一] の機関であり、単なる立法機関ではない。具体的には全国人民代表大会（全人代）以下の地方各級人民代表大会（人代）がこれにあたる。地方各級人代は、省級、県級、郷級の3級で構成される。

県級と郷級の人代代表は、直接選挙によって選ばれるが、全国および省級の人代代表は、1級下の人代代表による間接選挙で選ばれる。ただし、被選挙人は選挙人に限られないので、たとえば全人代の代表は、省級人代の代表であるとは限らない（選挙権については➡第2章第1節Ⅲ4）。全人代および地

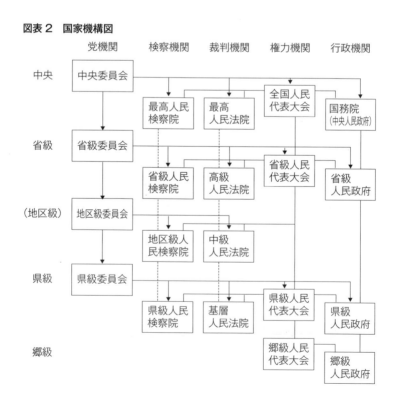

図表2　国家機構図

方各級人代の任期は5年である。

　人代には常務委員会が設置される。全人代の場合、その会議は年に1回（3月頃）しか開催されないが、常務委員会会議は隔月に開催されている。全人代の役割は、基本的にはその常務委員会によって代替されているということができよう。

　（2）人民政府　立法権と行政権は権力機関に帰属するため、行政機関は行政の執行機関と位置づけられている。

　行政機関は人民政府と呼ばれ、中央人民政府はまた**国務院**と称する。地方各級人民政府の級別構成は人代と同じである（前頁の**図表2**参照）。中央集権制度が採用されているため地方自治はなく、地方人民政府は中央人民政府（国務院）の構成部分とされる。

　（3）人民法院、人民検察院　これらについては、第10章で説明する。

2　行政区画

　全国の行政区画は、4の直轄市、22の省（台湾を除く）、5の自治区、2の特別行政区の、1級行政区によって構成されている。首都は北京市である。1990年代に返還された香港と澳門（マカオ）は、「1国2制度」（1つの国に社会主義制度と資本主義制度を共存させる）の原則にもとづいて、特別行政区と位置づけられている。

図表3　1級行政区

直轄市	北京、天津、上海、重慶
省	河北、山西、遼寧、吉林、黒龍江、江蘇、浙江、安徽、福建、江西、山東、河南、湖北、湖南、広東、海南、四川、貴州、雲南、陝西、甘粛、青海
自治区	内モンゴル、新疆ウィグル、広西チワン、寧夏回族、チベット
特別行政区	香港、澳門（マカオ）

　省級以下の行政区画は、県級（県、市、区）、郷級（郷、鎮など）の行政区に分類されている（**図表2**参照）。なお、郷級についてはさらに次頁の**図表4**のような基層行政区に分かれる。とくに住民自治組織については、第2章第4節も参照されたい。

図表 4　基層行政区

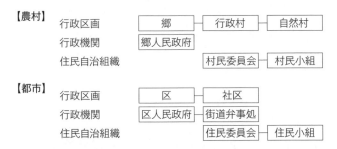

3　民族区域自治

　中国には漢民族のほか 55 の少数民族が各地に散在しているが、これらの少数民族は人口の約 5％を占めるにすぎない。ただしモンゴル、ウィグル、チワン、回族、チベット族などは比較的人口も多いため、省級の自治区が形成されている。

　各少数民族には民族自決の原則にもとづき、区域を定めて自治を認める区域自治が実行されている。自治区域内では当該民族の権利が優先的に保護されているが、近年は内陸地域の開発が進められるなかで、少数民族自治区域に漢民族が進出し、開発利益を独占する傾向が生じており、少数民族の反発が強まっている。

　その一方で、民族によっては自治区域内でも漢民族より人口が少ないため、逆差別の問題が生じている地域も少なくない。

Ⅲ　クローズアップ

1　挫折した政治改革

　鄧小平は改革・開放の実施にあたり、法治国家を建設するためには「党と国家との分離」が必要であると指摘した。国家の諸制度は民主主義を原則に形成されているが、中国共産党は革命政党としてトップ・ダウンの意思決定を中軸とする組織であるため、党が国家を直接指導したのでは、民主主義や法治主義が十分に機能しえないからである。1987 年の第 13 回党大会は、改革・開放を推進するための政治改革を断行するとして、［対口指導］体制（➡本節Ⅰ 2(2)）の廃止をいったんは決定した。

　しかし、1989 年 6 月の**天安門事件**＊によって、民主化要求運動が弾圧され

た結果、その責任を問われた趙紫陽総書記が解任され（後任は江沢民）、第13回党大会が提起した政治改革は挫折を余儀なくされた。国の司法関係機関を一括して指導している政法委員会を例にあげると、そのトップに位置する中央政法委員会は1988年に政治改革の一環として廃止され、中央政法指導小組に簡素化されたが、1990年にはふたたび政法委員会として再建されている。

2 集中的統一指導

2012年に胡錦濤から総書記の座を引き継いだ習近平は、鄧小平の改革・開放路線を否定するとともに、自身の独裁的権力を強化するため、毛沢東時代の政治体制への回帰を目指している。2018年に党中央が定めた「党・国家機構改革深化計画」は、「党と国家との分離」を否定して、「党による集中的統一指導体制」の構築を目標に掲げ、中央および地方各級の党委員会とその指導者にあらゆる権力を集中する［一把手］体制（➡第2章第2節Ⅱ2）への移行を進めようとしている。

たとえば、中央財経指導小組は、党において経済政策を協議する最高機関として1980年に設置されたが、2018年に習政権のもとで中央財経指導委員会に改組された。改組の目的は同委員会を、それまでの協議機関から政策決定機関に改めることであった。これによって同委員会は国の経済政策を決定する最高の意思決定機関となり、国務院（中央人民政府）以下の関係行政機関はこれに従属する執行機関へと位置づけが改められた。

同じように党の中央全面改革深化指導小組、中央ネットワーク安全・情報化指導小組、中央外事工作指導小組も委員会に改組され、これら4つの党の委員会が政策決定の中核を担う体制となっている。

改革・開放時期以降の「党の指導」は、検討、協議などを通じて意見、提案などとして国の機関に提起されていたが、集中的統一指導体制のもとでは、党機関が政策決定をみずから行うことになり、国の機関はその権限を失うことになった。文革期にはこうした党と国の関係を「党は頭脳で、国家は手脚」と表現したが、集中的統一指導体制はその関係を再現するものとなっている。

習政権は表向き法治主義の強化を掲げているが、上述したようにこれまで法治主義の前提とされてきた「党と国家との分離」原則が否定されているため、習政権の目指す「法治主義」にどのような制度的基盤があるのか、「党による集中的統一指導体制」のもとで法治主義が機能しうるのかという点に

ついては、現状ではきわめて悲観的に受け止めざるをえない。

╔════════════════════════════════╗
║ **第3節　法のしくみ** ║
╚════════════════════════════════╝

　中国社会のルールを定めているものとしては法律だけでなく、中国共産党の規則も加えておかなければならない。しかも両者は、党が国家を指導する、という関係にあるため、党の規則は国の法律に優位している。

　また、両者の内容が常に整合していればとくに問題は生じないが、分野によっては法律と異なる内容の党の規則や決定が存在するため、法律の運用をきわめてわかりにくいものにしているところがある。

　法律を解釈する際には、同じ分野にある党の規則や決定なども同時に参照して、総合的に検討しなければならない。

I　立法

1　立法権

　立法権は中央および地方の各機関に、広く割り当てられている。狭義の「法律」とは、全人代およびその常務委員会により制定されるものをいう。

　国務院（中央人民政府）がその名で公布する法規を**行政性法規**と呼び、国務院を構成する各部・委員会が各々公布する法規を**部門規則**と呼ぶ。

　地方の人代と政府には、その地方で実施する法規についての立法権が与えられている。

図表5　各国家機関の立法権

立法機関	立法できる法規の区分
全国人民代表大会	憲法改正、刑事・民事および国家機構その他に関する基本的法律
全国人民代表大会常務委員会	全人代が制定すべき法律以外の法律の制定、全人代閉会期間中に全人代が制定した法律の部分的補充および改正
国務院	行政性法規、決定、命令（＝部門規則）
地方各級人民代表大会	決議（省級人代・常務委＝地方的法規）
地方各級人民政府	決定、命令（＝地方人民政府規則）

2 立法手続

（1）**立法法**　2000年には、以上のような立法権の配分とその立法手続について規定した、立法法が制定された。立法法では各立法機関の間で行われた立法に不一致がある場合の解決法などが、はじめて明示的に定められた。立法法成立以前の全人代常務委員会では、法案が提出された次の会議で採択される2回審議が基本的な手続として慣行となっていたが、立法法は最低3回の会議を通じて審議することを義務づけた。また、全人代の代表が個人または集団で法律案を提出する手続についても規定されたため、近年はそうした個人的な法律案の提出が実際に行われるようになっている。ただしこれまでのところ、それらの動きは時にメディアの話題になることはあっても、具体的な成果を生み出すには至っていない。

（2）**パブリック・コメント**　中国の立法史上、最初にパブリック・コメント（以下「パブコメ」という）の募集手続がとられたのは、1954年に制定された最初の憲法であった。この時は、およそ3か月の期間を定めて意見を募集したが、期間中には全国で一般市民の参加する討論会が順次開催され、1.5億人が参加し、138万の意見が寄せられたといわれている。しかし、これは民主的な憲法の制定という歴史的事業を盛り上げるための、国家的イベントとして催行されたものであり、その後の立法にはまったく採用されなかった。

史上2回目のパブコメ募集が実現したのは、改革・開放政策が始まった後の1982年で、やはり憲法の改正手続においてである。この時は4か月あまりにわたって意見の募集が行われ、100条近い条文に修正が加えられた。

憲法以外の法律についてパブコメが募集されたのは、1988年になってからであり、全人民所有制工業企業法、行政訴訟法、香港特別行政区基本法について実施された（いずれも1988年制定）。その後、集会・デモ行進法（1989年）、澳門（マカオ）特別行政区基本法（1991年）でも実施されたが、これらは国家機関、組織などを通じて意見を募集したものであった。

草案を公表して市民から広く意見を募集する方法が、中国の立法手続に定着したのは、1990年代末の土地管理法以降のことである。2001年の婚姻法改正草案には4000余りの意見が寄せられ、憲法以外では当時の最多を記録した。

2005年の物権法草案は、1万1500件の意見を集め、婚姻法の記録を軽く更新しただけでなく、「**物権法違憲論**※」まで引き起こし、草案の採択を1年

間先送りにしてしまった。2006 年の労働契約法草案は 20 万件近い意見を集め、大幅な記録更新が世間を驚かせた。しかも寄せられた意見の 65％は、一般の労働者からのものであったといわれている。さらに 2012 年の同法改正の際には、約 56 万という記録を達成した。

パブコメの募集は全人代レベルの立法だけでなく、国務院（中央人民政府）の行政性法規、各部・委員会による部門規則のほか、地方の立法でもさかんに用いられるようになっている。2007 年に国務院の法制弁公室は、「政府立法工作におけるパブコメ参加を活発化させるための関連事項についての通知」を出し、市民生活に関わりの深い法規を制定するときは、原則としてパブコメを求める手続をとるよう指示した。また 2008 年に「政府情報公開条例」が制定されたことも、この流れを加速した。

II　法源

1　政策

建国以降、法制度の整備が順調には進まなかったため、政策は法源の重要な一部とみなされていた。現行の法律のなかにも、民法通則（➡第 3 章第 1 節 I 1）のように、「民事活動においては、必ず法を遵守しなければならず、法が定めていない場合は、国家の政策を遵守しなければならない」と規定しているものがある。ただし、法制度の整備が進んだ 1990 年代以降の立法からは、政策を法源の一部として規定する条文をみることができない。

だが、法律の条文から政策を法源とする規定が姿を消したからといって、政策が法源としての地位を失ったかという問題については、なお慎重な検討が必要であろう（➡本節 III 2）。

2　法律解釈

国家機関にはそれぞれ有権解釈権が与えられており、立法機関（＝人代）による法律解釈を立法解釈、行政機関によるそれを行政解釈、裁判・検察機関によるそれを司法解釈と呼んでいる。立法解釈権と行政解釈権は、立法権と同じく中央だけでなく、地方の機関にも与えられているが、司法解釈権は最高人民法院と最高人民検察院にしか与えられていない。

しかし、立法解釈と行政解釈がきわめて限定的にしか運用されていないの

に対し、**司法解釈**は非常に数が多く、活発に運用されている。重要な法律が制定された場合などには、必ずといってよいほどその実施細則にあたるような部分が、司法解釈として制定されるのが通例となっている。

ただしその一方で、立法についての意見がまとまらず、法律の制定が遅れている場合に、その穴埋めをするような司法解釈も時に制定されている。これらは厳密にみれば解釈という範囲を超え、実質的には臨時的な立法の役割を果たしており、越権行為と指摘できる部分がある。そのような問題があるにしろ、司法解釈が重要な法の構成部分であることは間違いなく、法律、法規とあわせて参照することが不可欠である。

3 判例

社会主義[*]国家では、原則として判例の法源性は否定されており、中国も同じである。社会主義はより高いレベルの社会を目指して発展する過程にあるので、たえず改革が必要であり、過去の裁判例に拘束されることは適切ではない、という考え方による。

しかし近年は、インターネットを通じた情報公開の影響で、各地方における判決や量刑のばらつきなどが問題視されるようになり、裁判官の自由裁量権が大きすぎるという批判をまねいていた。

こうした批判に対応して最高人民法院は、2010 年に「案例指導活動についての規定」を出し、最高人民法院が［指導性案例］と認め、公報などを通じて公表した裁判例は、実質上判例と同じに扱うよう指示した。一般的な意味での判例とは異なるが、判例の法源化に道をひらいたものといえよう。

4 党内法規

党が自身の「法規範」として、法律と同じ条文形式で定めている規則を、**党内法規**という。中央委員会が定めるものを中央党内法規といい、その他の党中央機関、省級地方党委員会が定めるものを、単に党内法規という。党内法規のなかで、憲法に相当するのが党規約である。党内法規の制定手続などについて定めているのは、党内法規制定条例（2013 年）である。

党内法規は党の活動規範であり、党員を対象とするものであるが、党が国家機関、国有企業、事業体、社会団体などを直接指導し、それらの主要な責任者を党員が占めている現状を前提にすれば、党員が存在しない組織を除い

ては、実質的に党内法規は法律と同じように機能していると考えられる。また効力という点からみれば、党が国家を指導する関係にあるため、党内法規は法律に優先する。

　文革の時代まで、中国では党の政策・決定はそれ自体が法律の構成部分とみなされていた。しかし文革後の法治主義への転換にあわせて、「党と国家との分離」の原則が提唱されたため（➡本章第2節Ⅲ1）、形式上、党の政策や決定は法律とは区別され、法体系の外におかれることになった。しかし習近平政権のもとでは「党と国家との分離」原則が否定され、党による集中的統一指導体制へ転換したため、文革時期と同じく、党内法規は法律と区別されず、これに優越する存在になっている。

Ⅲ　クローズアップ

1　党内法規の整備・強化

　2012年に成立した習近平政権は、翌年に1990年の暫定条例を改正して党内法規制定条例を制定し、党内法規（➡本節Ⅱ4）の整備を進めた。暫定条例は党内法規が法律に抵触することを禁じていたが、改正によって党内法規の制定機関は、党内法規が憲法および法律に違反しないことを確認する義務を負うことになった。

　中央党内法規制定工作5カ年計画綱要（2013～2017年）に続いて、政権2期目には第2次5カ年計画（2018～2022年）が実施された。これによって党内法規は格段に整備・強化されつつあるが、その主たる部分は中央および地方各級の党委員会が国家機関をいかに指導するかという問題で占められており、党による集中的統一指導体制の構築にあてられている。

　2019年に公務員法にもとづいて制定された「公務員職務職級相関規定」は、従来のように政府によってではなく、党の中央弁公庁によって定められた。これは「党・国家機構改革深化計画」が中央政府の国家公務員局を廃止し、公務員の人事管理を党の中央組織部が担当するようになったことに対応したものである（➡第2章第2節Ⅱ5(2)）。このように集中的統一指導体制のもとでは、党内法規と法律との境界が消失し、同時に一部の法律は党内法規に取り込まれていく可能性も否定できない。

2 最重要の法源

　法体系が党の規則と国の法律によって構成される中国法の体系を、［党規国法］の体系と呼ぶ説がある。もっとも、体系には基本的に整合性が求められるが、党規国法には整合性が欠けている面がある。

　たとえば、制度改革が進行中の問題については、党の規則が中心となり、法律はそれを後追いする関係におかれるため、党の規則と法律との間に不一致が生ずることになる。また、［党管幹部］原則（➡本章第2節 I 2(1)）に関わる人事制度にも不一致は存在するが、実質的な手続は党内法規が定めており、法律の規定する手続は形式にすぎない。

　党内法規制定条例は、党内法規が憲法および法律に抵触することを禁じているが、上述のような不一致までも排除するものではないと考えられる。党内法規は「原則として」公表しなければならない、と規定されているので、すべてが公表されているわけではない。

　このほか、党は決議、決定、通知など、条文形式にはよらない指示を出しているが、これらは規範性文書と呼ばれ、党内法規とはひとまず区別される。しかしこの規範性文書は、法律と政策の関係に類似しており、広い意味での党の規則に含まれるものとみなすべきであろう。

　党の規則は法律のように、あらゆる分野に及んで定められているものではないが、それが存在する場合にはもっとも強い効力を有しているという点で、最重要の法源であるということができる。

第3節　法のしくみ

第2章 憲法・行政法

　中華人民共和国の憲法は、建国直後に臨時憲法の役割を果たした共同綱領を経て、1954 年にはじめて開催された全国人民代表大会第 1 回大会で、最初の憲法が制定された。以後、憲法は 1975 年、1978 年、1982 年の 3 回にわたって全面改正されている。また、現行の 82 年憲法は、改革・開放政策の進展にあわせて、5 回の部分改正を受けている。

　社会主義型の中国憲法は、人権概念を否定して、その代わりにこれを「市民の基本的権利」として規定しているが、1991 年の「人権白書」以降は、人権概念の普遍性を認め、2004 年の憲法改正ではじめて憲法に「人権」を明記した。

　本章では、第 1 節で憲法と人権、および第 2 節で法治国家建設の要となる行政法について説明する。さらに中国の特徴的な行政のしくみとして、第 3 節で二元的社会構造を支える戸籍制度、第 4 節で行政を補完する住民自治制度についても説明する。

第1節　憲法

I　概説——歴史と背景

　中国の憲法は 1954 年に制定された最初の憲法から、1975 年、1978 年、1982 年の 3 回の全面改正を経ている。しかし、はじめの 3 つの憲法はいずれも社会主義法建設時期に制定されたものであり、現行の 82 年憲法だけが、改革・開放時期に制定されたものである。

　ただし、はじめの 3 つの憲法でも、54 年憲法は**社会主義**社会へ至る過渡期に制定されたものであるのに対し、75 年、78 年憲法は社会主義段階の憲法という違いがある。しかも、この 2 つの憲法は**プロレタリア文化大革命**（以下「文革」という）の後期に制定されたものでもあり、改革・開放時期の政策とはまったく正反対の内容を有していた。

　このような関係から、82 年憲法は 54 年憲法を基礎として継承し、発展させたもの、と位置づけられている。

Ⅱ　82年憲法

1　基本的特徴

　82年憲法の基本的な特徴は、その前提となる社会を、資本主義と社会主義の中間に想定しているところにある。そもそも54年憲法は、革命後の中国社会が社会主義への移行を果たす時期の憲法として構想された。

　82年憲法が54年憲法を受け継いだ理由は上述のとおりであるが、結果としてその前提は、改革・開放政策に合致するものとなった。改革・開放政策はその発展とともに、しだいに市場経済体制への移行という方向性を明確にし、1990年代には「社会主義市場経済」とみずからを表現するようになった。社会主義でもなく資本主義でもない、という中間的な社会形態を前提としていることが、82年憲法の特徴といえるが、社会主義社会への移行期と位置づけられた54年憲法とはその方向性が異なっている、ということができるかもしれない。

　82年憲法の構成面における特徴として、それ以前の3つの憲法とは異なり、「市民の基本的権利および義務」の章を「国家機構」の章の前においたことがあげられる。これは改革・開放政策が「民主と法制」の強化を掲げてスタートしたなかで、82年憲法が市民の権利保護を重視するものであることを示すための変更であった。

　82年憲法が基本的な点において54年憲法の内容を継受したことにより、国家機構も基本的に54年憲法体制を復活させるものとなり、これに関わる組織法、選挙法などがあいついで成立した。

　だが一方で、1980年代になってからは、**計画経済*から市場経済へ**という経済改革が急速に進展したため、82年憲法には、社会主義建設を目指した54年憲法とは正反対の方向性が必要であった。その結果、82年憲法は改革の進展にあわせて、小刻みな修正を余儀なくされており、すでに5回にわたって部分的な改正が行われている。それでもまだ全面的な改正に及んでいないのは、54年憲法と同様の体制移行期の社会という基本的なコンセプトが、社会主義市場経済という現状に見合っているせいであろう。

2　改正の経緯

　82年憲法は2004年までの間、ほぼ5年の間隔をあけて、改正を繰り返し

てきた。これは5年に1度開催される中国共産党全国代表大会（以下「党大会」という）が、改革の成果として確認したものについて、それを憲法の条文に取り込むというかたちで改正しているからである。したがって、当該条文の改正の意義については、その直前に開催された党大会における政治報告が説明している。

　以下では、1988年、1993年、1999年、2004年および2018年の改正内容について説明する。

　（1）1988年改正　1987年の第13回党大会で、中国の社会主義が初級段階にあるという認識が示され、商品経済が容認されたことを受けて、1988年に2つの条文が改正された。いずれも改革・開放政策のなかで、新しく認められるようになった政策を反映したものである。

　（a）土地使用権の譲渡　土地の私有は認められないものの、国有土地使用権は期間を限って譲渡することが認められ、転売することもできるようになった（土地制度については➡第3章第2節3）。

　（b）私営経済の公認　「社会主義経済制度の基礎は、生産手段の社会主義的公有制、すなわち全人民所有制および勤労大衆による集団所有制である」と規定され、これを補完するものとして、「法律の定める範囲内の都市・農村勤労者の個人経営経済」が認められていた。この個人経営経済では、搾取労働を認めないという社会主義の原則に従って、雇用労働者の数は8人までと制限されていたが、それを超える規模の経済組織が「私営経済」として容認されることになった。私営経済という表現は、社会主義の初級段階でも私有制までは認めないという意思表示だが、実質は私有経済と異ならない。

　（2）1993年改正　1992年の第14回党大会では、「社会主義商品経済」が「社会主義市場経済」に改められた。改革・開放政策が市場経済へとさらに移行したことを示す変化であるが、これにあわせて憲法の序文の一部と7つの条文が改正された。

　新たに規定された事項は、中国が社会主義の初級段階にあり、中国的特色をもつ社会主義建設を進めること、そのために改革・開放の政策を維持することなどの基本方針のほか、社会主義市場経済を実行すること、所有権と経営権の分離という原則に従って国有企業改革を進めること（➡第5章第1節I2）、農業生産では家族単位の請負経営制（**家族請負経営制***）を実行すること、および民主諸政党との多党協力体制を強化すること、などである。

なお、国営企業改革に関連して、「国営経済」、「国営企業」という呼び方がそれぞれ「国有経済」、「国有企業」に改められた（➡第5章第1節Ⅰ2(1)）。

（3）**1999年改正**　1997年の第15回党大会における市場経済化の促進、およびWTO加盟を視野に入れたグローバル化への対応という課題を受けて、序文の一部と5つの条文が改正された。

新たに規定された事項は、社会主義建設を指導する理論として、マルクス・レーニン主義、毛沢東思想に並べて、鄧小平理論が追加されたこと、法に従って国を治め、社会主義的法治国家を建設するとして、［依法治国］の原則が明記されたこと、市場経済の発展に対応して、多様な**所有制***と分配方式を公認したこと、などである。

また1997年の刑法改正にあわせて、国家は「反革命活動」を鎮圧するとの規定を、「国家の安全に危害をもたらす犯罪活動」を鎮圧する、と改めた。

（4）**2004年改正**　4回目の改正は、追記された条文数も14ともっとも多かったが、内容的にもきわめて重要な改正が行われた。

まず、「国は人権を尊重し保障する」という条文が追加され、憲法にはじめて「人権」が規定された。この問題については、本節Ⅲで説明する。

また、非公有制経済について、「個人経済、私営経済など非公有制経済の合法的な権利および利益を保護する」と規定したほか、私有財産については、「市民の合法的な私有財産は不可侵である」と明記した。いずれも非社会主義的要素として、それまでの憲法では認められていなかった権利が、社会主義市場経済体制のもとで、明確な権利として確立したことを示すものといえよう。

このほか、新たに規定された事項としては、指導思想に「3つの代表論」（中国共産党は中国の「先進的な生産力の発展が要求するところを代表し、先進的な文化の前進する方向を代表し、最も広範な人民の根本的利益を代表する」）が追加されたこと、その具体的な表現として、「社会主義事業の建設者」という主体が規定されたこと、土地収用に対する補償が明記されたこと、非公有制経済の発展を奨励すること、経済発展の水準にふさわしい社会保障制度を整備すること、などがある。

（5）**2018年改正**　2018年の改正は前文の複数個所はじめ、文言の修正、追加など多岐に及んだが、「習近平新時代の中国の特色ある社会主義思想」や「社会主義の核心的価値観」など、いずれも習近平の権威を発揚するため

のもので、具体的な改正点は国家主席の任期制限を廃止したことと、国家監察委員会の新設にともなう関連規定の修正が主たる内容であった。

とりわけ連続2期までとされていた国家主席と副主席の任期制限を廃止したことについては、習近平が独裁体制の構築を目指しているとの批判が高まり、同年夏に米中貿易交渉が難局を迎えたことも加わって、毎年秋に開催されている中国共産党（以下「党」という）の中央委員会全体会議が開催されないなどの政治的混乱を招いた。

Ⅲ　人権

1　人権の容認

社会主義法は人権をブルジョア法の概念として否定しており、これに相当する権利は「市民の基本的権利」として規定されている。ただし表現は異なるものの、その内容はほとんど共通している。中国憲法もこの考えに従い、82年憲法では第2章に「市民の基本的権利」を規定している。

ところが、1991年に国務院（中央人民政府）新聞弁公室は突如「人権白書*」［中国的人権情況］を公表して、人権を普遍的な概念と認め、中国もその権利保護に努力していると表明した。当時は1989年の天安門事件*を受けて、西側諸国が中国の人権問題を厳しく批判し、いわゆる人権外交を展開していた。中国はWTO加盟交渉を控えて、この状況を打開するため、人権批判に正面から反論する道を選んだのである。これ以降、中国はしばしば「人権白書」を公表し、それ以外の場面でも人権概念を使用するようになっている。

さらに2004年の憲法改正時には、「国は人権を尊重し保障する」という文言を追加したが、その他の条文で使われている「市民の基本的権利」に変更は加えなかったため、本来は相容れない2つの概念が共存するという、奇妙な関係が生じている。

なお国際人権規約については、「経済的、社会的及び文化的権利に関する国際規約（A規約）」を1997年に署名し、2001年に批准したが、「市民的及び政治的権利に関する国際規約（B規約）」は1998年に署名したものの、まだ批准していない。

2　市場経済化による変化

　憲法は市民の基本的権利および人権として、近代憲法の人権に相当する権利をほぼ同様に認めているが、一部には認めていない権利や、建前として認めていても、実際には厳しい制限を加えている権利もある。

　たとえば、改革・開放以前の計画経済体制のもとでは、職業選択の自由は認められず、労働者は国の計画に従って職場に配置された（➡第6章第1節Ⅰ2(2)）。また、配給制度を維持する必要から、移動の自由も認められなかった。これらの権利は、改革・開放政策によって市場経済体制に移行したことにより、現在は権利として認められている。

3　法の下の平等

　憲法はまた「法の下の平等」も認めているが、中国の市民は実質上、都市住民と農民に区分され、両者の間には一定の格差が存在している。この格差は戸籍制度を基軸にして支えられているが、改革・開放以後は移動の自由が解禁され、都市と農村の不平等は、都市のなかにも持ち込まれることになった。すなわち、都市に流入した出稼ぎ農民は就業地の都市戸籍を得られないため、都市住民としての待遇を得られないという新しい問題が生じている（➡本章第3節）。

4　選挙権

　権利の不平等は、選挙権にも存在していた（選挙制度については➡第1章第2節Ⅱ1(1)）。

　中国は労働者と農民による同盟関係（労農同盟）を国家権力の基盤としているが、両者の関係では労働者側に指導的地位を認めている。他方、建国当時は人口のほぼ8割を農民が占めていたという事情があったため、選挙制度では都市部により多くの代表定数を割り振る方法が採用された。

　1953年の選挙法では、省級の人民代表大会（以下「人代」という）で都市と農村との間には最大20倍の格差が設けられた。この格差は、1979年の法改正で5倍に縮小され、さらに1995年の改正では、全国人民代表大会（以下「全人代」という）を含むすべての人代で4倍に統一された。さらに2010年の法改正で、この格差は全面的に解消され、はじめて選挙権の平等が実現した。

　選挙権の平等が実現したのは、経済発展による都市人口の増加を背景にし

て、市場経済化にともなう「法主体の平等」という法原則の確立が反映された結果でもある。

　ただし、選挙権の行使という点についてみれば、戸籍所在地でしか行使できないことによる深刻な問題が存在する。すなわち、都市に流入した出稼ぎ農民は、就業地の戸籍を与えられないため、出身農村でしか選挙権を行使できない状況におかれているのである。有権者約9億人のうち30%近くをこうした流動人口が占め、彼らの大半は実質的に選挙権を行使できていない、という問題があることも見逃せない。

　民主主義国家なら大問題になりそうなところだが、それほど深刻に受け止められていないのは、中国の選挙がもともと［党管幹部］原則（➡第1章第2節Ⅰ2(1)）の管理下にあり、自由な投票が可能なわけではない、という事情によっている。

Ⅳ　クローズアップ

1　政治的要求には厳しく

　中国の人権状況は、中国が「経済的、社会的及び文化的権利に関する国際規約（A規約）」を批准している一方で、「市民的及び政治的権利に関する国際規約（B規約）」は批准していないという関係に端的に表現されている。すなわち、経済的な権利については一定の配慮を加えるようになっているものの、政治的な権利については、依然として厳しい姿勢を示しているということである。

　近年の中国では、数千人規模の抗議運動、騒乱が頻発するようになっているが、その対応策についての党の方針は、「片手はソフトに、片手はハードに」と表現されており、その含意は、経済的な問題については柔軟に対応するが、政治的な問題については妥協しない、という内容である。妥協しない相手としてあげられているのは、①自由化を要求する知識人、②人権擁護を主張する活動家と組織、③**法輪功**[*]信者、④メディア関係者、であるが、要するに民主、自由、人権、情報公開などについての要求に対しては、厳しく対応するという方針がとられている。

2 人権行動計画

国務院新聞弁公室は、2009年、2012年、2016年にそれぞれ「国家人権行動計画」を公表した。ここでも人権は基本的に、「経済的、社会的および文化的権利」と「市民的および政治的権利」に分けて記述されており、上記の方針を反映したものであることがわかる。

「行動計画」は、中国の法制度がすでに整備されたことにより、人権は法によって保障されるようになっている、と主張している。だがその一方で、現在の中国はまだ発展途上の国家であるとの理由から、「均衡、調和、持続を保てない問題が依然として顕著で、自然、歴史、文化、経済社会の発展水準の影響と制約を受けているため、中国の人権事業の発展はまだ多くの挑戦に直面しており、人権を十分に享有するという崇高な目標を実現する道ははるか遠い」とも指摘している。

「行動計画」が改善に取り組むべき「市民的および政治的権利」としてあげているのは、①人身の自由、②被疑者・被告人の権利、③公正な裁判を受ける権利、④信教の自由、⑤知る権利、⑥参政権、⑦表現の自由、⑧国に対する監督権、である。これらの権利については、日常的にもさまざまなかたちで問題が表出し、社会的に厳しい批判が巻き起こる事件も相次いでいる。それぞれが関連する法律の改正を機に、激しい法律上の論争を生み出しており、権利の保障と制約のバランスをどうとるかが、近年はとりわけ悩ましい問題となっている。

第2節　行政法

I　概説——歴史と背景

改革・開放の時代に入って中国法は急速に整備されたが、そのなかで行政法はもっとも整備が遅れた分野である。法治国家を支える屋台骨となるべき行政法の立ち遅れは、いうまでもなく一党独裁体制に起因する。党による指導が絶対的な原則である中国において、行政を指導しているのは党であり、党にとって行政法はその指導に適正手続を求める邪魔な存在だからである。

しかしながら市場経済の発展は社会の規範化、市民の権利の明確化を要求し、政府もそれに応えざるをえず、徐々にではあるが行政法の整備も進めら

れた。ところが党の指導を絶対化しようとする習近平政権の誕生により、行政法はふたたび危機を迎えようとしている。

Ⅱ　行政のしくみとおもな法律

1　行政機関の役割

　三権分立をとらない中国の国家体制では、ソ連の制度を踏襲し、行政権は立法権とともに「権力機関」と呼ばれる人代に帰属する（したがって人代を立法機関というのは誤りである）。これはマルクスがパリ・コミューンを、立法と行政が一体化した行動する議会と評価し、レーニンがロシア革命で「ソビエト」として受け継いだ歴史に倣ったものであり、中国ではこれを［議行合一］の機関と称する。

　ただし国家機関の構成としては、本書 10 頁の国家機構図（**図表 2**）が示すように権力機関とは別に行政機関も設置されており、この行政機関は行政の執行機関と位置づけられている。したがって理論上、中国でいう「行政」、「行政機関」などの概念は、三権分立制度を採用している近代的市民国家とは少し内容が異なっているが、実態面からみれば、人代が実質的に行政権を行使できているかについては議論の余地もあり、両者の間にそう大きな違いがあるわけではないともいえよう。

2　人治の背景

　「党による一元的指導」を原則とする中国の政治体制では、地方の権力は当該地方党委員会書記に集約される。党委員会の権力は数名の副書記によって分担され、これを書記が統括する。このような体制を［分管書記体制］と呼ぶ。

　建前としては民主主義がその前提にあるので、党会議などが民主的に運営されれば民主主義が機能する可能性もあるが、実態としてそのような事例は少なく、トップ・ダウンの意思決定システムになっている場合がほとんどである。すべての権力を一手に掌握する書記を［一把手］（組織のトップ）と呼び、専制的な政治運営を行う党書記を、［土皇帝］（地方の皇帝）と呼ぶ。

　こうした「一把手」や「土皇帝」が君臨する地方では、法治主義は機能せず、専制的な政治が行われるため、これを法治の対極にあるものとして、

「人治」と呼んでいる。人治は地方保護主義（➡第 10 章第 1 節 V 1(2)）の源泉でもある。

　文革時期はこの人治が支配し、非民主的な政治が行われていたという反省から、改革・開放政策のもとでは、法治主義の確立を目指す政治改革が必要とみなされているが、1989 年の**天安門事件**[*]で挫折して以来、改革には一貫して慎重な姿勢がとられている（➡第 1 章第 2 節 III 1）。

3　行政法の整備

　行政法は、中国の法体系のなかでももっとも整備が遅れた分野である。その原因は、行政機関の決定権が実は行政機関自身にはなく、これを指導する党機関にあるという関係を、法制度のなかでどのように具体化するかについて、調整が難航したためである。

　行政法の主要な 3 つの法律とされる**行政処罰法**（1996 年）、**行政許可法**（2003 年）、**行政強制法**（2011 年）は、いずれも立法の段階でかなり紛糾したが、行政の横暴・腐敗に対する世論の激しい批判に後押しされて、ようやく採択にこぎつけたものである。

　そのうちでも、もっとも紛糾したのは行政強制法で、1999 年の起草から採択まで、10 年あまりを要した。同法草案は、2002 年にパブリック・コメント募集が行われ、2005 年に全人代常務委員会で最初の審議が行われたものの、2007 年の第 2 回審議で反対意見が多く出されたため、草案の修正が難航し、実に 5 回の審議という異例の経過を経て、2011 年にようやく採択までこぎつけたのである。

　このように審議が紛糾したのは、行政執行に対する規制の強化を避けたい行政側（とりわけ地方人民政府）と、近年の行政による違法な執行、権限濫用に厳しく反発する世論との対立が激化したためでもあるが、日増しに高まる世論が、抵抗する行政を押し切ったといえるであろう。

　行政強制法に先立ち立法された行政許可法も、行政行為の規範化を推進するものとして期待されたが、その実績は著しく期待を裏切るものと批判されている。行政強制法の制定が、次に述べる法治政府建設のなかで方向転換を促す役割を果たせるか注目されたが、習近平政権は法治政府建設そのものを放棄してしまった。

4 依法治国

改革・開放政策は著しい経済発展を実現したが、それと同時に公務員の腐敗現象を引き起こし、腐敗は経済の発展に比例して深刻化した。

1999年に国務院（中央人民政府）は行政の規律を強化するため、「法に従う行政を全面的に推進するについての決定」を公布した。これは同年の憲法改正で、[依法治国]（法に従って国を治める）の原則が明記されたことを受け、各行政機関が一層法律を順守するよう求めたものである。

しかし、経済政策の実施などに関わる行政の違法行為、とりわけ地方人民政府による違法な開発、土地収用などが、厳しい社会的批判を受けるという状況に、顕著な改善はみられなかった。むしろ、2007年に物権法（➡第3章第2節）が制定されたことを受けて、市民の間に自己の財産に関する権利意識が高まったことも影響して、これらの権利を侵害する行政行為に対しては、さまざまなかたちでの抗議行動が活発化した。国務院は2010年に、「法治政府の建設を強化するについての意見」を通知した。市民による抗議行動の大規模化、また焼身自殺など行動の過激化は、行政側の責任であると指摘し、行政が法を順守することの必要性を自覚し、危機感をもってその対策を講ずるよう求めたが、その効果は乏しかった。

5 国家安全戦略綱要

（1）**国家安全法** 国家の安全にかかわる法律としては、1993年に国家安全法が制定されているが、これはおもにスパイ活動の取締りを目的とする内容に限られ、草案起草時にはスパイ取締法の名称がつけられていた。同法は2014年に改正されたが、その際にはスパイ取締法と名称を改めた。

国際的なテロ活動の活発化に対応するため、党は2015年に「国家安全戦略綱要」を策定し、これにもとづいて国家安全法（2015年）、スパイ取締法、テロ取締法（2015年）、サイバーセキュリティ法（➡第9章Ⅱ2）、国家情報法（2017年）などの法律を制定した。新しく制定された国家安全法は旧法とは異なり、国家の安全を政治、国土、軍事のみならず、経済、文化、社会、科学技術、情報、環境、資源、原子力の各分野において維持することを目標とする、幅広い内容となっている。また同法は、習近平政権が党による集中的統一指導を原則として確立したのちに成立したため、これを明文で規定した最初の法律となった。

本法は国家の安全保護に関する基本法であるが、以下の関連法が制定されている。

（2）**スパイ取締法**〔反間諜法〕　スパイ罪については刑法にその規定があるが、本法は取締りの機関、手続などについて具体的に規定した法律である。主にはスパイ組織に属する職業スパイが取締りの対象であるが、処罰の対象となるのはスパイ活動そのものであるため、スパイ行為とみなされる場合には一般の民間人、観光客などであっても対象となる。

スパイ行為とされる範囲は、日本とは比較にならないほど広いので、観光目的で訪れた場合でも、個人で行動する際には十分な注意が必要である。とくに境界が明示されていなくても軍事施設に立ち入った場合、軍事施設や装備などの写真撮影をした場合など、不注意では済まされない可能性もあることを認識しておかなければならない。

本法の制定以降、日本人がスパイ罪の容疑で拘束される事例が増加しており、裁判で 10 年以上の懲役刑を受けた者もいる。日本側関係者は多くの場合、通常の経済活動における業務の範囲内と主張しており、スパイ行為に対する中国側との解釈の相違が影響しているかもしれない。

（3）**テロ取締法**〔反恐怖主義法〕　近年の国際的なテロ活動はイスラム過激派によるものが多数を占めているが、中国でも新疆ウィグル自治区における民族独立運動関連の事件が深刻化している。独立運動およびイスラム教に対する弾圧が強まり、それに対する反発から抵抗運動が過激化する悪循環に陥っている。とりわけ 2014 年にはウルムチ、昆明、広州など大都市の駅で爆破、襲撃などの事件が相次ぎ、テロ対策の強化が急がれた。中国政府は2014 年からの 5 年間に、新疆で約 1.3 万人のテロリストが逮捕されたと認めている。

2018 年に国連の人種差別撤廃委員会は、新疆の収容施設に最大 100 万人のウィグル人が強制的に収容されていると指摘し、人権弾圧として批判した。この施設は「職業技能教育訓練センター」などと呼ばれるもので、自治区内に 1000 か所あまり設けられている。公式には 1 週間程度の職業訓練が実施される施設と説明されており、2017 年には年間目標の 100 万人を上回る 125 万人が訓練を受けた、と自治区政府が公表している。

（4）**国家情報法**　国家安全部、公安部および軍の情報機関を国家情報活動機関とし、その活動原則、職権、各種手続について定めた法律である。

すべての組織と個人について、これら機関の情報活動に対する協力義務が定められており、違反した場合は 15 日以下の拘留に処せられ、刑事責任を追及される可能性もある。情報提供のみならず、必要な設備、機器の設置にも協力しなければならない。この点は中国国内だけでなく、国外でも等しく適用される。

6　公務員法

（1）**公務員の範囲**　建国以降、公務員という呼称はブルジョア国家のものとして否定され、［国家工作人員］とよばれてきた。しかし 1990 年代には技能職の専門職化が進み、裁判員が法官と呼称を改められたように、国家工作人員も公務員と呼ばれるようになった。1993 年にはこれを受けて、国家公務員暫定条例が制定されている。同条例は 2005 年に改正され公務員法となった。2018 年には（3）で述べるところとの関連で大幅な修正を受けた。

　公務員法が定める公務員とは、基本的に国の機関に雇用され給与を支払われている職員をさすが、現在も「国家工作人員」を用いる法律があり、両者の間には違いがある。たとえば刑法 93 条は、国家機関のほか、国有会社、国有企業、事業体、人民団体などで公務に携わる人員は国家工作人員とみなす、と規定している。これらの国家工作人員は、公務に関連して収賄を犯した場合は公務員と同じ収賄罪に問われるが、公務と関係なく収賄した場合などは、非国家工作人員収賄罪になるというように、やや複雑な使われ方をする。

　（2）**公務員試験**　公務員の採用にあたっては 1998 年以降、日本と同じように専門の試験が毎年 11 月に実施されている。およそ 2 ～ 3 万人の採用枠に 100 万人あまりが受験する狭き門である。ただしこれは中央の国家機関で雇用される公務員の場合で、このほか約 10 倍の数の公務員が地方機関で採用されている。両者をあわせた公務員の総数は 2015 年末の時点で 700 万人あまりとされているが、これには教師、医者、事業体職員などの大部分が含まれておらず、政府が給与を支給している職員という範囲でカウントすれば、全国で 5000 万人は超えると推計されている。

　（3）**国家公務員局の廃止**　公務員の人事は国務院（中央人民政府）の国家公務員局によって管理されてきたが、2018 年の「党・国家機構改革深化計画」が同局を看板だけ残して党の組織部に編入させたため、実質的には組

織部によって管理されるようになっている。もともと公務員の人事は［党管幹部］原則（➡第1章第2節Ⅰ2(1)）にもとづき、党の組織部に最終的な管理権が認められていたが、それでも直接管理を担当する部局が介在するのとは異なり、具体的な権限の行使に少なからず影響が出るものと思われる。表向き公務員は党員であることを求められていないが、現実には党員と非党員の処遇の差は明らかといわれている。2018年の法改正では、公務員の条件の1つとして「憲法を擁護する」に、「党の指導と社会主義制度を擁護する」が加えられ、党籍を剥奪された者は採用されないことが規定された。

　人事に関しては、歴史的に「紅か専か」という問題が存在する。「紅」は革命性、「専」は専門性をそれぞれ指し、要するに人事評価でどちらの要素を重視するかという問題である。文革の時期には前者が、改革・開放の時期には後者が重視されてきたわけだが、その評価が再度逆転する転機となるのであろうか。

Ⅲ　クローズアップ

1　監察体制改革

　2018年の「党・国家機構改革深化計画」は集中的統一指導体制を構築するための具体的な機構改革案を提起したが、なかでもとりわけ注目されたのは監察体制の改革であった。

　行政監察は国務院（中央人民政府）に設けられた監察部の担当であったが、1993年以降は党の規律検査委員会と［**合署弁公**[*]］を実施していた。2016年に党中央は監察体制改革の試行計画を立案したが、そこでは省級人代に監察委員会を新たに設置し、党の規律検査委員会との合署弁公を実施することが定められていた。

　2018年の「党・国家機構改革深化計画」は全人代に国家監察委員会を設置し、規律検査委員会との合署弁公を実施することにより、党の規律検査と国家の監察機能を統合させ、あわせて国務院の監察部、腐敗予防局と最高人民検察院の汚職賄賂取締総局とを監察委員会に編入した。

2　反右派闘争の教訓

　党の規律検査と国家の行政監察とは、形式上は区分されるにしても、実質

的には重なりあうケースが少なくない。また、1950年代の検察機関には国家機関と公務員の違法行為を対象とする「一般監督」と呼ばれる権限が与えられていた。党の規律検査機関と検察機関、行政監察機関との見解が常に一致していれば問題はないが、それぞれが異なる場合、規律検査機関と異なる意見は党に対する批判とみなされる可能性がある。

　まだ反革命活動が燻っていた建国直後の1950年代は、この問題をめぐってしばしば検察機関と行政監察機関とが党から批判を受け、検察官などが右派分子として摘発されることもあった。そのような傾向は1957年の**反右派闘争**[*]を機にいっそう強まり、検察機関はしだいに崩壊状態に陥り、文革中には廃止されるに至っている。これより前の1955年に規律検査委員会は監察委員会へと名称を改めているが、その際、職権の範囲を党の規律検査から法律違反の行為にまで広げている。その結果、職権が重なることになった行政監察機関は1959年に廃止された。

　反腐敗闘争を強化する必要性を強く意識した鄧小平は、1989年に最高人民検察院に汚職賄賂取締総局を設置して、これに司令塔の役割を担わせようとした。それは、反腐敗闘争のあらゆる権限を党の規律検査機関が一手に掌握した結果、反腐敗闘争が権力闘争に利用され、多くの冤罪事件を生み出した文革の教訓を活かすための措置でもあった。

　法治主義の強化には「党と国家との分離」が不可欠と考えた鄧小平にとって、反腐敗闘争において党の規律違反と国家の法律違反とを区分して扱うことが不可欠の条件だったのである。

　このような歴史的経緯に鑑みれば、「党・国家機構改革深化計画」が提起した監察委員会の設置は、文革へと連なる危険な政治過程の再演でしかないようにもみえる。

第3節　戸籍制度

I　概説——歴史と背景

　中国の国土は行政上の区画として、都市と農村のいずれかに区分されているが、この区分が重要な意味をもつのは、それぞれの住民に与えられる戸籍が、**都市戸籍**と**農村戸籍**とに分けられ、農村戸籍から都市戸籍への切り替え

が原則として認められない、という制度が存在しているところにある。

　このような制度は1950年代中頃、中国が**計画経済**[*]にもとづく食料品、生活必需品などの配給制度を実施したことをきっかけに形成された。食糧を生産し供給する地域を農村とし、それを消費する地域を都市としたのである。当時の中国社会は貧しく、飢餓の危険が常に存在していたので、消費人口を抑制して、農業生産人口を確保する必要があり、都市への人口流入を厳しく規制する措置がとられるようになった。

　改革・開放政策は沿海都市部の経済発展により、内陸農村地域からの多数の出稼ぎ農民を生み出したが、上述のような戸籍制度が維持されているため、彼らは都市に定住しても都市戸籍が得られず、差別的な待遇を余儀なくされている。

　近年は、この二元的社会構造こそが経済格差の根源であるとして、都市と農村の一体化政策が進められているが、この政策自体がまた新たな紛争を生み出す要因ともなっている。

Ⅱ　おもな法律

1　戸籍登記条例

　戸籍制度は建国直後に、都市に潜む反革命分子を摘発する目的で形成された。その後、1953年から第1次**5カ年計画**[*]のスタートにあわせて配給制度を実施するため、全国で戸籍が整備された。1956年から、人口統計を含む戸籍に関わる業務はすべて**公安**[*]機関に統一され、1958年には戸籍登記条例が制定された。同条例は、1950年代から改正されることなく存続している、きわめてめずらしい法律である。

　1970年代までは、戸籍所在地でしか配給を受け、宿泊することが認められなかったため、短期の旅行でも、許可を得て取得した臨時的な戸籍とともに移動しなければならなかった。しかし、改革・開放によって市場経済化が進んだ1980年代以降は、戸籍を離れて移動することは自由に行えるようになった。ただし、農村戸籍を都市戸籍に切り替えることは、原則として認められていないため、農村から都市に出稼ぎに出た農民は、就業地に定住しても戸籍を得られない状況が今日でもなお続いている。

　戸籍については、母親の戸籍を子が継承する母系主義が採用されていた。

しかしこれでは、都市戸籍の父親と農村戸籍の母親の間に生まれた子は母と同じ農村戸籍になり、父親の戸籍所在地で一緒に生活していても、同地の小学校に入学できないなどの問題が生じたため、1998年以降は父母いずれの戸籍を継ぐか、選択権が与えられるようになった。

2　住民身分証法

　改革・開放によって大量の出稼ぎ農民が都市に流入するようになったが、彼らは現地の戸籍をもたないため、簡単に身元を確認することができなかった。そこで政府は新たに住民登録制度を発足させ、住民身分証の常時携行を義務づけることにした。1984年に住民身分証試行条例が公布され、北京市から順次身分証の交付が始まった。1985年には住民身分証条例が成立し、住民身分証は全国統一の制度として運用されるようになった。

　2003年には身分証がICカードになったことを受けて、住民身分証法が成立し、登録番号が終身固定されるなどの変更が加えられた。同法は2011年に改正され、新たに指紋情報も登録されるようになった。

　日本にも戸籍と住民登録とがあるが、住民登録の方が生活に密着しており、選挙権の行使や納税などは、住民登録をもとに行われている。しかし中国の住民身分証は、もっぱら身元を証明するものでしかなく、行政サービスなどはすべて戸籍にもとづいて行われている。

Ⅲ　クローズアップ

1　経済格差

　改革・開放による急速な経済発展は、沿海地域と内陸地域、都市と農村との間に大きな格差を生み出した。計画経済の必要にもとづく配給制度が廃止され、食糧供給の危機も過去のものとなった現在でも、なお都市と農村という区別が維持されているのは、農村からの出稼ぎ労働者を安価な労働力として確保したいがためである。

　しかし経済が高度に成長した2000年代以降の沿岸都市地域では、差別に苦しむ出稼ぎ労働者がしばしばその不満を爆発させ、数千〜数万人規模で抗議活動を行い、時には騒乱状態を招く事件が、全国各地で毎日のように発生するようになった。また、中国経済も安価な労働力に頼った「世界の工場」

からの脱皮を求める転機を迎えたこともあり、近年は経済格差の是正を目指して、その根源とされる都市・農村の二元的社会構造を解消することが焦眉の課題となっている。

2 戸籍制度改革

　農村戸籍から都市戸籍への転入規制を緩和する政策は、2000年頃からしだいに全国に広まってきており、地方の小都市レベルでは基本的に廃止されるようになっている。国務院（中央人民政府）が2014年に「戸籍制度改革を一層推進するについての意見」を出し、戸籍による差別を廃止する方針を明確にしたことによって、都市戸籍、農村戸籍という区分が原則として廃止され、戸籍の統一がはかられることになった。

　国家発展改革委員会が提出した「2019年新型都市化建設重点任務」によれば、常住人口（6か月以上居住している人）が500万人以下の都市では、農村戸籍からの転入制限を廃止するとしている。したがって現状では常住人口が500万人以上の大都市でのみ規制が残ることになったが、はたしてこの政策がいつまでに実現されるかが注目される。

　ちなみに都市区域の常住人口が1000万人を超えるのは、上海、北京、深圳、広州の4市、500万人を超えるのは武漢、重慶、天津、成都など10市である。このうち深圳市にはすでに「農村」が存在しない。また1級行政区のうちもっとも都市化率（人口比）が高いのは上海市で、2016年末には90％近くに達している。

3 都市化政策の問題点

　都市と農村の格差是正を目指す政策は、戸籍制度のみならず、農村にも都市と同じ行政サービスを提供するための、行政改革とも連動している。これを**都市・農村一体化［城郷一体化］政策**（都市化政策）と呼んでいるが、この政策の特徴は、農村の制度を廃止して都市の制度に置き換えることにある。

　日本語で都市化というときには、地域が経済発展して人口が増え、高層ビルなどにより景観が変わることをさすが、中国で「都市化」政策というときには、そうした地域の変貌とは関係なく、行政区画としての農村を都市に変更することをさす。

　次頁の**図表6**が示すように、1985年に郷（農村）の数は鎮（農村地域の小

都市）の 10 倍を超えていたが、2001 年に両者の数は逆転している。郷の減少数が鎮の増加数に一致しないのは、郷が鎮に移行するほか、鎮に併合されるケースも少なくないからである。

　郷が鎮に移行（ないし併合）すると、集団所有の土地が国有化されるため、その国有土地使用権は譲渡可能になる。この場合、集団所有土地の国有化に収用手続は必要ないので、地方政府は煩わしい手続を経ることなく、一括して土地を入手することができる。ただし都市の住民になった者には年金など相応の補償が必要となるが、一部の地方政府はそうした補償を十分に手当てしないまま、財政収入を目当てに土地の国有化だけを優先して実施している事例が少なくない。そうしたところでは、経済格差の縮小をめざすはずの都市・農村一体化政策が、新たな格差を生み出すという矛盾に直面している。

図表6　全国郷・鎮数

	郷	鎮
1985 年	83,182	7,956
2000 年	23,199	20,312
2010 年	14,571	19,410
2018 年	10,253	21,297

出所：『中国統計年鑑』

第4節　住民自治制度

I　概説——歴史と背景

　第5章第1節で述べているように、1950 年代の都市における地域社会［社区］は、国営企業［単位*］を中心に組織化された。これを「社区の単位化」という。「社区の単位化」を補完するため、単位に取り込まれなかった事業、活動の引き受け手として、地域住民による自治組織が形成されることになった。これが住民委員会である。

　一方農村では、一部で住民委員会に相当する村民委員会の組織化が進められたが、農業集団化によって**人民公社***が形成されるようになったため、村民委員会の役割は人民公社に吸収された。したがって、村民委員会が全国的に普及し始めたのは、1980 年代前半に人民公社が解体されるようになってからである。

　憲法はこれについて、以下のように規定している。

都市および農村で、住民の居住区をもとにして設けられる住民委員会また
は村民委員会は、基層の大衆的自治組織である。住民委員会および村民委員
会の主任、副主任および委員は、住民が選挙する。

　改革・開放以降の国有企業改革では一転して、企業から非採算部門が切り
離され、社区レベルの運営に委ねられることになったため、社区と単位の結
びつきは希薄になり、同時にその受け皿の一部となった住民委員会の活動は
多様化した。集団所有制企業の経営、福祉サービス事業の展開などが新しい
活動の中心であるが、その結果、これ以前にはほとんどもつことのなかった
共有の財産をもつようになり、単なるボランティアの活動組織とはいえなく
なっている。

　こうした事業展開の影響もあって、従来の組織では対応がむずかしくなり、
活動が活発な地域ではその規模を 10 倍以上に拡大して再編し、社区管理委
員会などと称するようにもなっている。

図表 7　住民自治組織概況

	住民委員会数	委員数	村民委員会数	委員数
1990 年	98,814	43.1 万	1,001,272	409.4 万
2000 年	108,424	48.4 万	731,659	315.0 万
2010 年	87,057	43.9 万	594,658	233.4 万
2015 年	99,679	51.2 万	580,856	229.7 万

出所：『中国統計年鑑』

II　おもな法律

1　都市住民委員会組織法

　住民委員会の組織と活動について規定しているのは、1989 年に制定され
た都市住民委員会組織法である。これは 1954 年に制定された都市住民委員
会組織条例を改正したものであるが、その骨格に大きな変更は加えられてい
ない。

　住民委員会は原則として 100 ～ 700 世帯を基準として設置されている。こ
れらの世帯は、いくつかの住民小組に分けられている。行政面から住民委員
会をサポートしているのは、区の出先機関である街道弁事処または区人民政
府（区が設けられていない地域では市人民政府）である（➡第 1 章第 2 節 II 2 **図表4**）。

委員会は5〜9名で構成され、当該居住地域の有権者によって選挙される。ただし村民委員会とは違って直接選挙の規定はなく、世帯の代表ないし住民小組の代表による選挙も認められている。任期は5年で、重任は禁止されていない。

住民委員会には、最高意思決定機関として住民会議がおかれている。住民会議の構成員は18歳以上の住民であるが、選挙と同じく会議は世帯の代表や住民小組の代表が参加する方法で開催することもできる。住民委員会は住民会議に対して活動の内容を報告する義務を負い、住民全体の利益に関わる重要な問題については、住民会議の決定に従わなければならない。

住民委員会のもとには必要に応じて人民調停（➡第10章第2節）、治安防衛、公共衛生などの委員会が設置され、活動している。

2 村民委員会組織法

村民委員会についての組織法は、1987年に村民委員会組織法（試行）として制定されたのち、1998年に村民委員会組織法となり、これを2010年に改正したのが現行法である。

村民委員会の組織は住民委員会と同じく、村民委員会—村民小組によって構成され、最高意思決定機関として村民会議が設置されている。

村民会議は、18歳以上の村民によって構成される。規模が大きいか、地域が広大な村民委員会の場合は、村民会議の下に村民代表で構成する村民代表会議を設け、村民会議の権限を一部授権することができる。住民会議は、村民代表会議のような代表参加型も認めているが、村民会議はこれを区別しており、全員参加型に限定している。これは村の重要な資産である土地についての管理を村民委員会が担当しているため、その重要事項を村民会議で決定しなければならないからである。

Ⅲ　クローズアップ

1　村の自治と党の指導

人民公社が解体された1985年に、全国の農村にはすでに約95万の村民委員会が成立していたが、村民委員会組織法（試行）（以下「**試行法***」という）が制定されたのは1987年になってのことであった。試行法は、[郷政村治]

第2章　憲法・行政法

40

（郷級は行政的に管理し、村級は自治的に管理する）の原則のもとに、村民委員会の自治を認めたが、この方針について党内の一部に強い反対論があったせいである。

この問題は具体的には、村に設置されている党支部（➡第1章第2節I 3）と村民委員会との関係を、いかに調整するかという問題であった。試行法が制定された当初、村民委員会の委員は村民が直接選挙する、と定められていたが、実際には選挙は行われることなく、党支部の役員が兼任していたので、村は党支部が指導し、村民委員会による自治は実現されなかった。

2　選挙の形骸化

しかし、集団農業から家族請負に転換した農村では、党の指導もむずかしくなり、党支部に不満を抱く農民が、村民委員会の直接選挙を強く求めるようになった。この要求に応えて、1990年代には村民委員会の直接選挙が実施されるようになり、全国的に普及していった。ところが2002年に党はふたたび、党支部の役員が村民委員会を兼任するように通知したため、村民委員会の直接選挙は形骸化してしまった。

2019年に党中央と国務院（中央人民政府）は合同で、「都市農村融合体制システムと政策体系を確立するについての意見」を通知したが、村の党書記が村民委員会主任だけでなく村経済組織の責任者も兼任し、党の指導を強化するよう指示した。すなわちそこでは村民自治は否定され、村民委員会も党による集中的統一指導体制に組み込まれることになったのである。この点は住民委員会も同じである。

近年、農村の土地をめぐり、村民委員会が不正を働いて、村民の激しい抗議活動を引き起こした事例が数多く報告されているが、これらの多くは地方政府による土地開発などと関わり、あるいはそれに便乗して、村の土地が違法に処分されたことが発端となっている。このように、村民代表としてあるまじき行為に走る村民委員会が少なくないのは、直接選挙の形骸化により、実態として村民委員会が上級党機関による任命制に逆戻りし、村民との結びつきを弱めたことも大きな要因と考えられる。

第3章　民法

◇◇◇

　社会主義市場経済への移行という目標が明確になった1990年代以降、契約法をはじめとして民法の各編に相当する法律が個別に単行法として順次制定された。ただし結果としてそれらの法律は、制定時期に応じて改革の進展を反映したものであったから、部分的にではあれ相互に矛盾や不一致といった問題をかかえるものとなった。そこで単行法の立法が一段落したのちの2015年に、これらを整理統合して民法典にまとめる立法作業がスタートした。

　その最初の成果として2017年に民法総則が制定されたが、それは想定外の衝撃的な内容をともなうものとなった。すなわち同法制定の目的として、第1条に「社会主義の核心的価値観を発揚する」ことが新たに明記されたのである。民法総則の個別の条文に「社会主義の核心的価値観」を明確に反映したと指摘できる規定は存在しないが、社会主義が公有制を基本とするものであり、習近平政権の政策が国有経済の振興に重点をおいていること、および従来の経済改革の方向性を否定していることを考慮すれば、とりわけ物権編には大きな影響が出る可能性を否定できない。

　民法総則は今後の民法典編纂作業が、これまでの単行法を整理統合するという任務にはとどまらない可能性を提起した、と受け取るべきもののように思われる。

　本章ではそうした問題を念頭に、民法領域における主要な法律の内容について、その要点および問題点を解説する。

◇◇◇
第1節　民法総則
◇◇◇

I　概説──歴史と背景

1　民法通則から民法総則へ

　民法領域における総論的な共通のルールとしては、改革・開放による法制度建設の比較的初期段階に**民法通則**（1986年）が制定されている。民法通則では、公平や信義誠実等の基本原則をはじめ、主体（自然人、法人等）、法律行為（行為能力、意思表示、代理等）、時効といった民法（主として財産法）の総

則的規定が定められた。なお、民法通則制定当時の民法領域の立法状況は、婚姻法や相続法はすでにあったものの、物権法や不法行為法はまだ制定されておらず、契約法も、現在の「契約法」制定前のプリミティブかつ社会主義的色彩の強い「経済契約法」等しかないというものであった。このため、民法通則は、民法の総則的規定にとどまらず、物権法（所有権等の財産権、共有関係、相隣関係、担保権等）、債権法（連帯債務等の債権総論関連、契約違反等の契約総論関連、事務管理・不当利得・不法行為（権利侵害）等）、国際私法（法適用の問題）など、内容的に不十分ではあるものの、比較的広範囲の事項がカバーされている（規定内容の不十分さは、司法解釈等で若干補足されるなどしている）。

その後、後述のように契約法、物権法、権利侵害責任法（不法行為法）等、民法領域での立法の整備が進み、民法通則の総則部分以外の規定の存在意義はかなり薄れた。また、統一民法典制定に向けた立法作業も進展し、民法領域の他の法律との整合性をとる必要性も高まった。そうしたなか、2017年に、統一民法典の冒頭部分の総則的規定となることを基本的な前提として、新しく「**民法総則**」が制定されるに至った。

2 統一民法典の制定に向けて

中国独自の統一民法典の制定は、中華人民共和国建国以来の宿願ともされる。民法典制定のための作業は、1954年、1962年、1979年、2001年と、過去4回にわたって試みられている。初期の2回（1954年および1962年）は実質的な成果には至らなかった。1979年の3回目においても、改革・開放政策がいまだ初期段階であることもあって統一的な民法典の制定は時期尚早とされ、その後の1980年代から1990年代にかけて、相続法、民法通則、担保法、契約法といった個別領域の法律が制定されることとなった。4回目の2001年においては、全国人民代表大会（全人代）常務委員会内において「民法（草案）」が起草され、翌年にかけて議論がされたが、結局、引き続き個別領域の法律の制定をさらに進めるということで落ち着き、その後、物権法（2007年）、権利侵害責任法（2009年）が制定された。これによって、民法の各領域の法律は基本的に出揃い、統一民法典制定の前提は整った。

2014年の中国共産党第18期中央委員会第4回全体会議（18期4中全会）で、統一民法典制定は「重要立法任務」と位置づけられた。2017年の民法総則制定後、翌2018年には、現行の各法律をベースとした総則以外の各分野の

草案が公表されるなど、2020年の制定に向けた作業が進められている状況である。ちなみに統一民法典は、総則・物権・契約・人格権・婚姻家族・相続・権利侵害責任の7編からなる。

Ⅱ　民法総則の内容

1　概要

　民法総則は全部で206か条あり、もととなった民法通則よりも条文数が50か条多い。民法通則の後に制定された契約法、物権法、権利侵害責任法、渉外民事関係法律適用法等と重複する条項等が整理された一方、後見［監護］、失踪・死亡宣告、法人、代理、訴訟時効等については、規定の質・量ともに充実がはかられている。

　条文の構成の大枠は、民法通則を基本的に踏襲している。第1章の基本規定において、民法総則（ないしは民法全体）の目的や、主体の平等、信義誠実の原則等の基本原則が定められている。続く自然人に関する第2章では、権利能力および行為能力、後見、失踪・死亡宣告等、民法の総則として比較的重要な内容がまとめて規定されている。第3章は法人、第4章では非法人組織と、いずれも自然人以外の民事主体について規定している。第5章では、民法通則の構成をある程度引き継ぎ、民事権利の列挙がされている。第6章は意思表示や民事法律行為の効力について、第7章では代理についての定めがおかれている。第8章の民事責任に関する部分も、民法通則の規定を一定程度引き継いだものと位置づけられる。第9章は訴訟時効、第10章は期間について定めている。

　なお、日本民法は、第1編として冒頭に共通規則としての「総則」をおいており、これはドイツ法の「パンデクテン方式」に由来する。中国の民法総則も同じくドイツ法を参考としており、内容、構成ともに日本民法とおおむね似ている（上記の統一民法典でも、基本的にこの民法総則が冒頭におかれることになる）。ただし、日本民法の総則規定が、あくまで財産法（物権法と債権法）の「総則」であるのに対して、中国の民法総則には、主体や権利内容について家族法に関する定めも若干含まれており、文字どおり民法全体の総則という位置づけとなっている。

2 基本規定

（1）**目的**　民法総則、ひいては民法全体の目的として、第1条に、民事主体の合法的権益の保護、民事関係の調整、社会および経済秩序の維持、「中国の特色ある社会主義」の発展の要請への対応、「社会主義の核心的価値観」の発揚の5つが掲げられている。各方面での議論をふまえて総花的になっている観はあるが、少なくとも前3者は比較的理解しやすいものといえる。後2者は、社会主義理念と民法を何とか結びつけようというもので、社会主義の看板のもとで市場経済を発展させてきた中国特有の事情による規定といえる。「社会主義の核心的価値観」が何をさすかは必ずしも定かではないが、一般には、「富強、民主、文明、調和〔和諧〕、自由、平等、公正、法治、愛国、敬業、誠信、友善」とされる。なお、1990年代末から2000年代にかけて制定された他の民法主要法律（契約法、物権法、権利侵害責任法）では、「社会主義の核心的価値観」までへの言及はなく、民法総則では社会主義的理念へのより強い配慮がされた形となっている。

（2）**主体の平等性**　民法総則では、民法が適用される主体（民事主体）を自然人、法人および非法人組織であるとしたうえで、こうした民事主体の民事活動における法律上の地位が一律平等であることを明記している。各民事主体が平等であり、等しく民法の適用対象となることは、民法、ひいては市場経済の基本となる重要原則といえる。なお、主体の平等性原則は、民法通則でも市民〔公民〕（自然人）と法人についてではあるがすでに定められていた。ただし、民法通則と民法総則の間の時期に制定された物権法では、所有権の権利主体として、法人を自然人（私人）と区別するなど、若干異なったトーンとなっている（➡本章第2節 II 2(3)(c)）。

（3）**その他の原則**　主体の平等原則のほかにも、民法総則では、自由意思の原則、公平の原則、信義誠実の原則、法令・公序良俗遵守の原則といった、一般的といえる民法上の基本原則についての規定がおかれている。そのほか、民事活動に対して、資源節約や生態環境保護への有益性を求めるという現代的な原則も規定されている。

　慣習については、法律に規定がない場合に、公序良俗に反しない範囲で適用される。民事活動をどの国の法律で規律するかという、いわゆる適用法（準拠法）については、中国国内における民事活動には原則として中国法が適用するものとされる。

3 主体

（1）**自然人**　民法総則では、民事主体としての自然人について詳細な規定をおいている。自然人はその出生から死亡までの間、権利の主体となる。ただし、遺産相続、贈与の受領等については、胎児の時点で権利能力があるものとみなされる。また、死亡について、行方不明後4年が経過するなどした場合に裁判所（人民法院）が利害関係者の申立てによってその者の死亡を宣告する、いわゆる死亡宣告の制度がおかれている（このほか、行方不明後2年の経過を要件として財産代理管理人などをおくことができるようになる失踪宣告の制度もある）。

民法総則は、自然人の行為能力についても規定している。18歳以上の自然人は成年者として、完全な民事行為能力をもつ（未成年者でも満16歳以上でみずからの労働収入で生活している者も同様）。満8歳から17歳までの未成年者は原則として法定代理人による代理ないし同意、追認を要する制限民事行為能力者とされる。8歳未満、ないし自己の行為を弁識できない者は、民事行為無能力者とされる。

自然人に関する民法総則の規定でもっとも特徴的なのが、後見［監護］関連の規定である。後見に関する定めは民法通則にもおかれていたが、民法総則では条文数も内容も整備が進められた。このように後見制度の整備が重視された背景には、［一老一小］の問題、つまり一方では高齢化問題、もう一方では両親が都市部に働きに出て農村部に子供が残される問題があるともいわれる。とくに、長年続いた一人っ子政策によって生じた［四二一］現象（1人の若年層の上に両親2人、その上に祖父母と外祖父母の4人がいる状況）に象徴される社会の高齢化により、老人の扶養や後見の問題も深刻になっている。

なお、法定後見人となる者については、日本等と異なり、親等の近い親族から明確な順位が民法総則で定められており（たとえば、成年後見人の場合、①配偶者、②父母、子、③その他近親者、④その他の個人ないし組織）、家族的な義務としての側面が残っているといわれる。

（2）**法人等**　自然人以外の民事主体として、民法総則は、法人と非法人組織を規定している。中国では、［社区］や［**単位**[*]］といった社会主義的な組織体が先行して存在し、その後に会社法等の整備が進められてきたという経緯があるため、法人その他の組織体の法的位置づけは複雑かつ混乱している。民法総則ではこれに対する一定の整理がされている。

法人には、営利法人、非営利法人、特別法人があるとされる。民法通則では、企業法人、機関・事業団体・社会団体、連合経営があるとされていたが、国有企業中心であった頃の状況を前提としており、その後の変化やのちに制定された会社法（1994年）等とも整合していなかった。

　営利法人は、利益を得て株主等の出資者に分配することを目的として成立する法人であり、典型的には有限責任会社、**株式会社**[＊]といった会社がこれにあたる。営利法人の成立、機関、権利濫用（法人格否認）等について民法総則にも基本的な規定がおかれているが、会社については、より詳細な規定が会社法にあるため、実質的な意義は大きくない。

　非営利法人は、公益その他の非営利目的のために設立され、出資者、設立人、社員に利益分配をしない法人であり、[事業単位]、社会団体、基金会、社会サービス機構等があるとされる。事業単位とは、国家機関が（あるいは他の組織が国有資産を利用して）運営する、教育、科学技術、文化、衛生等に従事する組織である。100万以上存在し、中国社会で重要な位置を占め、医療機関、報道機関（新華社、中央電視台等）、科学研究機関（中国社会学院等）などがその例である。他方、社会団体は、公民が自主的に組成する、構成員の共同目的の実現のために定款にもとづき活動する社会組織である。基金会は、自然人、法人等が寄付する財産を利用し、公益事業を目的とする非営利法人である。社会サービス機構は、民間が自主的に設立する非営利性の機構をさす広めの概念で、民営病院、民営学校などがこれにあたる。

　また、民法総則では、国家機関等の公権力機関（機関法人）や、**農村集団経済組織**[＊]や、村民委員会（➡第2章第4節Ⅱ2）等の基層大衆自治組織等も、法人として民事活動の主体となることを規定している。

　その他、[個人独資企業]（自然人が出資し、無限責任を負う事業形態）、パートナーシップ企業、法人格を有しない専門サービス機構等については、法人格は有しないが、自己の名義で民事活動を行う非法人組織として、民事主体の一角と位置づけられている。

4　民事権利

　民法総則では、1章を割いて、民事上の権利[民事権利]を列挙している。民法通則では、民事権利を物権、債権、知的財産権、人身権の4つに分類し、とくに物権と債権については、民法通則制定当時は物権法や契約法が未制定

であったため、ある程度実質的な内容に踏み込んで規定をしていた。民法総則の制定作業の際には、民法通則における民事権利の列挙は歴史的役割をすでに終えており、民法総則では不要との議論もあったようだが、結局、民事権利の尊重と保護に対する宣言的意義があるということで、民法総則でも残されることになった。

自然人が享有する民事権利としては、人身の自由、人格の尊厳、生命権、身体権、健康権、肖像権、プライバシー権、婚姻自主権、個人情報権、婚姻・家族関係にもとづく人身的権利（被扶養権など）、相続権等が列挙されている。とくに、個人情報に対する権利を民法上の権利として明記した点は今日的な意義があるものといえる（➡第9章Ⅱ4(1)(c)）。

また、自然人と法人に共通の民事権利としては、氏名権（法人の場合は名称権）、名誉権、栄誉権、財産権、物権、債権（契約、権利侵害行為、事務管理、不当利得等にもとづく）、各種の知的財産権、株式等の投資持分権、データ・仮想財産に関する権利等が列挙されている。

5　民事法律行為

民事法律行為とは、民事主体が意思表示によって民事法律関係を成立させ、変更し、または終了する行為である。日本民法における法律行為と基本的に同様の概念といえる。

民事法律行為の基本は、当事者（民事主体）の意思表示である。民法総則上、法律行為の成立は、複数の当事者による意思表示の合致による場合、一方当事者の単独の意思表示のみで成立する場合、一定の手続に則った決議行為により成立する場合がある。また、民事法律行為の形式については、原則として書面には限らず、法令で別途限定されていない限り、口頭その他の形式によることも可能である。

意思表示の効力発生については、その意思表示が相手方との「対話」の形かどうかで区別されている。対話形式の場合は、相手方がその内容を知ったときに効力を生じる。非対話形式の場合（郵便による意思表示など、意思表示の発信と到達に時間差がある場合）は、意思表示が相手方に到達したときに効力が生じる（いわゆる到達主義）。なお、現代の電子的通信手段の発達状況をふまえ、民法総則でも明文で、電子的データの通信による意思表示の場合（電子メール、SNSチャット等だけでなく、ファックスや電報等も広く含まれると解され

ている）、相手方が受信側のシステムに意思表示が着信したことを知り、または知りうべきときに（相手方が特定のシステムを指定して受信する場合はそのシステムに着信した時点で）、到達したものとして意思表示の効果が生じるということに言及している。

民事法律行為は、一定の状況がある場合は、その効力が否定されることがある。民法総則で定める民事法律行為の効力が否定される場合には以下がある。

無効となる場合としては、①行為者が民事行為無能力者であった場合、②行為者と相手方が虚偽の意思表示によって行った民事法律行為の場合、③法令の強行規定違反の場合、④公序良俗に反する場合、⑤行為者と相手方が悪意の通謀により他人の合法的権益を損なう場合がある。他方、裁判所（または仲裁機関）に対して取消しを請求できる場合としては、①錯誤［重大誤解］にもとづく場合、②相手方の詐欺による場合、③第三者の詐欺によりかつ相手方が当該詐欺行為を知りまたは知りうべき場合、④脅迫による場合、⑤危機的困窮状態、判断能力等の欠如を利用し、明白に公平性を失する場合がある。

中国語で［重大誤解］と呼ばれる錯誤については日本民法のそれに近いものであるところ、日本の改正民法と同様、無効ではなく取消し可能との位置づけになっている。また、明白に公平性を失する場合を無効事由としている点も、公平性を重視する中国の民事法の一般的な性格に合致しており興味深い。なお、法定代理人によらない未成年者等の制限民事行為能力者の行為については、法定代理人の同意または追認があってはじめて有効となる（それまでは効力が確定しない）とされる（無権代理行為の場合も同様）。

6 代理

代理に関しては、民法通則に任意代理や法定代理、復代理等について基本的な規定がおかれ、また、その後に制定された契約法（1999年）では無権代理と表見代理が規定された。

民法総則では、こうした規定を整理し、第7章として代理について比較的詳細な規定をおいている。代理には委託代理（任意代理）と法定代理があるが、民法総則ではとくに委託代理に重きをおき、授権委任状の記載内容、自己代理・双方代理、復代理、法人等の任務執行者の代理行為、無権代理、表見代

理等について詳しく定めている。

　無権代理、つまり代理人として行為をした者が実際は本人から適切に代理権を与えられていなかった場合については、前述の制限民事行為能力者の行為の場合と同様に、本人の同意または追認があってはじめて有効となり、それまでは効力が確定しないとされる。

7　責任

　民法総則の「民事責任」の章には、民事上の責任に関する一般的な規定が若干おかれている。民法通則にも民事責任の章があるが、契約法や権利侵害責任法（不法行為法）が未制定の段階のものであり、契約上の責任（違約責任など）、権利侵害行為（不法行為）による責任等について、ある程度詳細な規定が定められていた。民法総則ではこうした規定は基本的になくなった。

　複数の主体が民事責任を負う場合については、各自が相応の責任を負う按分責任、連帯して責任を負う連帯責任が定められている。

　民事責任の負担の方式については、①侵害の停止、②妨害の排除、③危険の除去、④財産の返還、⑤原状の回復、⑥修理・作り直し・交換、⑦履行の継続、⑧損失の賠償、⑨違約金の支払、⑩影響の除去および名誉の回復、⑪謝罪と、幅広い内容が列挙されている。権利侵害責任法、契約法、物権法上にそれぞれ定められている責任負担の具体的内容をまとめたものである。また、別途法律に規定がある場合にいわゆる**懲罰的損害賠償**＊（行為者に対する懲罰的意義から、実際に生じた損害よりも高額の損害賠償を認める制度）があることにも言及している。権利侵害責任法（製造物責任について）、消費者権益保護法、食品安全法等で、一定の範囲の懲罰的損害賠償が実際に規定されている。

　また、不可抗力、正当防衛、緊急避難など、民事責任を負わない場合についての一般的な定めもおかれている。興味深いのは、みずから進んで緊急救助行為をしたことによって、救助された者に損害を与えてしまった場合に、救助者が民事責任を負わないことを明記した点である。社会の現代化とともに、人々の助け合いの精神が薄れてしまった状況を危惧し、人助けのつもりがかえって仇とならないよう、民事責任の阻却を明記することにしたものと解される。

　このほか、死者である［英雄烈士］（殉職兵など）の氏名、肖像、名誉、栄誉を侵害し、社会公共利益に損害を与えた場合にも一定の民事責任が生じる

とされており、興味深いところである。

Ⅲ　クローズアップ

1　訴訟時効

　民法総則において、従来の民法通則から大きく変更された点の1つとして、訴訟時効が挙げられる。

　中国の民法総則上の訴訟時効は、権利者が権利を行使していない事実状態が一定の期間持続した場合に、義務者に義務不履行の訴訟上の抗弁権が発生する制度として構成されている。日本民法上の時効制度の場合は、学説上、時効を実体法上の権利の取得および喪失の原因を定めたものであると解する実体法説と、時効制度はもっぱら訴訟法上の証拠に関する制度であるとする訴訟法説に分かれるとされ、判例・多数説は、実体法説のうち、時効が完成してもただちに権利得喪の効果が生じるものではなく、当事者による時効の援用によってはじめて確定的に効果が生じる、と解するいわゆる停止条件説をとるとされる。一方中国の場合、時効が訴訟上の制度として明確に位置づけられている点で、日本法と異なる（なお、時効を証拠に関する制度とする日本法上の訴訟法説と、時効を訴訟上の抗弁と位置づける中国民法総則の訴訟時効とは同じではない）。

　また、日本では、消滅時効のほかに、一定期間の経過による所有権等の取得を認める取得時効の制度があるが、中国の場合、消滅時効だけで取得時効の制度はない。**社会主義***の理念上、国家等による生産手段等の公有が重要な位置を占める中国において、取得時効はこうした公有資産が不当に失われることにつながる制度と考えられているのがその理由の1つとされる。

　民法通則でも訴訟時効の制度は定められていたが、簡略で不明確なところが多く、こうした不足を、最高人民法院による司法解釈等で補うなどして実務の運用がなされてきた。民法総則では、司法解釈の内容も取り込みつつ、その後の社会・経済事情の変化や実務的必要性などもふまえた改正がされている。

　民法通則とのもっとも明確な違いは、訴訟時効の期間である。民法通則では原則2年だったのが、民法総則では3年となった。時効期間が短いことが、ただでさえ実務的に大きな困難が伴う債権回収をよりむずかしくしていたこ

となどが、改正の背景にある。他方、日本民法が消滅時効の期間を原則10年（改正後は5年）としているのに比較すると、かなり短く設定されているともいえる。これは、資金循環の速度維持の要請や、近年の通信手段等の発達による権利行使の容易化等を背景としている。なお、訴訟時効の起算点は、権利者がその権利が侵害されたことおよび義務者を知り、または知りうべき日から起算するとされる。

民法通則で身体的傷害に対する賠償や賃借料等について定められていた1年の短期時効は廃止され、基本的に上記の3年の時効期間に統一された。短期消滅時効を廃止して一定の期間に統一するという点で、日本の改正民法と同じ方向性であるといえる。また、時効期間は、履行の請求や履行の同意などによって中断（日本の改正民法の用語でいうと更新）され、そこから新たに期間が計算される。

民法総則が定める訴訟時効の完成の効果は、上述のとおり義務者が訴訟において訴訟時効満了による義務不履行の抗弁を提出できるようになるというものである。あくまで義務者が訴訟において抗弁として主張することができる権利であり、裁判所（人民法院）が、義務者の抗弁主張がないのにみずから主導的に訴訟時効を適用してはならないとされる。

なお、訴訟時効期間の満了後に、義務者が履行に同意した場合は、訴訟時効の満了の抗弁は出せなくなる。また、時効期間満了後に、義務者が自分の意思で履行した場合も、時効を理由に返還を請求することは認められなくなる。

2　表見代理

民法総則では、無権代理について、①代理権がそもそもない場合、②代理権の範囲を超えた場合、および③代理権が終了したあとで行為がされた場合に、相手方が、行為者が代理権を有すると信じるにつき理由があるとき（つまり代理権がないことについて善意無過失だったとき）は、代理行為を有効とする、いわゆる表見代理の規定をおいている。中国の取引では印鑑の無断使用等のケースが少なからずあり、こうした場合の代理行為の有効性をどう扱うかは実務的にも重要である。

日本の民法にも同じく表見代理の規定がある。ただし、日本の場合、上記②および③はおおむね同じだが、①については若干異なり、本人が第三者に

対して「他人に代理権を与えた旨を表示」したことが要件となっている。表見代理が本人に無権代理行為について責任を負わせる制度である以上、本人に何かしらの「帰責性」が必要であるとの考え方による（②および③の場合は、一定の代理権を与えたこと自体に帰責の根拠があると考える）。国際的なモデル法といえる UNIDROIT 契約原則等でも、本人の帰責の要素は必要としている。

中国の場合、民法通則の段階では、表見代理に関する言及はなかったが、契約法（1999 年）では、民法総則とおおむね同様の規定がすでにおかれている。ただ、裁判実務では、上記①の代理権授与がそもそもない場合に関して、印鑑の偽造や盗用があった場合などの形で、本人の帰責性の要否が問題となっていた（たとえば、本人の帰責性が認めにくい印鑑の「偽造」のケースについて、表見代理の適用を否定した最高人民法院の裁判例がある）。

こうした状況をふまえ、民法総則の立法過程における意見募集草案では、印鑑や委任状が偽造された場合等は表見代理が成立しないという、本人の帰責性に一定の配慮をした規定がおかれていた。しかし、最終的にこの部分の規定は削除された。取引の安全保護や、実際にはこうしたケースでも印鑑の管理等について本人に何らかの過失があることが多いという点等を考慮したようである。

表見代理の成否は、裁判実務でも問題となることが多く、公表されている裁判例も少なくない。たとえば上海では、上海高級人民法院が、商事契約における表見代理の適用について、「商事契約事件表見代理適用ガイドライン（試行）」を公表し、表見代理事例の判断について具体的な基準を提示している。

第 2 節　物権法

I　概説——歴史と背景

1　総論

社会主義経済では、生産手段（とくに土地）は公有が基本原則である。このため、建国直後に、都市の土地は資本家の財産とともに没収され国有化された。一方、農村の土地はいったん土地改革によって農民に分配し私有化されたが、1950 年代半ば、集団農業への移行にともない、農民による**集団所**

有（➡本節Ⅱ 2(3)(b)）となった。こうした土地公有制は、中国物権法の重要な特徴を形づくっている。他方で、改革・開放以降の市場経済化の流れのなか、所有権の不可侵等を原則とする近代的な物権法の確立は、市場経済の基本インフラとして必要性が高まった。中国の物権法は、こうした社会主義的特徴と、市場経済の基礎としての近代的物権法の原則との、イデオロギーレベルの緊張関係をふまえて理解する必要がある。

2 物権法制定以前

　物権法制定以前、物権（物に対する支配権）に関する基本的な規定として民法通則（1986年）があった。同法では、国家財産所有権、集団所有権、個人財産所有権、土地使用権、請負経営権、経営権等、のちの物権法の原型となる権利が規定されていた。ただし、理論的、体系的に未整備な概略的な内容にとどまっていた。

　土地については、土地管理法（1986年制定、以後数度にわたり改正）、農村土地請負法（2002年）等があった。農村の土地の「所有」は上記のように集団に帰属することとなったが、農業経営ないし農地の使用のあり方は、改革・開放にともなって従前の集団農業から、一定の収益を認める**家族請負経営制**[*]に移行した。都市の土地の所有権は国家に帰属するが、工場、住宅等の建物建設のために、有償または無償で土地に対する使用権（**土地使用権**）が設定される制度となった。土地使用権は、当初は使用目的や譲渡の制限が強く、物権としてはきわめて限定的な内容であったが、1980年代半ば以降、一部の都市での試行をふまえ、憲法と土地管理法（➡後述Ⅱ 3(1)）が改正されるなどし、都市では土地使用権の譲渡が原則として認められるようになった。他方、農村土地使用権については譲渡が大きく制限されたままであったこともあり、不動産市場が都市を中心に急成長したのに対し、農村は取り残された。

　担保については、中国では伝統的に［**典**[*]］や土地の［**活売**］（一種の買戻権付売買）等、担保としての側面をもつ制度が存在した。しかし中華人民共和国建国後、ソ連法の影響もあって近代的な担保制度の整備が遅れ、担保法（1995年）制定でようやく一応の形をみた。担保法は、物権法と債権法にまたがり、物的担保（抵当権、質権、留置権等）と人的担保（保証等）、手付金等について定められた。

3 物権法の制定

　物権法は2007年に制定、施行された。市場経済は物＝商品を介しての人と人の関係として構成される。そのうち人と人の関係を規定するのが契約法、前提となる人の物に対する支配を規定するのが物権法であり、いずれも市場経済の基礎をなす法律である。だが、物権法の制定は契約法と比べて難産であった。

　物権法起草作業は1990年代後半頃に始まり、長い時間をかけて議論と検討がなされた。2005年に公表された同法草案に対して各界の意見を聴取したうえで、翌2006年の全人代で制定、という流れが予定されていた。しかし、北京大学の教授がこれに対して強い反対意見を提起した。反対の趣旨は、物権法草案が公有財産と私有財産を平等としている点が、公有制経済を基本とし、公有財産の私有財産に対する優位を規定している憲法、ひいては社会主義の理念そのものに違反するというものであった。これを契機として、**物権法違憲論**が中国全土で巻き起こった。同法の採択は延期され、激しい議論が戦わされたが、最終的には、公有制を強調する規定を総論部分におくなどの一定の妥協をしながらも、市場における主体の平等性等、市場経済に必要な基本的な原則をふまえた内容で、2007年の全人代にて採択されるに至った。

　制定された物権法では、物権に関する基本原則、物権変動、所有権、用益物権、担保物権、占有権が規定されている。なお、上述の民法通則、土地管理法、農村土地請負法、担保法はいずれも現行法として有効であるが、物権法制定以後は、物権法と抵触する部分は物権法が優先することとなっている。

II　物権法の内容

1　総則規定

　（1）物権法の基本原則　　上記のような中国特有の事情から、物権法の総則部分には、社会主義的な公有制の堅持と、市場経済に不可欠な市場主体の平等性の両方が明記されている。他方、中国物権法も日本法と同様、物権の内容はあらかじめ法律（土地管理法等の特別法も含む）によって定めるとの物権法定原則を明文化しており、当事者間で権利内容を自由に定めることは許されない。なお、慣習法については、物権法と矛盾しなければ認めるというのが通説である。

他人の権利を押しのける強力な権利である物権は、その設定、変動を公示して誰もが認識できるようにする必要がある（物権公示原則）。公示方法は、不動産および一部の動産（船舶、自動車等、および動産抵当）の物権設定・変動については登記、動産については引渡しである（いわゆる簡易の引渡し、指図による引渡し、占有改定も占有の形態として認められている）。なお、担保物権については後述4参照。

　物権公示原則との関係で実務的にも重要なのが登記である。登記については、登記簿の記載が真実の権利関係を反映していない場合にこれを信じた第三者を保護するかという公信力が問題となる。日本民法は登記に公信力を付与していない。中国では争いはあったが、現在は公信力を認める見解が有力である（ただし、登記機関の審査が形式審査に実際はとどまっているとされる中国で登記にこうした強い効力を認めるのは疑問が残る）。

　なお、中国では、登記の主管部門が土地、建物、農地、海洋等、登記対象によって異なっており、こうした不統一が当事者にとって不便であるということが長く問題視されてきた。こうした状況を受けて、物権法では、統一的登記制度を実行する旨が明記され、統一登記制度に向けた作業が進められた。現在は、土地使用権と建物の登記機関が統一され、また、全国統一不動産登記情報管理プラットフォームを通じた全国の期間のオンラインでの結合が実現するに至っている。ただし、都市によって登記閲覧の手続や難易度にばらつきがあるなど、不動産登記制度についての改善の余地は依然として存在している。

　なお、土地の用益物権の1つである農民の土地請負経営権（➡後述3(2)）は、登記の対象とされていなかったが、農民の土地に対する権利強化をはかる農村土地請負法改正（2018年）において、土地請負経営権も登記の対象であり、その流通（交換、譲渡等）も登記が第三者対抗要件であることが規定された（➡本節Ⅲ2）。

　(2) 物権の設定・移転　　物権の設定・移転に関して、日本、フランス等は、意思主義（契約の有効な成立により物権が変動し、登記や引渡しは第三者対抗要件）をとっているが、中国は、ドイツ法と同様の形式主義を採用し、不動産であれば登記しなければ権利が移転しない（登記が物権変動の効力要件）のが原則である。

　(3) 物権的請求権　　物権は誰に対しても主張できる権利であり、その

効力として、物権的請求権（物上請求権）が与えられている。中国物権法は、物権の保護のための具体的な権利として、権利確認、原物返還、妨害排除・危険除去、修理・作り直し・交換・原状回復、損害賠償等を挙げている。これらの具体的権利は、単独、併用いずれも可能とされる。

　なお、物権の権利確認は、同一物の権利をめぐって複数人が主張しあうなかで提起されるもので、厳密には物権的請求権に属さない。ただし、中国の裁判実務では頻繁に使われている。

2　所有権

　（1）**所有権の内容・主体**　　中国物権法も、所有権の内容については、日本民法等と同様、占有、使用、収益、処分の権利とする。他方、所有権の主体については、日本民法等が、法人や自然人といった「人」を権利主体として構成しているのに対し、中国物権法では、社会主義的な生産手段の所有主体を基準に構成している。このため、国家、集団、私人（および社会団体）を所有権の主体とし、法人については、所有権とは別の「法人財産権」という概念を用いている。なお、前述（➡本章第1節Ⅱ3（2））のとおり物権法以後に制定された民法総則では、自然人、法人および非法人組織を平等な「民事主体」と位置づけたうえで、これが物権の主体となるとされており（物権法以前に制定された民法通則もおおむね同様）、民法総則と物権法とで乖離がみられる。

　（2）**所有権取得事由**　　所有権の取得事由としては、日本民法等と同様、承継取得（売買、相続等、他人の権利を引き継いで取得）と原始取得（他人の権利にもとづかない取得。善意取得、遺失物取得、埋蔵物発見等）がある。中国物権法では、日本と異なり、動産だけでなく不動産についても善意取得の余地を認めている（登記の公信力）。また、中国物権法は、国家財産の流出防止のためもあって、時効による取得を認めていない点でも日本民法と大きく異なる。

　（3）**所有権の形態**　　**（a）国家的所有権**　　**国家的所有権**の主体は国家である（抽象的には全人民所有ということになる）。権利行使は国務院（中央人民政府）が代表して行う。他方で各国家機関はその直接支配する不動産および動産に対して占有、使用および（法律で認められた範囲で）処分する権限をもつ。権利の客体に関しては、鉱物資源、河川、海域、都市部の土地、自然資源（森林、山岳、草地、未開墾地、砂州等）、無線電信周波数帯、国防資産は国家に

所有権が帰属し、野生動植物、文化財、鉄道、電力施設等の基礎インフラ、文化財については、法律が定めたものは国家の所有に帰するとされる。なお、こうした国家の直接的な所有権は、実質的には公法的権利ともいえるものであり、通常の物権とは異なり譲渡、登記等の対象とならない。

(b) **集団所有権**　集団所有は勤労人民大衆の協同組合［合作社］に由来する社会主義的公有制の１つで、農村と都市の各集団所有に分かれる。**集団所有権**の客体は、法律等の定めにより不動産、動産、自然資源、施設等広く及ぶが、実質的に重要であるのは農地である。集団所有の意義については必ずしも明確ではないが、たとえば農地に対する村の農村集団所有権については、基本的に村の**農村集団経済組織**または村民委員会（➡第２章第４節Ⅱ2）が集団を代表して行使し、また土地請負経営権（➡後述3(2)）に関する一定の事項は当該集団の構成員により決定するとされている。

(c) **私人および法人の「所有権」**　中国物権法は、私人の不動産および動産に対する所有権も規定している。個人、法人格を有しない［個体工商戸］、組合の財産は、**私人所有権**に分類される。他方、物権法上は、企業法人は（国有、私営ともに）厳密な意味での所有権の主体とはなっておらず、**法人財産権**と呼ばれる概念のもと、不動産、動産に対して法律、定款等にもとづき占有、使用、収益、処分の権利をもつとされる（前述（1）のとおり民法総則等では法人にも民事主体として物権の帰属主体性が認められている）。この結果、国有企業財産の場合、国家が所有権を有すると同時に、国有企業が法人財産権を有し、事実上、同一物の上に複数の所有権が存在する二重所有権の状態となっているのではないかとの問題が指摘されている。

（4）共有　中国物権法では共有について、日本民法上の共有に近い持分共有と（ただし、共有持分の譲渡に際して他の共有者に先買権がある等の違いはある）、日本でいう合有に近い［共同共有］がある。両者は、①持分の譲渡が、他の共有者に先買権行使の機会を与えれば可能か（持分共有）、譲渡可能な持分がそもそもないか（共同共有）、②処分についての同意は、持分額３分の２以上の共有者の同意か（持分共有）、全員の同意か（共同共有）、③分割請求について、約定がなければ随時可能か（持分共有）、重大な事由が必要か（共同共有）等の点で異なる。

持分共有か共同共有か不明なとき、物権法は持分共有とみなすとしている。ただ、家族財産については基本的に共同共有と理解されている。

（5）その他　　上記のほか、所有権関連では、区分所有権、相隣関係など
について規定がされている。

3　用益物権・土地法

（1）物権法上の用益物権と土地法　　用益物権は、物の使用価値を支配す
る権利、つまり不動産または動産に対する占有、使用および収益を行う権利
である。ただ実際には、土地に対する権利が中心である。日本民法は、用益
物権として地上権、永小作権、地役権を規定している。中国では、改革・開
放後の経済発展により多様化した土地の利用形態を規範化する必要から、物
権法において類型を整理し、①土地請負経営権、②建設用地使用権、③宅地
使用権、④地役権がおかれた。

　中国の用益物権がこうした区分となったのは、都市の土地は国有、農村の
土地は集団所有という制度のもとで、土地の権利が用途に応じて個別に規定
され、改革の進展とともに権利の内容を発展させてきたためである。

　なお、物権法制定以前に、中国の土地制度について基本的役割を担ってい
たのは、1986 年に制定された**土地管理法**である。同法は、所有権および各
種の使用権、土地の保護、管理・処分のあり方などについて規定しており、
4 度の改正を経て、物権法制定後の現在も有効とされている。各改正はそれ
ぞれ、土地使用権譲渡の容認（1988 年）、過度の土地開発の抑制と農地保護
の強化（1998 年）、公用収用への補償（2004 年）、集団所有地の建設用地化容
認（2019 年）（➡本節Ⅲ 2）を特徴としており、まさしく土地を取りまく制度、
社会環境および問題状況の変化を反映したものといえる。

　土地管理法の規定は、国務院（中央人民政府）から郷・鎮、**農村集団経済
組織**[*]に至る土地利用規制および管理を主に定めており、土地に関する権利の
確立と保障を必ずしも主眼とはしていない。ただし、土地の社会主義的公有
制を基本制度として維持しながらも、物権法制定以前から、都市における
「国有土地有償使用制度」の実行により実質的に都市の土地使用権の譲渡を
広く認めるなど、土地の権利に関して重要な機能を果たしてきたとはいえる。

（2）土地請負経営権　　**土地請負経営権**とは、集団所有および国有（主と
して集団所有）の土地について占有、使用し、収益を得て、農業生産を行う
権利である。協同組合［合作社］、**人民公社**[*]等による集団農業に代わり、各農
家ごとに農業経営を行うための制度として、1970 年代末から始まり、農村

土地請負法（2002年）で権利として整備、確立された（➡本節Ⅲ2）。

　なお、物権法では、先行する農村土地請負法上の土地請負経営権の制度を基本的に踏襲している。その結果、一部に物権法の原則に沿わない規定が含まれることになった。たとえば、物権法は不動産物権について、登記が効力発生要件であるのが原則であるが、土地請負経営権については契約（合意）で効力が生じることとなっている（ただし、Ⅲ2で述べるように、2018年の農村土地請負法改正により、土地請負経営権も登記機関による登記の対象となった）。

　（3）建設用地使用権　　**建設用地使用権**は、建築物、構築物の建設のために土地上に設定される使用権（占有、使用、収益の権利）である。オフィスビル、公共施設、工場、商業施設、道路等交通設備、都市部の住宅等、なんらかの建築物ないし構築物が建設される用地は、概念上ここでいう建設用地にあたる。

　建設用地使用権は、都市の国有土地と農村の集団所有土地とで扱いが異なる。現状では、都市の建設土地使用権は有償譲渡が認められており、不動産市場で広く流通している。これに対し、農村の建設用地使用権は原則として譲渡が認められなかったが、2019年に一定範囲で容認された（➡本節Ⅲ2）。

　都市を中心とする国有土地上の建設用地使用権は、国から「払下げ」または「割当て」の方法によって譲渡（設定）がなされる。「払下げ」は、基本的に民間（外資系の会社等も含まれる）に使用権が有償で譲渡される場合である。払下げ譲渡契約において期間が定められ（最長期間は住宅用地が70年、工業用地が50年、商業用地が40年など）、その期間における使用権が取得される。再譲渡等の場合は、その期間は当初の払下げ期間による制限を受ける。なお、住宅建設用地の使用権は、期間満了により自動的に延長されることが物権法に規定されているが（ただし、有償か無償かの定めがなく、問題となっている。物権法改正案では有償を前提に法令で減免等を定めるなどとしている）。他方、「割当て」は、国有企業、事業体などへの譲渡の場合であり、原則として期間の定めはなく無償である。

　国有土地上の建設用地使用権の払下げは、物権法制定前、1988年の憲法改正を受けて制定された「都市国有土地使用権払下げ及び譲渡暫定条例」（1990年）、「都市不動産管理法」（1994年）などにより制度化されていた。なお、土地使用権の払下げ手続の協議、入札、競売の3つの方式のうち従来は協議による場合が大半であったが、当局側の裁量幅が大きく、自由競争の阻

害、国有資産の不当流出、汚職の温床など多くの問題があったため、協議ではなく公開の入札ないし競売によるべきことになった。物権法でもこの原則が明記されている。

なお、国有建設用地上の建物については、不動産「所有権」の対象となる。ただし、日本と異なり土地の使用権と建物等は、物権法上、一括で譲渡されるものとされている。

（4）**宅地使用権**　宅地使用権は、農村の集団所有土地上に住宅を建設する場合に設定される権利である。都市部の住宅の建設土地使用権とは異なる。この宅地使用権について物権法は、単に「その取得、行使および譲渡については、土地管理法等の法律および国家の関連規定による」として、実質的な規定はおいていない。

（5）**地役権**　日本の民法と同様、中国物権法でも、地役権すなわち当事者間の設定契約に基づき、他人の不動産（承役地）を一定の範囲で利用し、自己の不動産（要役地）の効果と利益を高める権利について規定がおかれている。典型的には通行権等がこれにあたる。

4　担保物権

（1）**総論**　担保物権は、債権者に与えられた、担保物からの優先的な弁済を受ける権利である。中国物権法では、担保物権として抵当権、質権および留置権を規定している。日本では法定担保物権の1つとされる先取特権は規定されていない。また、非典型担保と位置づけられる譲渡担保についても規定はおかれなかった。

物権法では、担保物権に共通する原則として、**付従性***や**物上代位性***が規定されている。被担保債権の範囲は原則として主たる債権およびその利子、違約金、損害賠償金、保管費、担保実行費とされる。

このほか、日本民法では言及されていない［反担保］の規定もある。反担保とは、主債務者ではなく第三者が担保提供した場合に、担保提供者が債務者に対する求償権の担保のために債務者から徴求する担保のことである。中国物権法では、担保提供者に対して、こうした反担保の提供を主債務者に対して要求する一般的な権限を認めている。

（2）**抵当権**　抵当権とは、債務者または第三者が不動産（ないし不動産上の権利）、動産等の特定の財産の占有を継続しながら、一定の方式に従って

当該財産を債権の担保とするものである。債務が弁済期に履行されない場合、債権者は当該財産を、法律の規定に従った時価換算、または競売等で換価して得た代金によって優先弁済を受ける。日本法と概ね同様である。また、いわゆる**根抵当権**[*]についても規定されている。

抵当権を設定できる財産は、建築物（建造途中を含む）、用益物権（建設土地使用権、土地請負経営権）、交通輸送手段（自動車・船舶等）、企業の生産設備、製品等である。登記制度のある財産が主に想定されている。なお、公有が原則である土地所有権や、農地・宅地等の集団土地使用権、社会公共施設、紛争対象となっていたり差押え等されている財産は抵当権の設定ができないとされる。

不動産（建築物、建設土地使用権など）の抵当権の設定については、中国物権法上の原則に従い登記が効力発生要件となる。他方、企業の生産設備・製品等、交通輸送手段などの動産の場合、登記は対抗要件と位置づけられている。

抵当権の実行方法としては、競売、売却［変売］、換価［折価］（債権者自身が抵当財産を取得）の３つが物権法上規定されている。まず、当事者間で任意の協議によって、換価（つまり抵当直流）、任意の競売、第三者への売却のいずれかを選択するのが原則とされる。協議による合意に達しなかった場合は、抵当権者は人民法院に対して競売ないし売却の申立てをすることができる。

（3）**質権**　　質権とは、債務の履行の担保のため、債務者または第三者が動産等に担保を設定し、当該担保物を債権者に占有させる担保物権である。抵当権とは、担保物の占有が債権者に移る点が異なる。

担保設定の対象が動産である場合が動産質である。担保物である動産は債権者の占有に移り、引き渡した時点で質権が成立する。債務者が期限到来した債務を履行しない場合、債権者は、当該動産について優先弁済を受ける権利を有する。

担保設定の対象が一定の権利である場合が権利質である。手形・小切手、債券、倉庫証券・船荷証券、株式・出資持分・ファンド持分、特許権等の知的財産権（財産権部分のみ）、売掛金等が対象となる。有価証券の場合は権利証書の質権者への引渡し時に質権が成立する。権利証書が存在しない場合、知的財産権の場合等は、関連部門が質権の登記を行った時に成立するとされる。株式や出資持分の場合は、証券登記決済機構ないし工商行政管理部門

（市場監督管理局）での登記により成立する。

　（4）**留置権**　　留置権とは、債権者が合法的に債務者の財産である動産を占有し、債務者に当該財産と牽連性のある債務の不履行があった場合に、債権者が当該財産を留置し、そこから優先弁済を受ける権利を有することをいう。抵当権、質権のように当事者の合意で設定されるのではなく、法律の規定に従って発生する法定担保物権である。弁済の優先順位は、抵当権、留置権よりも高い。

　留置権は、①債権者が占有する物が債務者の財産であること、②債権の弁済期が到来していること、③当該財産と債権が同一の法律関係に属すること、④債権者が合法的に当該財産を占有していることを要する。

Ⅲ　クローズアップ

1　統一民法典と物権法の改正

　前述（➡本章第1節Ⅰ2）のとおり、統一民法典の制定は、建国以来4回の"失敗"を経て、すでに民法各領域の法律自体は出揃っている状況のもと、2020年公布を目指す今回、ようやく実現に至ろうとしている。

　物権法についても、2007年から約10年の施行実践を経て、2018年に他の民法分野とともに草案が公表され、さらに2019年には第2次改正草案が公表されて、2020年の制定に向けた作業が進められている。

　2019年第2次改正草案では、統一民法典の一部となるための調整（総論的事項の民法総則への移転統合など）のほか、たとえば以下の点についての改正が検討されている。いずれも、最近の中国社会における現実的な社会問題等を反映したものである。

　（1）**区分所有者〔業主〕総会、区分所有者委員会の権限等の整備**　　マンションの修繕、改築などについては日本でも大きな問題となりつつある。中国における今回の修正案では、区分所有者による共同決定事項（規則等の制定・修正、維持修理資金の調達・利用、建物の改築・再建など）の決議要件の適正化、緊急時における維持修理資金の使用、地域の居民委員会や行政主管部門の関与等が規定されている。

　（2）**土地請負経営権の強化と整備**　　農村土地請負法の改正（2018年）等を受けて、土地請負経営権の権利の強化、とくに流動性を強化整備する規定

がなされている（➡後述2）。

　（3）「居住権」の新設　　契約によって住宅に居住の権利を設定する居住権が新たに定められようとしている。居住権は無償が前提とされ、譲渡や相続の対象とはならず、居住権者の死亡により消滅する。なお、中国の契約法では、日本の使用貸借（無償による貸借）についての規定は存在しない。

　（4）抵当権者への「通知」による抵当財産の譲渡　　現行の物権法では、抵当権が設定された財産を抵当権設定者が第三者に譲渡する場合、抵当権者の同意が必要とされている。抵当権者の同意を得て譲渡がされた場合、譲渡代金をもって抵当権者に対して債務の繰上弁済または供託がなされる。今回の物権法改正案では、抵当権者の同意ではなく、これに対する通知でよいこととなっている。

2　農村土地の権利関係の変化と進展

　（1）合作社・人民公社から土地請負経営権へ　　中華人民共和国建国当初、農村の土地改革は、地主を中心とした旧来の支配体制から小作農を解放して農地を保有させる［耕者有其田］を基本的な方針としていた。しかし、社会主義的改造路線が本格化した1953年頃から、農村では、農民の協同組合である［合作社］化による集団化が進められ、農地等の農村土地の所有権も公有制の一種としての集団所有制が形成された。さらに、1958年の**大躍進政策***の時期には、農村（郷）の権力機構と合作社が一体化し、集団生産と集団生活を基本とする**人民公社***の建設が急速に全国に広がった。

　その後、**プロレタリア文化大革命***の混乱を経て、1970年代末、改革・開放の開始とともに農村土地請負制の導入が始まり、人民公社の解体が進行するとともに、多くの農民が土地請負経営権を取得するようになった。

　1980年代頃までは、土地請負経営権の譲渡は禁じられ、農業生産に従事しない場合は土地を返還しなければならなかった。しかし、沿海地域の経済発展を支えるために出稼ぎなどが普及した1990年代以降は、そうした制約が段階的に緩和され、土地請負経営権は一定の制約のもとではあるが譲渡や賃貸が可能な権利へと変貌していった。2002年に農村土地請負法が制定され、その後2005年の農村土地請負経営権流通管理弁法、2007年の物権法の制定を経て、土地請負経営権の権利としての規範化、体系化が進められた。

　（2）土地請負経営権と集団所有　　前述（➡本節Ⅱ2(3)(b)）のとおり、農

村の土地は村民による集団所有とされる。所有権の主体は村の構成員全体であるが、共有と異なり、構成員に持分や処分権はない。こうした農村の土地のうち、農業生産の目的に供される土地については、土地請負契約にもとづいて、家族単位で土地の使用が認められる。請負契約は所有権者（集団）を代表する**村民委員会**（またはこれに相当する**農村集団経済組織**）と、各農家の間で締結される。

こうした農業生産の「請負経営権」が、前述の農村土地請負法（2002年）や物権法（2007年）によって、用益物権の1つとして権利性を確立したのが土地請負経営権ということになる（➡本節Ⅱ3(2)）。各農家は土地請負経営権にもとづき、村の耕地を村民全体で平等に頭割りしたうえ、家族単位で土地を割り当てられる。請負期間は耕地が30年のほか、草地は30〜50年、林地は30〜70年とされ、この期間内に請負地を変更し、回収することは原則として認められない。他方、村民自身が集団としての所有主体でもあるため、その対価を支払うことはない。請負期間が満了しても土地請負経営権が消滅するわけではないが、いったん村に回収された後で改めて村民に配分される。

土地請負経営権の移転可能性（流動［流転］）については、上述のとおり、農村土地請負法や物権法ないしこれらをふまえた実務上、制約された範囲ではあるが一定の「流動」が認められるようになっていた。譲渡［転譲］する場合は集団（村）の同意が必要だが（ただし同じ集団内の構成員に対してのみ可能）、集団の構成員以外に農業生産をさせて賃料をとる賃貸［出租］の場合は通知で足りるとされた。また、同じ集団内の他の構成員（農家）への耕作の移転（下請［転包］）や交換［互換］、会社等への土地請負経営権による出資［入股］なども一定の範囲で認められた。

（3）［三権分置］——土地請負経営権のさらなる権利強化　　上記のように、土地請負経営権は、権利として一応確立され、また流動性も一定程度は認められてはいたものの、都市部の国有土地の建設用地使用権等と異なり登記の対象ではないことをはじめ、「流動」についての制度はあまり整備されておらず、また制約も大きいものであった。

他方で、農業生産の現代化による生産性向上のためには、土地請負経営権の流動性をさらに高め、企業化、大規模化など新しい農業経営の形態に対応する必要が高まった。また、農民と都市住民との経済格差が拡大するなか、土地に対する権利の面においても、高い権利性と譲渡性が認められている都

市部の土地使用権と大きな制約のもとにある農村の土地使用権との間の不公平の是正をはかる必要もあった。

こうした状況をふまえて、2018年の末に農村土地請負法が改正された。最大の改正点は、［三権分置］の整備、確立である。農地に関する権利は、上記のとおり所有権は集団所有に帰するが、その上に設定される土地請負経営権を、もととなる「請負［承包］権」と、農業経営自体を行う「土地経営権」に分け、土地経営権についてはより高い流動性等を認めるというものである。土地請負権者は、みずから土地経営（農業経営）を行うことも可能だが、これを他人に賃貸したり、これによって会社等に出資することなども可能である（所有権者には通知で足りる）。従前との大きな違いとしては、土地経営権の賃貸等の流動についても、期限が5年以上の場合は登記することが可能とされた点や、請負権者の同意があれば土地経営権に担保を設定することも可能とされた点などがある。

他方、もととなる請負権者についても、土地請負経営権が登記機関による登記の対象であることや、土地経営権を賃貸等によって流動させた場合であっても、集団所有権者(村など)との間での土地請負権利関係は維持されることなどが明確にされた。また、土地請負権者が農村から都市部に移動した場合でも、土地請負権を勝手に取り消してはならないことも規定されている。

　（4）農村土地の国有化と集団所有土地の一部払下げ・譲渡の容認　　経済発展にともなう都市の不動産価格の急騰の影響は都市近郊の農村にも及んでいる。急増する不動産需要に応えるための施策として、集団所有である農村の建設用地を、行政区画の変更によって国有となる都市の建設用地に振り替えたり、あるいは**都市・農村一体化政策**（➡第2章第3節Ⅲ3）によって行政区画単位ごと農村を都市に変更するなど、農村土地の国有化ともいうべき現象も起きている。こうしたなか、2019年の土地管理法改正により、集団経営性建設用地、つまり農村の集団所有土地について、国有化等を経ることなく、農村集団経済組織が自主的に、譲渡等が可能な商業または工業用途の建設用地使用権として払下げを行うことが認められるようになった。都市と農村の格差是正という意味でも、また土地所有制度の本質に関わるという意味でも、注目に値する改革である。

第3節　契約法

Ⅰ　概説——歴史と背景

1　統一契約法の制定の経緯

　市場経済を円滑に運営していくためには契約法が不可欠であるが、契約法と名の付く法が中国にあったからといって、必ずしも市場経済が行われていたとは限らない。市場経済にとって不可欠の契約法とは、何よりも当事者間の契約の自由を保障するものでなければならないからである。1978年の改革・開放政策の提起後、契約法に関して、経済契約法（1981年）、渉外経済契約法（1985年）、民法通則（1986年）、技術契約法（1987年）等が制定されたが、これらの法律のうち渉外経済契約法を除いて、いずれの法律も**計画経済**の影響を強く受けていた。

　中国における市場経済が本格的に展開するようになるのは1990年代に入ってからである。すなわち、1993年に改正された経済契約法は、従来のそれとはまったく異なって、契約の自由を基本に据える市場経済を媒介する法律となった。ただ、当時は統一的な契約法は存在せず、国内の企業間は経済契約法、渉外関係は渉外経済契約法によって律せられた。その結果、法律相互での矛盾とか、当然あるべき規定が存在しないといった事態が生じていた。こうした状態の克服を目指して1999年に統一的な契約法が制定されたのである。その結果、従来の経済契約法や渉外経済契約法、技術契約法は効力を失うことになった。

2　ウィーン売買条約の影響

　中国契約法の制定について強調しておきたいのは、統一契約法制定の立法目的の基軸をなしたのは〈国内外の市場のレールをつなぐ〉ということであり、その標語をなしたのが［接軌］（レールをつなぐ）という言葉であったことである。この標語に示されているように、グローバル化していく21世紀の市場経済を見据えて統一契約法は制定された。そのため、中国契約法の諸規定のなかには、国際的な契約立法・思想が積極的に採用、参照されている。とりわけ**国連国際動産売買契約条約（ウィーン売買条約）**の影響が顕著であり、たとえば債務不履行による損害賠償に関する厳格責任主義（日本法は過失を要

件とする）とか、損害賠償額の算定における賠償請求者の損害軽減義務（日本法は過失相殺）などは、この条約を参照して作られた規定である。

3 民法総則の制定による修正

　中国では現在、民法典の編纂事業が始まっており、すでに 2017 年に民法総則が制定され、とくに法律行為の部分において、現行契約法の規定も一部修正を余儀なくされることとなった。しかし、この修正は現行契約法総則の関係個所の文言の手直しには及んでいないので、民法典の各則としての契約編が制定されるまでは、民法総則と現行契約法総則が文言上は併存する状態が続くことになる。この場合、両者の関係は新法＝民法総則と旧法＝契約法（新法は旧法を破る）の関係で処理されることになるが、条文によっては解釈論上疑義の生ずる可能性を残しているものもあり、実務上混乱が生ずる可能性がある。たとえば契約法は契約申込みの取消しを認めているが、民法総則には撤回に関する規定はあるものの取消しに関しては何も語っておらず、これは総則では取消しを認めない趣旨なのだろうか。また、契約法では、錯誤［重大誤解］や詐欺・脅迫について契約成立後に取消しだけでなく「変更」をも認めているが、民法総則では変更の文言はなく、それは変更を認めない趣旨なのだろうか。さらに、「代表」と「代理」とは異なる制度であるところ、**法定代表人**[*]の越権行為につき表見代理のルールを準用して表見代表規定として定められた契約法 50 条と、法定代表人の越権行為を規定した民法総則 61 条は同一趣旨の規定なのだろうか、それとも異なる規定なのだろうか。もし前者であれば、現行契約法の規定が存する限りどちらの規定を適用してもよいということになるが、後者であれば、代理と代表は異なる以上、もはや契約法 50 条は適用してはならないということになる。

　このように、現行契約法と民法総則との対応規定の関係をめぐっては、今後の裁判実務動向をみていかなければわからない部分も存するが、とりあえず以下の本文においては、この民法総則による改正部分にも言及することにする。

II　契約法の内容

　中国の民事紛争に関する『中国法律年鑑』（2016 年版）によるデータをみ

ると、権利侵害（不法行為）案件が 2012 ～ 2015 年の 4 年間で 125,249 件、物
権をめぐる案件が 2008 ～ 2015 年の 8 年間で 67,685 件、婚姻家庭・相続案
件が 2009 ～ 2015 年の 7 年間で 164,666 件であるのに比して、契約案件は
2012 ～ 2015 年の 4 年間で 936,197 件と群を抜いて多く、非常に重要な法領
域をなしている。そして、その判決文を丹念に読んでいくと、訴訟当事者の
主張、抗弁、裁判所による事実認定が詳細に記され、それをふまえつつ法の
解釈論が展開されたうえで判決が導き出されており、契約法の領域では本格
的な解釈論的法律学の時代が到来しつつある。

　中国契約法も総則と各則からなり、各則は各典型契約を定める。典型契約
とは、モデルとなる契約の類型のことで、契約自由の原則のもと、これと異
なる契約を結ぶことも可能である。総則部分では、まず、契約法の基本原則
を掲げ、その後に、契約の成立、効力、履行、消滅、違約責任の順で規定す
る。以下、民法総則による改廃部分を織り込みながら、かつ、日本法との違
いに留意しながら、中国契約法の特色をなすと思われる部分をみてみよう。

1　契約法の構成

　中国契約法は全 428 か条からなり、総則は一般規定（第 1 章）、契約の締結
（第 2 章）、契約の効力（第 3 章）、契約の履行（第 4 章）、契約の変更と譲渡（第
5 章）、契約の権利義務の消滅（第 6 章）、違約責任（第 7 章）、その他の規定
（第 8 章）からなり、各則では、売買、電力・水・熱エネルギー供給使用、贈
与、貸金、賃貸借、ファイナンスリース、請負、建設工事、運送、技術、寄
託、倉庫保管、委任、取次、仲立の典型契約が掲げられている。これを日本
民法の典型契約と比べると、日本民法に規定されている使用貸借、雇用、終
身定期金、組合、和解の各契約が中国契約法にはなく、他方、中国契約法に
規定されている電力・水・熱エネルギー供給使用、ファイナンスリース、建
設工事、運送、技術、倉庫保管、取次、仲立の各契約が日本民法にはない。
なお、このうち運送、倉庫保管、仲立、取次に相当する部分は日本では商法
に規定されている。民商合一をとる中国法と民商分離をとる日本法のあり方
がこうした違いをもたらしている。また、建設工事は日本民法では、請負の
なかで扱われる。

2　契約の定義と基本原則

（1）**定義**　　中国契約法は、契約の定義に関して、草案段階では「民事上の債権債務関係」の設定、変更、終了の合意という表現が用いられていたが、採択時にはこの「債権債務関係」が「権利義務関係」に修正された。このことから、中国契約法は物権契約をも認め、かつ物権行為の無因性理論をも想定しているのかという疑問が生ずるが、それを肯定する説は大方の支持を得ていない。しかし、債権契約と物権契約の区別となると否定説と肯定説が存在し、このことはとくに契約法51条の、権原なく財産を処分した者（無権処分者）による契約締結の効力の理解をめぐって鋭く対立している。以上のような争点と関連してか、契約法51条の無権処分者の契約締結の効力に関する規定は民法総則では削除されている。他方、契約の定義に関しては、民法典契約編の「草案第2次審議稿」では「権利義務関係」が「法律関係」に改められている。

（2）**基本原則**　　基本原則として、中国契約法は平等、契約自由［**自願**］、公平、誠実信用、法律遵守（あるいは合法）の各原則を掲げているが、法律遵守原則については、かねてからむしろ公序良俗原則として理解すべきであるとの有力な説が存し、このたびの民法総則8条で、その説は追認された。

　これらの原則のなかで法文化の比較の観点から興味深いのが、公平原則である。これは、契約内容を定めるときに遵守すべき重要な原則であるが、そのほかに、裁判実務では法の欠缺を補う役割も果たし、さらには、被告には違約責任も不法行為責任もないとした下級審判決を「正しい」と認定したうえで、それにもかかわらず被告に30万元の「補償」を命じた高級人民法院の判決（➡本節Ⅲ3）に示されているように、実際には調停にほかならない判断に法的なお墨付きを与える役割をも果たしている。

3　契約の成立

（1）**契約の成立時期**　　契約は申込みと承諾の合致により成立する。その成立時期については、隔地者間の場合、日中の法律はまったく対照的である。日本民法では承諾の通知が発信された時点で契約が成立するのに対して、中国契約法では承諾の通知が申込者の側に到達した時点で契約が成立する。そして、中国契約法の場合、申込みの通知が相手方に到達する前、または申込みと同時に到達するのであれば申込者は撤回できるし、到達後も承諾の通

知が発信される前であれば、取り消すことができる。民法総則では、この取消しに関する規定はみあたらないが、民法典契約編の「草案第2次審議稿」では取消しに関する規定も引き続き存在する。日本法は、承諾の期間の定めなき隔地者間の申込みは、申込者が承諾の通知を受けるのに相当の期間が経過するまで、撤回できない。このように、中国契約法は申込者優位で、日本民法はその反対に承諾者優位である。

　（2）**約款**　　契約は申込みと承諾の意思の合致によって成立すると考えた場合、問題となるのが約款［格式合同条項］と契約締結上の過失責任である。約款について中国契約法は「契約締結時に相手方との協議を行っていない条項」と定義するが、協議を行っていない契約がなぜ効力を有するのか、問題となる。中国では、黙示の同意があったとする説が有力である。中国法は約款内容について、それが公平原則に合致すること、約款提供者の免責・責任制限条項について注意喚起義務を規定している。

　（3）**契約締結上の過失**　　契約成立との関連で論じられるもう1つの論点が、契約締結上の過失責任の問題である。契約が成立していないのに、なぜ損害賠償義務が生ずるのか。この問題をめぐっては、契約法の信義則違反を拡張する説とか不法行為で説明する説等があり、日本の裁判例も両様存在するが、中国法は契約法のなかにおいて誠実信用原則に反する行為として明文化した。ただし、このことは、すべての学者が契約締結上の過失責任を契約法の枠内で処理すべきものと理解していることを意味しない。契約締結上の過失責任によって生ずる損害賠償の範囲は信頼利益の損害の範囲に限られる。

4　契約の効力

　契約が成立したからといって、自動的にそれが有効となるわけではない。中国契約法は契約の効力をめぐって、取消し、無効、効力未定（追認があれば有効、なければ遡って無効）に区分して論ずる。統一契約法以前は、無効事由が多かったが、市場での取引を奨励する見地から、取消事由が増大した。

　（1）**取消事由**　　取消事由としては、錯誤［重大誤解］、明らかに公平を失する契約、および詐欺、脅迫がある。日本では詐欺や強迫、錯誤といった意思表示の瑕疵に関わる問題は民法総則で論じるが、中国では、契約法総則の契約の効力の箇所で論じる。現行契約法では、詐欺、脅迫につき、それが国

家の利益を損なうときは無効となると規定しているが（契約法52条1号）、民法総則ではこの無効規定は削除された。なお、錯誤に関して、司法解釈でもって、当該錯誤が「比較的重大な損失」をもたらすものでなければならないと明示されている。

ところで、この詐欺、脅迫、錯誤に関して、中国契約法は、取消しのみならず変更をも規定しており、また司法解釈でもって、錯誤に関して変更の請求があった場合、裁判所は変更しなければならないと規定している。しかし他方で、契約法は取消権を規定するだけで、変更権については何も規定していないし、契約法のその他の部分にもどのように変更すべきかについての具体的規定はない。この変更をどう理解すべきか、実務上の事例は多くないが、学説上は問題とされてきた。そうしたなかで、民法総則では詐欺、脅迫、錯誤のすべてについて、変更の文言が姿を消した。このことは、意識的に変更の部分を削除したと理解すべきか、なお検討を要する。

（2）**無効事由**　無効事由については、民法総則の制定にともなって、かなりの改変をみることになった。契約法では、無効事由として①詐欺、脅迫行為が国家の利益を損なう、②悪意をもって通謀し、国家、集団、第三者の利益を損なう、③合法的な形式をもって不法な目的を隠蔽する、④社会公共の利益を損なう、⑤法律、行政法規の強制性規定に違反する5つの事由が掲げられていたが、民法総則によって①が削除され、③も見当たらない。③については、契約法として存続するという趣旨なのか（その場合は契約法が特別法になる）、それとも次の公序良俗で処理されるという趣旨なのか、不明である。④に関しては、社会公共の利益が公序良俗に置き換えられた。さらに、上記項目のほかに、虚偽表示・隠匿行為が新設され、虚偽表示は無効、隠匿行為は関連法律によって処理されることになった。虚偽表示規定がなかった時期は、実務上は上記②の悪意通謀規定で処理する事例もみられたが、本来は異なる概念であり（虚偽表示は双方の意思が真実でなく、悪意通謀は真実の行為）、今後は実務上も区別化がはかられると思われる。

（3）**効力未定事由**　効力未定の事由には、（イ）民事行為制限能力者（10歳以上18歳未満者および自己の行為を完全には判断できない者）、（ロ）無権代理、（ハ）無権処分者の行為等がある。（イ）については法定代理人の追認が、（ロ）については本人の追認がないかぎり無効となる。問題となるのは、（ハ）である。無権処分者の行為は、真実の権利者の追認があれば有効となるが、

追認がなかった場合の理解をめぐって、完全有効説（債権行為と物権行為に分け、債権行為は有効とする）、効力待定説（追認の有無が示されるまでは、契約効力は未定とする）の間で激しい論争が交わされている。こうしたなかで、民法総則は、（ハ）に関する規定を削除し、民法典契約編の「草案第2次審議稿」でも削除されたままであるが、削除したからといってこの論争が終結するわけではない。

5 契約の履行

契約が有効に成立すると、いよいよ履行段階に移る。この段階での規定のなかには、日本民法では債権総論や債権各論で論じられるものも多い。以下、日本民法との違いに留意しながら中心的問題のいくつかをみてみよう。

（1）**履行の抗弁**　契約が有効に成立すると、契約の効力として契約履行の抗弁権が生ずる。これについて、日本民法は同時履行の抗弁権だけを規定しているが、中国契約法はそのほか、**先履行の抗弁権**と**不安の抗弁権**をも規定している。日中ともに存在している同時履行の抗弁権も、日中でそのとらえ方は異なる。中国法は履行順序に先後関係がないケースだけを想定しており、日本民法は、先後の関係があっても、先履行者が履行しないままに後履行者の履行期日が到来すると、その時期から同時履行の関係に入ると考える。ところが、中国では、先履行者が履行しないかぎり、先履行の抗弁権が発生し、後履行者は履行を拒むことができる。この先履行の抗弁権は中国独特のもので、その背景には、担保の意味、つまり相手方を信用しないという不信の意味が込められているといわれ、日中両社会の取引慣行を比較するうえで興味深い。

不安の抗弁権は、先に履行する側が、後履行者の履行に経営状況の悪化等で不安を感じた場合に、相手方に担保の提供を求め、担保が提供されないような場合に、先履行者は履行を拒むことができるというものである。日本でも、**継続契約**[*]においてこの抗弁権を認めた裁判例はあるが、このたびの民法改正でも、明文化は見送られた。中国契約法にはこの権利も明文化されているうえに、契約履行中の抗弁からさらに進んで、契約の解除さえ認められている。つまり、履行期前の契約違反を理由に先履行者は契約の解除もできるのであって、これはアメリカ商法典の考え方を採用したものである。

（2）**契約債権の保全**　債務者の財産の不当な減少を防ぎ、債権者の債

権を保護するための制度が、債権者代位権と債権者取消権である。これらの権利は日本民法では債権総論の箇所で論じられるが、中国では契約法総則のなかに規定されている。債権者代位権とは、債務者が期日到来の債務を履行せず、そのため債権者の権利が侵害され、しかも債務者が第三債務者に対して期日到来の権利を有しているにもかかわらず、その権利の行使を怠っているような場合に、債権者が債務者に代わって第三債務者に対して債権者の名義で権利を行使することを認めるという制度である。金銭債権の場合、この権利行使によって、債権者は債務者から優先的に弁済を受けることができるが、その理論構成には違いがある。日本の場合は、債権者の債務者に対する金銭債権と、債務者の債権者に対する不当利得返還請求権を相殺するという理論構成をとって、事実上、債権者の優先弁済が容認されるのであるが、中国法では、司法解釈でもって、この権利行使が裁判所によって認められると債権者と債務者、債務者と第三債務者の間での債権債務はただちに消滅すると規定されている。なお、この司法解釈は、民法典契約編の「草案第2次審議稿」では契約法本体の中に条文として組み込まれている。

　債権者取消権とは、債務者がその一般財産を積極的に減少する行為（たとえば無償譲渡や著しい低価額での譲渡）によって債権者の権利が侵害されるときに、債権者が債務者と受益者との間の法律行為を取り消し、債務者の責任財産の保全をはかる制度である。この制度についても、日本法は受益者（債務者からの財産取得者）や転得者（受益者からの財産取得者）を被告とするのに対して、中国法は債務者を必ず被告として、転得者は決して被告とはならない（[案外人]と称される）。この違いは、債権者取消権の行使が日本では給付訴訟、中国では取消訴訟の形式をとることに起因する。また、日本の判例では、時価相当額での不動産の売却や、債権譲渡、代物弁済が詐害行為として取消しの対象とされているのに対して、中国の学説、裁判実務とも、とくに悪意での通謀行為が認められないかぎり、取消しの対象とすることはない等の顕著な差異が存する。なお、民法典契約編の「草案第2次審議稿」では、以上の債権者代位権および債権者取消権は、「契約履行」の章から独立した「契約の保全の章」に規定されている。

　（3）　事情変更の原則　　契約が有効に成立してもその後、予期せざる事情が発生し、契約をそのとおり履行することが信義則や公平原則に反すると判断された場合に、契約の変更や解除を認めることを**事情変更の原則**［情勢

変更原則〕という。日本民法は明文でこの原則を掲げておらず、また最高裁判所でもいまだこの原則を認めた裁判例はない。一方、中国においては契約法起草段階ではこの原則が採用されていたが、制定段階で削除された。しかし、このことは、契約法制定にともなって、事情変更の原則の適用が実務上否定されたことを意味しない。実際には公平原則にもとづいてかなり頻繁に事情変更が認められ、その歯止めをかけるために司法解釈でもって事情変更が認められる範囲を明文化したというのが真実である。この原則の適用面での目下の中心問題は、商業リスクとの区別をどうするのかという点にある。

（4）**危険負担**　契約が履行段階で不可抗力によって履行不能となることがありうる。この場合、契約当事者のどちらが危険を負担するかが問題となる。これが、古代ローマ法以来、法律家の頭を悩ませてきた危険負担の問題である。中国法では、引渡主義を採用し、たとえば売買契約の場合、引渡し前は売主が、引渡し後は買主が危険を負担する。ただし、中国法は他方で、危険負担が問題となる場面において契約解除も認めているので、どちらをとるかで異なる結論が生ずる場合にどう処理すべきかが問題となる。総じて、解除説が有力であるが、1審の契約解除を否定し、2審で危険負担を適用した事例もあり、問題は残っている。こうした二本立ての規定の仕方はウィーン売買条約に由来する。

（5）**契約の変更と譲渡**　契約が有効に成立しても、その後に契約の内容や主体が変わることがありうる。中国法で契約の変更という場合、契約の内容の変更のことをさす。契約の主体の変更は契約の譲渡と称し、債務の引受けと債権譲渡からなる。契約の変更との関連で、日本民法には契約の更改という規定があるが、これは旧債務を消滅させて新債務を成立させることで、中国法は、変更とは別に更改を規定していない。このことから、中国法では契約の変更のなかに更改も含めて理解すべきなのか、現在でも議論が交わされている。

　債務の引受けとは、甲の乙に対する債務を丙が引き受けるというもので、その場合、甲が完全に債務関係から解放されるというタイプ（免責的債務引受け）と、甲が引き続き債務者にとどまるタイプ（併存的債務引受け）がある。契約上の権利義務を一括して第三者に譲渡するのが契約の概括移転、または契約上の地位の引受けである。日本民法には債務の引受けも概括移転も明文の規定がない。

契約主体の変更としてとくに関心が高いのが、債権譲渡である。たとえば、甲が乙に対する100万元の金銭債権を90万元で丙に譲渡して当座の資金不足を解消する、といったことのためにこれが使われる。甲丙間の債権譲渡契約が乙に知らされていない場合は、乙は丙の請求を拒んで、甲に債務を履行すればよい。丙が乙に対して100万元の支払を請求するためには、甲が乙にこの債権譲渡を通知しておかなければならない。民法通則の時代は、債務者乙の同意が要件とされていたが、契約法制定を契機に通知主義に変わった（乙の同意は不要）。問題となるのは、甲が丙と譲渡契約を結んだ後に、丁とも二重譲渡契約を結んだ場合である。日本民法では、通知に対抗力が付与されているので、甲が後から締結した丁との譲渡契約を乙に通知すれば、丁が優先されるが、中国契約法では、通知に対抗力の文言がなく、契約の先後で判断されることになる（丁に対する譲渡は甲の無権処分行為となる）。日本では、近年、債権譲渡を資金調達の手段として活用する趣旨で、継続契約等で生ずる将来債権を担保とする債権譲渡担保制度が作られ、登記をその対抗要件とする仕組みが作り上げられているが、中国ではまだこうした動きはないようである。

　（6）**契約の権利義務の終了**　　中国契約法は契約終了［終止］事由として、契約義務の履行のほかに、解除、相殺、供託、免除、混同および法律の規定・約定によるその他の事由を掲げる。日本民法では、相殺、供託、免除、混同は債権消滅事由として債権総則のなかで、また、解除は契約法総則のなかでそれぞれ規定している。中国法が解除と相殺等とを一括して規定しているのは、債権総則編がないことによる便宜的措置であろう。ただし、契約終了のなかでの解除の位置づけについて民法典契約編の「草案第2次審議稿」では、契約法のように相殺〜混同と並記することはせずに、「法律が規定する、あるいは当事者が約定するその他の事由。契約が解除されたときは、当該契約の権利義務関係は終了する」と表記している。なお、1999年制定の契約法に先立つ草案段階では、契約の「終了」ではなく、「消滅」となっていたのであるが、これは、解除のなかでも賃貸借等の継続的契約の解除においては、「消滅」の語ではすでに履行した契約部分の有効性を説明できないとの理由で「終了」とされたといわれている。

　契約の終了のなかでとくに問題となるのは、解除である。解除の法定事由として、中国法は、(i)不可抗力による契約目的実現不能、(ii)履行拒絶（履行

期前の契約違反）、(iii)履行遅滞、(iv)根本違約の４つを掲げている。このなかで、当事者の一方の違約行為によって契約目的を実現できない場合を想定した(iv)、および(ii)のなかのいわゆる「黙示の毀約」（主要な債務を履行しない旨を、自己の行為をもって明らかにする）に相当する文言は、日本法にはない。なお、中国法は不安の抗弁権を規定しているが、この抗弁にとどまらず、解除までできることを認めている。これらの解除事由のなかで、実務上、適用例が圧倒的に多いのは(iv)をめぐる事例であり、極端に少ないのは(i)である。

解除権の効果は、原状回復と損害賠償であるが、中国法はこのほかに「補救措置」を掲げる。そして、この補救措置について制定当時の全人代法制工作委員会副主任は修理、交換、作り直し、価額の減額などの措置として説明しているが、この用語の理解をめぐっては諸説ある。ただ、実際には、原状回復と損害賠償の枠内で処理可能で、補救措置をめぐって訴訟となった案件は皆無である。

（7）**違約責任**　日本民法では債務不履行という表現が用いられるが、中国契約法は、英米法の影響を受けて、違約責任という表現を用いる。契約は107条で違約責任の一般原則として、ウィーン売買条約を参照のうえ、過失を要件としない厳格責任を採用した。この厳格責任の採用には異論も多かった。ただ、医療契約のような行為債務では過失責任主義がとられており、また、過失責任主義をとっている日本法でも、物の引渡しのような結果債務においては、過失がないからといって単純に免責されるわけではなく、違約責任に関して、外見ほど日中両国に違いがあるわけではない。

違約責任の効果として、履行の継続［強制実際履行］、補救措置および損害賠償を定めている。このように補救措置を履行の継続と並列させて規定しているため、両者の関係をめぐって学説が分かれているが、結局のところ返品、代金・報酬の減額、修理、交換、作り直し等をどちらに含めるかの議論であり、これが訴訟上争点となることは皆無である。

日本の民法改正前は、たとえば履行期前の契約違反の規定が中国にはあるが日本にはないとか、違約金の増減をめぐって、日本では裁判所がその額を増減することはできないのに対して中国ではそれを認める、といったような違いが存したが、民法改正を契機として、日本でも履行拒絶を理由とする損害賠償請求権が明示され、また裁判所による違約金額の増減禁止条項も削除された。

しかし、違約責任をめぐって日中間で異なる点は依然として存在している。たとえば損害賠償の範囲につき、日本の通説は、債務不履行によって通常生ずべき損害の範囲とするが、中国法は、契約締結時に予見可能な範囲とする。また、日本法にある過失相殺規定が中国法にはなく、他方、中国法には損害軽減義務規定があるのに、日本法にはない。さらに、手付に関して、日本法は原則として解約手付と規定するが、中国法は原則として違約手付と規定する（違約責任の一種としてとらえるので、違約で手付と違約金が競合する場合、そのいずれかを選択することになる）。このように、日中双方で異なる点は少なくない。

Ⅲ　クローズアップ

1　"先進的立法"の不安さ

　中国契約法は、前述したように、ウィーン売買条約、国際商事契約原則、ヨーロッパ契約法原則等の国際的な契約法あるいは契約理論等をふまえつつ制定され、それは経済のグローバル化を見据えた（［接軌］論）"先進的"立法といえなくもない。

　しかし、"先進的"な中国契約法には、理論的に十分練り上げられていない部分があるように思われる。たとえば、契約法の危険負担の箇所でも言及したが、不可抗力による契約目的の実現不能の場合に、契約を解除できる規定をおくと同時に、売買契約等の契約類型ごとに危険負担の規定をおいている。その結果、同一の事件について双方の規定の適用が論理的には可能となり、しかも、いずれのルールを適用するかによって結論を異にすることが単に理論上の問題としてだけでなく、裁判実務の現場でも生じ、混乱を引き起こしている。本来なら、こうした事態を想定して、あらかじめいずれのルールを優先するかといった議論が立法段階で精緻になされていなければならないはずなのに、そうした形跡はみられない。そのツケが実務段階で混乱をきたしているといえよう。

　また、契約法119条は、損害賠償における損害軽減義務を非違約者側に課す、ウィーン売買条約をもとにした規定であるが、学者側の建議稿では、最後まで過失相殺ルールを適用すべきとの意見が強く、また、国際商事契約原則の"併行規定"案も提案されたが、ウィーン売買条約採択派に押し切られ

た。しかし、立法化後の裁判実務をみていくと、損害軽減義務が争点の1つをなしている訴訟において、裁判所が規定のないはずの過失相殺ルールを適用している裁判例も存在し、本当にこの119条が実務で定着していくのか、今後の推移を見守る必要がある。

2　中国に独自の規定は何に由来するのか

　中国契約法のなかには他国に例をみないような特異な規定も存在する。たとえば、先履行の抗弁権はその一例である。たしかに先履行の抗弁権の規定は国際商事契約原則を参照して作られたといわれているが、同原則では同時履行と先履行の抗弁権が未分離のままであったのを、中国契約法は先履行の抗弁権を独自に取り出して条文化した。中国の学者は、これを中国の"独創"によるものと自画自賛するが、検討を要するように思われる。日本では、履行期の先後よりも、ともに履行期が到来していることの方を重視し、履行期を定める際に担保の意思を込めるような法慣行は存在しないといわれている。日本では、先履行者が履行しないときは、債務不履行責任を問えるし、催告のうえ解除もできるのであるから、それで十分であるという理解である。ところが中国では、先履行の抗弁権を積極的に評価する意見がみられる。取引の当事者に信頼関係がなく、社会的信用の度合いが低い中国社会では、この種の担保的規定が必要だというわけである。こうした議論に接すると、単に法の解釈論を深めるだけでなく、中国社会の法社会学的研究をもっと深めることの必要性を感じさせる。

3　"先進性"と同居する伝統的観念

　中国の裁判実務のなかには、伝統的法観念を垣間見ることのできる事例も存在する。1999年、広東省で起きた五月花レストラン爆破事件もその一例である。この事件の概要は以下のようなものであった。

　人物Aが、医者であるBの殺害を目的として爆薬をしかけた酒をプレゼントし、Bはそれとは知らず、レストランに持ち込んで酒瓶を開けようとしたところ爆発し、その結果、隣室にいた夫婦X₁・X₂と子供のうち子供が死亡し、妻X₂が重傷を負い、その夫X₁とX₂は損害賠償を請求することになった。その相手方は、すでに逮捕されていた加害者Aではなく、なんと、ともに被害者（建物の損壊）であったレストランYであった。この事件につ

いて、広東省の高級人民法院は、Ｙには違約責任も不法行為責任も認められないとした下級人民法院（中級人民法院）の判断は正しいとしたうえで、しかし、Ａに弁済能力がなく、世間もＸ₁・Ｘ₂に同情していることにかんがみ、Ｙは30万元を「補償」せよとの「判決」を下した。

違約責任の要件を欠いているのであれば損害賠償は認められない、というのが近代法の常識であるが、本件の高級人民法院（およびその判決を最高人民法院公報に掲載した最高人民法院）の判断は、どうもそのようなものではない。平たくいえば、"Ｙよ、あなたの主張していることは、法的には正しく、もっともであるが、ここは慈悲の心に訴えてみて、少し譲歩してあげてはどうだ"という類いの判断である。この種の事例は、さすがに現在の中国の裁判実務ではあまりみられないが、帝政中国の明、清の時代まで遡ると何ら異常ではなく、むしろそうした裁きの方が常態であった。中国法制史学者の故滋賀秀三氏は、明清期の民事裁判の基本型を「教諭的調停」の概念で説明している。教諭とは命令のことで、調停とは、元来、成文化された法律規定とか約定に一義的にもとづくのではなく、当事者に対して譲歩・妥協を求めるものであるが、その調停に強制力をもたせるのが教諭的調停である。そして、その譲歩・妥協を強制する際の判断基準をなしたのが［**情理**］*とよばれるものであった。

ただ、五月花レストラン爆破事件では、30万元の「補償」に強制力をもたせるため判決の形式をとっている。さすがに、現代中国法のもとでは、明清期のように「情理」をそのまま掲げて結論を導き出すわけにはいかない。そこで、調停を判決＝法に転換させる媒介項が必要となる。そうした役割を果たしているのが契約法5条の公平原則である。この意味で、中国契約法中の公平原則は要注意である。"先進性"と伝統的観念が同居しているところに中国契約法の1つの特色があるともいえる。

第4節　権利侵害責任法

Ⅰ　概説——歴史と背景

本章第1節で述べたように、中国ではこれまで、4回にわたる民法典編纂作業が行われてきた。そのうち、第1回目と第2回目は、度重なる政治運動

により一時中断され、実質的な成果をあげることができなかった。他方、
1979 年から新たに第 3 回目の民法典編纂作業が再開され、1982 年までに 4
つの民法草案が起草された。しかし、その後、単行の個別民事法を制定して
からそれらをまとめ上げる方針へと方向転換したため、起草作業は中止され
た。

　その後、1998 年に全国人民代表大会（全人代）常務委員会法制工作委員会
が、民法典研究グループを立ち上げたことを皮切りに、第 4 回目の民法典編
纂作業が再開され、多くの学者建議稿が出揃い、2002 年には、権利侵害責
任法を含む「中華人民共和国民法（草案）」が公表された。さらに、数多く
の研究会・国際シンポジウムの開催、パブリック・コメントの募集等を重ね、
2009 年に権利侵害責任法［侵権責任法］が採択され、2010 年から施行された。

　現在、第 5 回目の民法典編纂作業が行われており、これまで、各則編の各
草案が相次いで公表され、2020 年 3 月に全人代で採択される見込みである。
なお、中国の民法典は、総則・物権・契約・人格権・婚姻家族・相続・権利
侵害責任の 7 編からなる。

　現行の不法行為法規範には、権利侵害責任法、民法通則（1986 年）を含む
40 あまりの法律のほかに、数多くの行政性法規、最高人民法院の関連司法
解釈が含まれている。権利侵害責任法は、民法通則第 6 章「民事責任」にお
ける権利侵害責任に関する部分に加えて、これまでの立法、裁判実務経験を
総括し、諸外国法をも適宜参照して作られた法律である。

II　権利侵害責任法の内容

1　立法趣旨

　現代中国社会は、急速な工業化、モータリゼーション、インターネットの
普及、都市化の進展等にともない、交通事故、医療過誤、食の安全、環境公
害、欠陥製造物等の脅威にさらされており、市民の生命・健康に直接関わる
事故があとを絶たない。人々の健康、財産の安全がこれらの多くの危険にさ
らされている一方、社会的モラルの水準、国民の安全意識が依然として低い
のが現状である。これらは、ある意味、従来からの経済発展優位政策の副産
物とも考えられる。しかし、その処理を誤ると、社会の安定をも損なうこと
になりかねず、国民の権利意識の向上ともあいまって、その危険に対処する

ことは、政府が真剣に取り組まなければならない喫緊の課題となっている。

このような背景のもとで、権利侵害責任法は、その冒頭で「民事主体の合法的な権利利益を保護し、権利侵害責任を明確にし、不法行為を予防し、かつこれに制裁を加え、社会の調和安定を促進するため、本法を制定する」として、①権利利益の保護（被害者救済）、②権利侵害責任の明確化（成立要件および責任負担方法の明確化）、③不法行為の予防およびそれへの制裁、④社会の調和安定の促進、をその立法目的に掲げることとなった。そのなかでも、被害者救済が第1の目標とされ、社会の安定維持における権利侵害責任法の「安全弁」的な役割が重視され、被害者救済と人々の行動の自由の両立において、前者に重きをおくという政策的判断が行われた。

2 帰責原理

権利侵害責任法は、過失責任、無過失責任という二大**帰責原理**を中心に、総則のほかに、社会問題化している不法行為類型を独立させて各則に規定する仕組みになっている。

（1）**過失責任原則**　「過失なければ責任なし」とあるように、過失責任原則は所有権絶対の原則、私的自治の原則と並ぶ、近代民法における三大原則と呼ばれるものの1つである。過失責任は人々の行動の自由を保障し、近代資本主義の発展に大きく貢献してきた。中国民法においても、過失責任はもっとも基本的な制度の1つであり、非常に重要な位置を占めている。

権利侵害責任法は、「行為者が故意・過失によって他人の民事上の権利利益を侵害したとき、権利侵害責任を負わなければならない」として、過失責任に関する一般条項を設けた。一般不法行為に関する規定でもあり、その成立要件につき、通説は、故意・過失、違法性、損害、因果関係の4要件をあげるが、違法性を不要とする3要件説も有力である。権利侵害責任法を含む不法行為関連法規に過失推定責任と無過失責任に関する特別規定がないかぎり、この規定が適用されることになり、本規定は、複雑多様な不法行為の事案において明確な裁判規範を与え、人々の行為準則にもなる。

過失責任の特殊形態として、権利侵害責任法はまた、故意・過失不存在の証明責任を加害者に負わせる過失推定責任を規定し、各則において関連責任類型を定めている。日本でいう「中間責任」である。

（2）**無過失責任原則**　科学技術の発展、工業生産の大幅な拡充により、

人々は先進技術によりもたらされた多くの恩恵を受けると同時に、交通事故、食品安全、環境汚染等のさまざまな危険にさらされるようになった。そのため、現代社会は「リスク社会」ともいわれる。企業の生産活動等は国の許認可を経た合法的なものであり、それらにより被害者に生じた損害は、伝統的な過失責任によっては填補することがきわめてむずかしくなってきた。このような社会の現実に対処すべく、加害者の故意・過失を問わない無過失責任が生まれることとなった。

権利侵害責任法は、法律の明確な規定の存在を前提に無過失責任の適用を宣言した。ここでは、直接裁判規範となるものではなく、各則における関連規定を通じてはじめて無過失責任を適用できることになっている。

3　公平責任

公平責任とは、損害の発生につき、故意または過失のない当事者に、公平の見地から、発生した損害を分担させることをいい、過失責任と無過失責任が適用されないケースが規律対象となる。民法通則が公平責任を定めて以来、公平責任は独立した帰責原則であるか否かをめぐって、激しい議論が交わされてきたが、権利侵害責任法は、過失責任原則と無過失責任原則を明確に打ち立て、否定説を採用した。しかし、「原則」と呼ばれるかどうかはともかく、公平責任が実際の裁判実務ないし現実の社会生活において重要な役割を果たしていることに変わりはない（契約法上の公平責任については➡本章第3節 Ⅱ 2）。中国における公平責任は、中国の伝統的法観念と現代の社会的公平観に裏打ちされたものであり、中国民法における「公平原則」（民法総則6条、民法通則4条、契約法5条）との関連をも視野に入れて考える必要がある。つまり、公平責任の根底には実質的平等を追求する**社会主義**[*]的公平観が横たわっており、社会主義の正当性を体現する一種のバロメーター的存在ともいえよう。

公平責任をめぐり、近年、学説の大勢は、抽象的な一般条項（民法通則132条および権利侵害責任法24条）に対して類型化を行い、その適用を制限する傾向にある。権利侵害責任法もまた、下記のように、一般条項とは別に、各々の特別規定をおいている。とはいえ、近年、［和諧社会］（調和のとれた社会）建設における人民法院の紛争解決・社会の安定維持という役割がますます強調されてきており、素朴な市民感情にもとづく世論に左右されたと思われる

裁判が多くみられる。さらに、法的論理よりも、具体的妥当性を重視してきた人民法院の裁判実務慣行（「社会的経済的効果と法的効果の統一」）もあいまって、公平責任の重要性が減殺されることはないといえよう。つまり、公平責任の適用は、権利侵害責任法に定める類型に限定されないことになる。

　具体的には、以下のような場合に公平責任が適用されることになる。①自然の原因により惹起された危険を回避するために行われた緊急避難によって損害が生じた場合において、緊急避難者が行う適切な補償、②自身の行為について、一時的に意識をなくしまたは制御不能となった無過失の完全民事行為能力者が行う適切な補償、③出所不明の投棄物・墜落物によって損害が生じた場合における加害可能な者による損失分担、④相手方の利益または共同の利益のために受けた損害における損失分担、である。このほかに、裁判実務では、⑤労務提供者の被害、⑥スポーツ事故（学校事故を含む）、⑦偶発事故、⑧共同飲酒者責任などの事案に、公平責任を適用する裁判例が多くみられる。また、公平責任を適用する際には、行為の態様、損害の程度、社会的影響の程度、当事者の経済状況等を勘案して、損失分担額を決めることになる。もっとも、実際の裁判例では、過失存否の認定が厳格でなく、①当事者（とりわけ、加害者）に過失の存する事案、②過失・因果関係の存否不明の事案などに公平責任を適用するものが少なからず存在しており、公平責任の厳格な適用が大きな課題となっている。

4　不法行為の効果（責任負担方法）

　権利侵害責任法は、不法行為の効果として、侵害停止、妨害排除、危険除去、財産返還、原状回復、損害賠償、謝罪、影響の除去・名誉回復という、8種類の責任負担方法を定める。

　(1)　侵害停止、妨害排除、危険除去　　これらは、日本法でいう差止めにあたるものであり、不法行為の予防をその目的とし、その適用には故意・過失の存在は不要とされる。不法行為により、人身、財産上の安全が脅かされた被害者は、加害者に差止請求できる。

　(2)　損害賠償　　**(a)　人身・財産的損害賠償**　　他人に人身損害を与えた加害者は、被害者に医療費、看護費、交通費等の治療・リハビリのために支出した合理的費用のほかに、休業による損害を賠償しなければならない。被害者に障害が残った場合は、生活補助器具費と**障害賠償金**[*]を支払わなければ

ならず、被害者が死亡した場合は、葬儀費と**死亡賠償金**[*]を支払わなければならない。

障害賠償金と死亡賠償金に関し、都市住民と農村住民間において異なる賠償基準を適用したため、両者間には賠償額に大きな開きが生じるという、いわゆる「同命不同価」という現象が生じた。この問題を緩和ないし解消するため、権利侵害責任法は、同一の不法行為により複数の被害者が死亡した場合における同額死亡賠償金制度を設けた。具体的には炭鉱事故、交通事故などに適用され、2011 年 7 月 23 日に発生した温州高速鉄道脱線事故における損害賠償にはじめて同制度が適用された。

権利侵害責任法は、財産的損害につき、①財産権侵害による損害と、②人格権侵害による損害とに、分けて規定する。①の場合、損害額は損害発生時の市場価格またはその他の方式（②の算定基準参照）によって算定される。②の場合、それぞれ、被害者のこうむった損害、加害者が得た利益、加害者と被害者による協議、人民法院の裁量による賠償額決定、という順に賠償額が定まる。

（b）精神的損害賠償　　建国後、1986 年に民法通則（➡本章第 1 節 I 1）が制定されるまで、精神的損害に対する賠償を認めた法律は存在しておらず、**精神的損害賠償**という用語を正式に使用したのは権利侵害責任法がはじめてである。当時は、人の価値は金銭に換算することができないのに、精神的損害に対する賠償を認めることは、人格の商品化につながり、社会主義法制と相容れないと考えられていた。もっとも、立法および法理論とは異なり、当時の裁判実務においては、精神的損害に対する賠償を認める傾向にあったとされる。ところが、やがて改革・開放政策の実施により市場経済化が始まり、計画経済期における国家—単位保障体系（国家と所属社会組織［単位］が都市部労働者の社会保障のすべてを引き受けるシステム）、配給制度（非貨幣化社会）が撤廃され、精神的損害に対する賠償が認められるようになった。民法通則に続き、消費者権益保護法（1993 年）、国家賠償法（1994 年）等にも関連規定がおかれるようになった。全体の損害賠償額における精神的損害の賠償額調整機能が重視されつつある。

権利侵害責任法によると、加害者によって人格権を侵害され、著しい精神的損害をこうむった被害者は、精神的損害賠償を請求できる。賠償額の算定は、加害者の主観的状況（故意または過失）、被害の程度、精神的苦痛の度合

い等を勘案して行われる。

5　複数者の関与による不法行為

　権利侵害責任法は、複数者の関与による不法行為につき、5つの類型に分けて規定する。

　（1）**狭義の共同不法行為**　　2人以上の者が共同で不法行為を行い、他人に損害をもたらした場合は、連帯責任を負う。学説上、狭義の共同不法行為（共同加害行為）における「共同」概念についての理解をめぐり、主観説（①故意の共同（共謀）、②共謀のほかに、故意と過失、過失同士の場合を含む）、客観説（客観的共同行為の存在）、折衷説（①＋客観的共同行為または②＋客観的共同行為）に分かれているが、権利侵害責任法は、主観説（②）を採用したとされる。

　（2）**教唆・幇助行為**　　他人を教唆、幇助して不法行為を行わせた者は、行為者＝被教唆・幇助者とともに連帯責任を負わなければならない。民事行為無能力者、民事行為制限能力者を教唆、幇助して不法行為を行わせた者は、加害者として権利侵害責任を負わなければならず、さらに監護責任を尽くさなかった前者の監護人も、相応の責任を負わなければならない。

　（3）**共同危険行為**（加害者不明の共同不法行為）　　2人以上の者が、他人の人身、財産の安全を脅かす行為を行い、そのうちの1人または数人の行為が他人に損害をもたらし、具体的な加害者を特定できる場合は、その加害者が責任を負う。具体的な加害者を特定できないときは、すべての行為者が連帯責任を負う。みずからの行為と損害との間に因果関係が存在しないことを証明できただけでは免責されず、具体的な加害者の特定が必要である。従来の規定を修正しており、これについては多くの批判がみられる。

　（4）**競合的不法行為**　　2人以上の者がそれぞれ、不法行為を行って同じ損害結果をもたらし、各人の不法行為がいずれも全部の損害をもたらすに足る場合、行為者は連帯責任を負うことになる。それぞれ独立した不法行為が偶然競合したケースが想定されている。

　（5）**意思連絡のない複数者による不法行為**（分割責任）　　2人以上の者がそれぞれ、不法行為を行って同じ損害をもたらし、各人の責任の度合いを確定できる場合は、各自が相応の責任を負う。責任の度合いを確定しがたいときは、賠償責任を分担することになる。

6 責任主体に関する特別規定

ここにおける規定は主に、責任主体と行為主体が異なる代位責任に関する規定からなっている。

（1）**民事行為無能力者または民事行為制限能力者の監護人責任**　監護人は、被監護人によって生じた損害につき無過失責任を負い、みずからの無過失を理由に責任を軽減されうるが、免責はされない。被監護人によって生じた損害に対し、財産を有する被監護人の責任財産がまずもって引き当てられ、足りない部分について監護人が賠償責任を負う構造となっている。権利侵害責任法は、責任能力に関する一般規定をおかず、被監護人の賠償資力に重きをおいている。このような規定は、比較法的にもまれな規定となっている。

（2）**使用者責任**　権利侵害責任法は、使用者責任を責任主体によって組織（法人）の使用者責任と、個人雇い主の使用者責任とに分ける。

（a）**組織の使用者責任**　被用者［工作人員］が業務執行中において他人に損害をもたらしたとき、使用者［用人単位］は権利侵害責任を負わなければならない。被用者の不法行為を前提とする使用者の無過失責任規定となっている。被用者には、正規労働者だけでなく非正規労働者も含まれ、使用者には、企業、事業体、国家機関、社会団体のほかに、個人工商業者も含まれるが、一般個人は含まれない。権利侵害責任法は、使用者への責任集中という国際的な流れを勘案し、求償権規定による被用者への責任集中のおそれなどを理由に、求償権に関する明文規定をおかなかったが、それは使用者の被用者への求償をまったく認めないものではなく、両者間における関連紛争は司法判断に委ねられることになる。なお、従来の裁判実務は、故意または重過失のある被用者への求償を認めてきた。

他方、派遣業者によって派遣された被用者が業務執行中において他人に損害をもたらしたとき、派遣先企業は権利侵害責任を負わなければならず、故意または過失のある派遣業者は相応の補充責任を負うことになる。労務派遣は近年多様な雇用ニーズにともなって現れた雇用形態であり、労働契約法（2007年）によると、労働者派遣においては、被用者と派遣業者間の労働契約、派遣業者と派遣先企業間の労務派遣契約という、2通りの契約が存在していることになる。権利侵害責任法は、被用者に対する実際の指揮監督権が派遣先企業にあることを理由に、それに第1次責任を負わせ、派遣業者に故意・過失のあることを要件に、故意・過失に見合う相応の補充責任を負わせてい

る。被害者に損害賠償を行った派遣先企業は、派遣業者にそれの故意・過失の限度内において求償できる。

　　(b) **個人雇い主の使用者責任**　　個人間で形成された労務関係において、労務提供者が労務中に他人に損害をもたらしたとき、労務を受ける者は権利侵害責任を負わなければならない。労務提供者が労務中に損害を受けたときは、双方それぞれの故意・過失にもとづき相応の責任を負うことになる。

　(3) **プロバイダーおよびユーザー責任**　　中国インターネット情報センター (CNNIC) がまとめた「第 43 回中国インターネット発展状況統計報告」によると、2018 年 12 月末現在のインターネット利用者数と普及率はそれぞれ、8 億 2900 万人と 59.6％に達した。近年、[**人肉捜索**[*]] のように、インターネットを利用した人格権侵害の事案が増え続けており、それに対する規制が重要な課題となり、明文規定がおかれるようになった。

　ユーザーおよびプロバイダーがインターネットを利用して他人の民事上の権利利益を侵害したときは、権利侵害責任を負わなければならない。被害者は、ユーザーが行う不法行為につき、プロバイダーに対し、その削除、リンクの切断等の措置をとるよう求めることができる。一方、プロバイダーは、その求めを受けた後すみやかに必要措置をとらなかったことにより生じた損害の拡大部分に対し、ユーザーとともに連帯責任を負う。ユーザーがプロバイダーの提供するインターネットサービスを利用して他人の民事上の権利利益を侵害することを、プロバイダーが知りながら必要な措置をとらなかったときは、当該ユーザーとともに連帯責任を負わなければならない。

　(4) **安全保障義務違反の責任**　　安全保障義務とは、社会生活上の義務 (ドイツ)、安全配慮義務 (日本) とも呼ばれるものであり、事業の展開等により他人と特定の関係に入った者が負う、相手方の生命・身体・財産等が侵害されないよう配慮すべき義務をいう。法律規定のほかに、契約関係、信義則などが、帰責の根拠となる。

　権利侵害責任法は、安全保障義務を負う者 (以下「義務者」という) による損害と義務者以外の第三者による損害の場合に分ける。具体的には、ホテル、百貨店、銀行、駅、娯楽施設など公共施設の管理人または大衆的活動 (法人またはその他の組織が一般市民向けに開催するスポーツ大会、コンサート、展覧・展示会などの参加者数が比較的多い活動) の組織者が、安全保障義務を尽くさず、他人に損害をもたらした場合は、権利侵害責任を負わなければならない。第

三者の行為により他人に損害が生じた場合、その第三者が権利侵害責任を負い、管理人または組織者が安全保障義務を尽くさなかったときは、相応の補充責任を負うことになる。

7　製造物責任

　製造物責任とは、製品の欠陥により他人に損害をもたらした場合に、製品の生産者または販売者が負う責任をいう。これに関しては、製品品質法〔産品質量法〕（1993 年）という特別法がある。権利侵害責任法は、製品の生産者に無過失責任、販売者に過失責任（無過失責任説も有力である）を負わせており、責任主体ごとに異なる帰責原理を採用している。生産者の第 1 次責任、販売者の第 2 次責任となっており、欠陥製品による被害者は、生産者または販売者のいずれに対しても損害賠償請求ができる。生産者と販売者間の内部求償は可能であり、輸送者等第三者の故意・過失によって製品に欠陥が生じ、そのために他人に損害が生じたときは、賠償を行った生産者または販売者はその第三者に求償できる。

　製造物責任の成立には、①製品に欠陥があること、②被害者の損害、③①と②との間の因果関係、という 3 要件が必要である。ここにいう欠陥とは、製品に人身、財産の安全を脅かす不合理な危険が存することであり、人の健康および人身、財産の安全を保障するための国家基準、業界基準がある場合には、これらの基準に合致しないことをいう。損害には、人身損害と財産的損害が含まれ、財産的損害には欠陥製品自体の損失も含まれるとされる。製品の生産者または販売者は、製品欠陥と被害者の損害との間における因果関係の不存在につき、証明責任を負う。製造物責任の免責事由には、①いまだ製品を流通においていないこと、②製品が流通におかれた当時、損害を惹起した欠陥がいまだ存在しなかったこと、③製品が流通におかれた当時の科学技術によっては、いまだ欠陥の存在を発見できなかったこと、の 3 種類がある。

　欠陥製品による被害者には損害賠償請求権のほかに、自身の人身、財産の安全が欠陥製品により脅かされたときの差止請求権も認められる。製品の生産者、販売者には欠陥発見後のリコール等の義務が課される。さらに、製品に欠陥があることを明らかに知りつつ生産、販売を行った生産者、販売者に対し、死亡または重大な健康被害をこうむった被害者またはその相続人は、

相応の**懲罰的損害賠償**[*]を請求できる。

8　自動車交通事故責任

　自動車交通事故に関しては、権利侵害責任法のほかに、道路交通安全法（2003 年）という特別法があり、当事者ごとに異なる帰責原理が適用される。具体的には、①自動車間には過失責任、②自動車と電動バイクなどの非自動車の運転者および歩行者間には主に過失推定責任が適用され、さらに、③②において、過失のない自動車側（その所有者または使用者）は損害額の 10％を超えない無過失責任を負う。

　各形態の交通事故における賠償の順序は原則として、まず、保険会社が自動車強制保険限度額内における賠償を行い、つぎに、加害者が不足部分について賠償することになっている。違法な組み立てによる、または廃棄基準に達した自動車による交通事故の場合は、譲渡人と譲受人が連帯責任（無過失責任）を負う。ひき逃げの場合、事故車両が強制保険に加入しているときは、まず強制保険による賠償が行われ、事故車両を特定できずまたは事故車両が強制保険に加入していないときは、道路交通事故社会救助基金による立て替えが行われる。道路交通事故社会救助基金の管理機構は、さらに責任者に求償できる。

9　医療損害責任

　医療紛争をめぐり、権利侵害責任法が制定されるまでは、二元的な処理が行われてきた。すなわち、医療紛争は医療事故と医療不法行為（医療過誤）とに分けられ、前者には、2002 年に国務院（中央人民政府）が公布した医療事故処理条例が適用される一方、後者には民法通則および最高人民法院の関連司法解釈が適用されていた。そのことにより、医療事故と医療不法行為との間では、賠償基準、鑑定機関等が異なる状況が現れ、両者の賠償額に大きな開きが生じ、大きな社会問題となった。これに対し、権利侵害責任法は、上記のような二元的構造を撤廃し、統一的な適用基準を打ち立てた。

　医療損害責任には基本的に過失責任が適用され（医療機関への責任集中）、医療機関に法律、行政性法規等の関連規定への違反、医療カルテの隠匿または提供拒否などといったことがある場合には、医療機関の過失が推定される。権利侵害責任法は、診療に際しての医療機関の広範な説明義務を規定し（イ

ンフォームド・コンセントの明文化)、過失の判断基準として、「医療水準論」(診療行為が診療当時の医療水準に適っているか否かを、医師・医療機関の過失判断基準とするもの) を導入した。そのほかに、医療機関の免責事由、薬品・消毒薬剤・医療機器の欠陥または輸血による損害についての製造物責任、患者の診療情報に関する医療機関の保管・開示義務、不要な検査の禁止、医療機関による患者のプライバシー保護義務等を定める。

10　環境汚染責任

　ここにいう「環境汚染」には、生活環境に対する汚染と、生態環境に対する汚染の両方が含まれる。また、異なる汚染源により、異なる帰責原理が適用される。具体的には、住民間における生活汚染には、物権法等に定める相隣関係の規定を適用し、過失責任が用いられることになる。一方、企業生産等による環境汚染 (公害) には、無過失責任が適用され、権利侵害責任法をはじめ、環境保護法 (1989 年、2014 年全面改正)、大気汚染防止法 (1987 年)、水汚染防止法 (1984 年) 等の規律を受けることになる。

　環境汚染責任 (環境不法行為) の成立には、環境汚染行為、損害、因果関係の存在が必要である。因果関係については、汚染者がその不存在につき証明責任を負うことになる。複数汚染者による環境汚染において、汚染者の責任は汚染物質の種類、排出量等によって定まる。第三者の故意・過失によって環境を汚染し、損害をもたらした場合、その被害者は、汚染者と第三者のいずれに対しても賠償請求できる (環境汚染責任は民事責任の一種であり、環境法全般については➡第 7 章)。

11　高度危険責任

　権利侵害責任法は、民法通則および電力法 (1995 年)、民用航空法 (1995 年)等の各単行法律・法規における関連規定をもとに、高度危険責任について整理・総括を行い、独立の高度危険責任を設けた。まず、「高度危険作業」という用語によって各種の高度危険類型を統括し、高度危険責任に関する一般条項を定めて無過失責任の適用を明確にした。つぎに、高度危険類型における危険の度合いによってそれぞれの類型について規定をおき、異なる減免責事由を設定した。たとえば、原子力発電所等の民用核施設による損害の賠償主体は同施設の経営者であり、免責事由は戦争 (武装衝突、敵対行為、暴動を含

む）および被害者の故意となっている。なお、2017 年に核安全法が制定されたものの、日本のような原子力損害賠償法は存在せず、1 回の原発事故につき、その事業者が負う最高賠償額は 3 億元に限定されており、国による最高限度額 8 億元の財政補償を加えても、その上限額は 11 億元にとどまる。

12 飼育動物損害責任

　権利侵害責任法は、飼育動物損害責任に関し、高度危険責任と同様、一般条項にあたる無過失責任規定をおいた。その成立要件は、飼育動物であること、飼育動物に存する固有の危険の実現により損害が生じたこと、被害者の損害、飼育動物と被害者の損害との間に因果関係が存すること、である。また、減免責事由は被害者の故意または重大な過失となっている。そして、類型ごとに飼育動物責任に関する特殊規定を定めた。具体的には、動物の飼育管理規定違反による損害責任、チベタン・マスティフのような獰猛犬等の飼育禁止動物による損害責任（免責事由のない無過失責任）、動物園の動物による損害責任（過失責任）、遺棄、逃走した動物による損害責任を定める。このほかに、被害者の賠償請求権（動物の飼育者、管理者、第三者のいずれに対しても請求可能）、動物飼育に際しての注意規定をおいている。

13 工作物責任

　工作物責任は、基本的に過失推定責任となっている。具体的には、建築物等の一部の脱落、墜落による損害責任（賠償責任者は所有者、管理者または使用者であり、これらの者が負う責任は過失推定責任である。以下、とくに説明のないものにはすべて過失推定責任が適用される）、建築物等の倒壊による損害責任（不動産開発業者・政府機関・工場等の建設組織（注文者）と施工業者（請負人））、建築物からの投棄物または墜落物による損害責任（加害可能な建築物使用者、公平責任）、堆積物による損害責任（その物を堆積した者）、道路上に置かれた物による損害責任（その物を置いた組織または個人）、林木の倒壊等による損害責任（林木の所有者または管理者）、公共の場所または道路における作業による損害責任（施工業者、過失責任）、マンホール等の地下施設による損害責任（管理者）をそれぞれ定めている。

Ⅲ　クローズアップ

「リスク社会」と法的対応

　現代社会は「リスク社会」とも呼ばれており、その解消には、社会、経済、法律等の多方面にわたる対応が求められる。1978 年に改革・開放が始まって以来、中国社会には著しい変化が生じ、さまざまな不法行為紛争が起きるようになった。

　権利侵害責任法もまた、このような現状に適応すべく行われた立法である。このことは、権利侵害責任法が、「社会の調和安定の促進」を立法目的の１つとして掲げていることからも明らかである。実際に、権利侵害責任法は、社会問題となっている紛争について類型化を行い、「製造物責任」、「自動車交通事故責任」などといった独立の章を立てて法的対応をはかっている。その意味で、権利侵害責任法は時代適合的な立法であるといえよう。

　しかし、立法にもまたその限界があり、限界を超えての役割を法に担わせることには慎重でなければならない。たとえば、権利侵害責任法が定める公平責任が問題となるような場合には、本来ならば、社会保障制度による解決がはかられるべきであり、権利侵害責任法がそれを担うべきものではない。その背景には、社会保障制度がいまだ不十分であるという事情がある。それはまた、中国において、私法と公法が厳格に区別されていないことの表れでもあり、中国法的特色のある規定であるともいえようが、このような規定は、被害者救済と人々の行動の自由とのバランスをはかるという、不法行為法本来の目標とは相反するものである。しかし、それは、伝統的な不法行為理論にもとづく理解であり、社会保障制度の発展によって公平責任のような規定がなくなると考えるのは早計であろう。権利侵害責任法の立法に参加した中国の民法学者がこぞって同法は中国独自の立法であると誇り高く主張しているように、日本法をはじめとした伝統的な近代不法行為法とは一線を画していることも看過できないであろう。権利侵害責任法に限らず、公平責任をいかにとらえるかは、中国における法のあり方を考えるうえでも非常に興味深い問題である。中国不法行為法を理解するにあたっては、中国社会の全体的・歴史的認識が必要である。

```
╔══════════════════════════════════╗
║  第5節  家族法                     ║
╚══════════════════════════════════╝
```

I 概説——歴史と背景

1 伝統中国の家族

　伝統中国では、共同で生活を営む夫婦・親子および血縁の近い者からなる［同居共財］の家族と、いくつもの家族を包含したより広い範囲の父系血族集団である**宗族***とが、社会を構成する基本的な単位となって、社会全体に及ぶ**家父長制**の支配体制を形成していた。個人とくに女性の主体的な地位が認められることはなく、婚姻は男が中心となり親が当事者となる家と家との結合であった。家族では家長、宗族では族長が権威をふるい、儒教［礼教］にもとづいた社会的・政治的秩序の基礎を固めていた。

2 家族法の近代化——20世紀前半の家族法

　洋の東西を問わず近代化の過程では、伝統的な家族制度の改革が、社会的領域においても政治的・法的領域においても、ドラスティックに行われる。家族法については、20世紀初頭の清朝末期に大陸法系の民法典編纂が試みられ、1911年には総則・物権・債権に続いて親族［親属］・相続［継承］の2編が起草された。前3編の財産法とは異なり、後2編の家族法では伝統の温存がはかられたが、正式に制定される前、同年10月の辛亥革命によって清朝は倒れた。翌年成立した中華民国も大陸法を継受して民法典を編纂し、1930年に親族・相続の両編を制定した。

　一方、現代中国の家族法の直接の淵源となったのは、同じ頃、中国共産党（中共）が農村地域で開始した民主改革と政権建設のなかでの婚姻立法である。

　1920年代末に始まる中共の農村革命は一貫して土地改革と女性解放（家族改革）を掲げており、婚姻立法は革命の最初から行われていたが、それは1917年ロシア革命後の社会主義法の影響を受けたものであった。中華ソビエト共和国（1931～1936年）から抗日時期（1937～1945年）の辺区、日本敗戦後の国共内戦（人民解放戦争）による解放区へと続く各時期の革命根拠地では、多くの婚姻立法が行われ、その立法経験は中華人民共和国へと継承された。

3　中国「社会主義」と家族法

　中華人民共和国の家族法の歴史は、1978年を境に大きく2つに分かれている。それぞれの時期の起点となるのは、1950年と1980年の2つの婚姻法であった。

　まず、50年婚姻法は、建国直後の民主改革を推し進める三大立法（土地改革法、婚姻法、労働組合法［工会法］）（➡第1章第1節Ⅱ2）の1つであり、とくに土地改革法と密接不可分な関係にあった。土地改革によって地主制が廃止され、老若男女を問わずに土地が分配された結果、男女平等・婚姻自由の婚姻法が実現されうる社会的・経済的基盤が形成されたのである。

　しかし、その後ただちに土地等が公有化（集団化）され、1956年に**社会主義**＊への移行が宣言されたが、体制の変化に応じた法整備が行われないまま、1958年の**大躍進政策**＊・**人民公社**＊化運動（➡第1章第1節Ⅲ2）に始まる中国独自の社会主義革命へ突進する。それは、人々の所有を制限し、生産や労働だけでなく生活も集団化する方向へ向かっていた。そのような状況で、社会の基本単位として家族を重視する視点は失われる。50年婚姻法は1960年代・1970年代にも形式的には存在するが、**プロレタリア文化大革命**＊（1966～1976年）を頂点とした法ニヒリズムのなかで家族法そのものの存在意義が見失われていった。

　一方、相続法については、54年憲法が市民の私有財産の相続権を保障し、その後民法典編纂過程で相続編として検討されているが、完成することはなかった。個人の所有が否定されていくなかで個人財産の相続は客観的基礎を奪われ、75年憲法と78年憲法からは相続権の規定すら削除されてしまう。

　つぎに、80年婚姻法は、1979年に始まった改革・開放のスタート時点の立法である。法秩序・社会秩序の回復に取り組むにあたり、家族の復権がはかられたわけで、まだ改革・開放の政策目標を模索していた時でもあり、50年婚姻法を基礎に、その後の経験と1970年代に始められた一人っ子政策（計画出産）にもとづいた改正が施されたにとどまった。

　相続法については、80年婚姻法が憲法改正に先んじて夫婦相互の相続権を定め、82年憲法でようやく相続権保護の規定が復活し、1985年に相続法が制定されている。

　その後1980年代の後半に本格化する経済改革、そして1990年代の社会主義市場経済システムへの移行は、人々を所属組織［**単位**＊］の庇護から切り離

し、社会における家族のあり方を大きく変えていった。家族の位置づけが政策上変化する一方、急速な経済発展と都市化は、人々の暮らしと意識に変化をもたらした。少子化・高齢化をまえに家族の重要性が再認識され、慣習の復活もみられるようになった。その一方で、1995年に北京で国連の第4回世界女性会議が開かれるなど、女性、子ども、家族の問題をめぐる国際的な潮流へ中国も加わるようになっていった。そうした状況のもと、家族法の全面的な改正が議論されるようになったが、2001年に婚姻法が部分改正されるにとどまっていた。

4　民法典編纂と家族法

　民法典編纂は2016年に着手され、まず民法総則が2017年に制定されたが、親子間の法的義務の規定（第2章第2節「監護」）をめぐって、婚姻法と内容が重複すると議論になっている。総則に続いて、2018年8月に全人代常務委員会で審議された各則草案では、婚姻法や養子法、相続法、そして関連する司法解釈が整理され、家族法の内容は、婚姻家族編［婚姻家庭編］と相続編［継承編］の2つの編にまとめられている。

　婚姻家族編草案は基本的に、後述する婚姻法と養子法を継承している。主要な変更点は、婚姻法関連部分では、婚姻禁止事由から特定疾病を削除し、婚姻無効事由に証明書偽造などを加え、協議離婚に離婚冷却期間を設けて離婚申請1か月以内ならば取消しができるようにしていることや、離婚賠償制度が整備されたことなどである。養子法関連部分では、養子となる者の要件を14歳未満から未成年に引き上げ、養子の同意が必要とされる年齢を10歳以上から8歳以上に引き下げていることなどである。また、婚姻家族編では計画出産義務を規定しないとしている。

　相続編草案も基本的に後述する相続法を継承しているが、財産管理人制度を定め、遺贈扶養の取決めの制度や債務弁済規則を整備し、遺言方法に録画を追加するなどしている。

II　おもな法律

1　概要

　婚姻法と相続法の2つの法律が中心となるが、ともに1980年代以降の急

激な社会変化に対応できていない。原則的・概括的な規定を定めただけの立法であるため、実際の適用にあたっては特別法や司法解釈で「法の空白（法の欠缺）」を埋めていく必要があった。その結果、家族法の規定はあちらこちらに分散して存在することになり、法源の多元化・多層化の様相を呈している。そのため、法規間の抵触や階層性・効力関係の混乱が指摘され、全面的な整理と体系化の必要が議論されてきたが、民法典を編纂するなかでそれらの問題の解決がはかられた。

とくに**婚姻法**については、革命根拠地以来の歴史があるだけに名称だけでなく構成・内容においても独自性が強すぎて、比較法の視点から国際的な家族法の動向をふまえた法整備の必要が唱えられてきた。2001 年の改正の際にも、親族と親等の概念を採用し、名称も婚姻家族法として立法方針、基礎概念、法律構成など全般的に立法し直そうという意見が強かったが、部分的な改正が施されたにすぎない。しかし、すでに法教育においては一般に、婚姻法ではなく婚姻家族法として教えられ、民法典編纂では「婚姻家族編」となっている。

なお、家族法を体系的にとらえようとするとき、民族自治地方（自治区・自治州・自治県）の弾力的規定［変通規定］に注意しなければならない。民族の風俗習慣を保持または改革する権利にもとづく立法であり、婚姻適齢の引き下げや計画出産義務の緩和など法律の強行規定を変更する規定も制定されている。そのため、国家法体系の整合的な統一性が失われているだけでなく、香港・澳門（マカオ）の特別行政区との間と同様に、婚姻・相続にあたって「法の適用」（準国際私法）の問題が生じている。

2　婚姻法

現行の婚姻法は、1980 年に制定され、2001 年に部分改正されたものである。おもな改正点は、家庭内暴力に関する新たな規定を追加したほか、婚姻の無効・取消しの制度を導入する一方、結婚登記の補完制度を設けたことである。

いわゆる事実婚（未登記婚）について、80 年婚姻法は 50 年婚姻法と違い結婚登記によって婚姻関係が成立する旨を明記したが、最高人民法院が離婚紛争など実務上の問題解決のため、事実婚についても婚姻の成立と夫婦関係の存在を認めたことによって、空文化していた。2001 年改正はそれを改め、

事実婚が依然として社会的に認められ存在しているという現実とも折り合いをつけた形で、登記補完の手続を創設したのである。

つまり、婚姻意思と婚姻適齢（男22歳、女20歳）という婚姻成立の積極的要件が満たされ、かつ、**近親婚***・特定疾病・重婚という婚姻禁止事由に該当しないという消極的要件も満たされている場合に、結婚登記が補完されれば、これら婚姻成立の実質的要件が備わった時点に遡及して結婚の効力が生じたものとされる一方、登記が補完されないかぎり、婚姻として成立していないもの（同居関係）とされることとなった。

婚姻が成立したかどうかは扶養、離婚、相続などに直接関わるだけに、登記補完制度は実務上も問題とされ、理論的にも検討が加えられている。たとえば、離婚紛争にあたって「事実婚」夫婦であった場合、離婚するには先に結婚登記の補完をする必要があるが、実際上、相手方の同意を得るのはむずかしいといった問題があり、権利保護の観点から「事実婚」にも一定の効果を認めるべきであるとの議論が行われている。

婚姻が成立した場合の、その効果と解消（離婚）、そして親子に関する婚姻法の基本的な内容は、以下のとおりである。

（1）**効果**　　(a) **人格的関係**　　結婚すると、男女は夫婦として一定の権利を有し、義務を負う。人格的関係として、姓名（氏名）権や人身自由権といった権利と、夫婦双方の**計画出産義務**が定められている。

姓名権とは、夫婦がそれぞれ自己の姓名を使用する権利である。中国では、伝統的に宗族を表すものとして姓があり、婚姻によって姓を変更することはない。現在でも**夫婦別姓**が普通であるが、夫婦が姓名に関して特別に約定することを妨げるものではない。

人身自由権とは、生産、仕事、学習および社会活動に参加する自由であり、夫婦双方に認められている。伝統中国では認められなかった女性の権利をとくに保障するものである。

このほかに日常家事代理権が認められており、同居の義務と夫婦婚姻住所決定権が議論されている。

(b) **財産的関係**　　夫婦間の財産関係について、法定夫婦財産制と約定夫婦財産制（夫婦財産契約制）が定められている。約定（夫婦財産契約）がある場合にはそれにより、約定がない場合には法定の夫婦財産制による。

法定夫婦財産制は、婚後所得共通制である。夫または妻の個人所有に属す

る財産（特有財産）を除き、それ以外の、婚姻期間に夫または妻が得た財産をすべて夫婦の共同所有とする制度である。賃金や経営収益さらに知的財産権の収益などは、個人名義のものであったとしても夫婦の共有財産となる。

　約定夫婦財産制とは、夫婦が取決め（夫婦財産契約）を結び、婚前・婚後に夫婦が得た財産の所有権の帰属、管理、使用、収益、処分および第三者への債務の弁済ならびに婚姻解消時の財産分割などの事項について約定し、夫婦法定財産制の規定の適用を全面的または部分的に排除する制度である。夫婦財産契約について、締結の時期や財産範囲などの内容を規制する規定はなく、当事者の自由に任されている。

　なお、夫婦相互の扶養の義務は、夫婦財産契約によっても免れることはできないが、相続については、約定があれば約定による。

（2）解消（離婚）　　（ａ）協議離婚と訴訟離婚　　（ⅰ）協議離婚［登記離婚］
　婚姻関係は、離婚または死亡によって解消される。離婚について男女双方が合意した場合は、協議離婚となる。2人一緒に婚姻登記機関に行き、離婚登記を行う。結婚登記時と同様、実質審査が行われ、離婚の意思、子の扶養と財産の問題の処理が直接確認されたのち、登記されて離婚証が交付される。

　　　（ⅱ）訴訟離婚　　一方が離婚に同意しない場合、訴訟外の調停を求めるか、人民法院に離婚訴訟を提起することとなる。訴訟外調停（訴前調停または行政調停ともいう）は、訴訟前の必要手続ではないが、社会的に広く普及しており、当事者の所属組織、大衆団体、住民委員会・村民委員会の調停委員会などが調停にあたる。

　離婚訴訟では、**調停前置主義**がとられている。人民法院はまず調停を行い、調停が調わないときに判決を下す。法定離婚原因として、重婚または第三者との同居、家庭内暴力または家庭構成員への虐待・遺棄、賭博・アヘン吸引などの悪習、感情の不和による2年以上の別居が規定されているが、離婚の判断基準には「感情破綻主義」が採用されていて、夫婦としての感情が破綻して回復不能と判断された場合にはじめて離婚が認められる。なお、有責配偶者からの離婚請求も認められている。

（ｂ）効果　　離婚によって婚姻関係は解消され、子に関する効果と財産上の効果が発生する。

　子に関する効果について、離婚しても親子関係は解消されない。未成年の

子に対して、父母はともに扶養と教育の権利を有し、義務を負う。実務上、父母のどちらが引き取って養育するか、子の扶養費をどのように負担するか、等の問題が争われる。共同生活しない親には、子との面接交流の権利［探望権］が認められている。離婚後の子の姓については、父母どちらの姓とすることもできる。

　財産上の効果として、財産分割が行われる。夫婦財産契約があるときには契約にもとづくことになるが、法定夫婦財産制によるときには、まず夫婦共同財産（共有財産）を確定し、それを現物分割、換金分割、価格補償といった方法で平等に分割することとなる。また、夫婦共同債務の償還も共有財産で行い、不足のときはそれぞれの個人特有財産によって返済することとなる。

　このほかに離婚救済制度として、子の扶養や老人の世話または他方の仕事への協力に対する家事労働補償制度、有責配偶者に対する離婚損害賠償制度、離婚により一方の生活が困難となる場合に他方が適切な援助を行う経済援助制度がある。

　（3）**親子**　　（a）**実子・養子・継子**　　婚姻法は、実子を婚姻により生まれた子（婚内子［婚生子女］）と婚姻によらずに生まれた子（婚外子［非婚生子女］）に分け、実子のほかに養子と継子を定めている。しかし、子としての権利義務に区別はない。ただし継子については、継親から扶養・教育を受けるものに限られる。扶養等の事実関係の存在を基礎としているため、継親子関係では扶養・相続をめぐる問題が複雑となっている。

　　（b）**親子間の権利義務**　　親子間の権利義務には、主に、親子の扶養の義務、未成年の子に対する親の教育・保護の権利義務がある。

　親子扶養制度について、親は、子に対して扶養・教育の義務を負い、子は、親に対して扶養・扶助の義務を負う。未成年（18歳未満）の子、および成年に達しているが、労働能力がなく独立して生活できない子は、親に対して扶養費（生活費・教育費・医療費等）を請求することができる。一方、経済能力がある子は、労働能力を喪失し、生活を維持することのできない親を扶養する義務を負う。また、独立して生活できる親に対しては、子は扶助義務を負い、精神面・生活面で親に配慮し、支援し、世話しなければならない。

　未成年の子に対する親の教育・保護の権利義務について、親は、未成年の子の法定監護人（法定代理人）として、子を扶養し教育し保護する義務があり、未成年の子の行為について民事責任を負う。また、親子は相互に相続の権利

をもつ。

3　養子法

　養子に関して婚姻法は原則的な規定をおいただけであり、養親子関係成立
（**養子縁組**）の要件や手続等に関しては、養子法（1991 年制定、1998 年改正）に
委ねられている。養子制度の特徴として、**完全養子制度**を採用していること、
計画出産政策を直接反映していること（養子の年齢や人数の制限等々）、血族間
の養子に配慮していること、などを指摘することができる。

　養子法の基本的な内容は、次のとおりである。

　（1）**成立**　　養親子関係は、県級以上の地方人民政府の民政部門で登記し
た日に成立する。

　主観的要件として、意思の合致が必要である。養子は 14 歳未満が原則であ
るので、養親となる者と養子に出す者との間の意思の合致である。ただし、
養子となる者が 10 歳以上のときには、その同意を得なければならない。

　客観的要件として、まず、養子となる者について、14 歳未満、実父母の
死亡・不明または扶養不能事由、が必要となる。つぎに、養親となる者につ
いて、子の不存在、扶養・教育能力具備、30 歳以上などの要件のほか、結
婚している場合には夫婦が共同で養親とならなければならない。また、養子
の人数は 1 人に限られている。最後に、養子に出す者について、孤児等の監
護人、社会福祉施設または扶養不能事由のある実父母でなければならない。

　（2）**効果**　　養親子関係成立の日から、養子と養親および養親の近親との
間の権利義務関係については、実子と実親およびその近親との間の関係に関
する法規が適用される。一方、養子と実親およびその近親との間の権利義務
関係は、養親子関係の成立により消滅する（完全養子）。養子の姓は、養親の
姓とすることも、旧姓のままとすることもできる。

　（3）**解消**　　未成年の養子に対する養親子関係の解消は、原則として禁止
されている。ただし、養親と養子に出した者との間の協議により合意した場
合には解消することができる。また、養親に扶養義務不履行や虐待・遺棄な
ど特別な事由があるときには、養子に出した者は、養親子関係を解消するこ
とができる。

　養親子関係の解消により、養子と養親およびその近親との間の法定血族関
係は終了し、権利義務関係は消滅する。一方、実親およびその近親との間の

権利義務関係は、養子が未成年である場合には復活するが、養子が成年である場合には協議が必要となる。それは養親に扶養されて成年となった養子は、養親子関係解消後も、養親を扶養・扶助する義務を負うからである。

4　相続法

　改革・開放が本格化した時期の1985年に制定された相続法は、その後の社会と家族の変化に十分対応することができなくなっている。そのため改正が議論されてきたが、そこでの論点は主に次の3点であった。

　第1に、法の理念と社会的実態が離齬をきたしている問題である。さまざまな慣習が復活してきており、相続法の理念・基本原則と矛盾する場合もあるが、現行規定ではこれに適切に対応できない。たとえば、分家による財産分割［分家析産］である。親が生前に財産を分割して子を独立させ、財産を与えた子に老後の面倒をみてもらうという慣習である。子が複数いる場合には財産を均分するのが原則であるが、男系血統主義が根強い中国社会では男子に限るケースが多くみられる。女子を相続から排除する慣習は、男女平等原則に反して違法であるとされながらも、社会では復活してきていて、これにどう対処するかが議論されている。

　第2に、裁判規範としての適用可能性が低いという問題である。たとえば、相続法を貫く基本原則として**権利義務の一致**がある。扶養の義務と相続の権利を直接関連づけるもので、具体的には、扶養の義務を主として果たしてきた相続人には遺産を多く分配し、逆に扶養の義務を果たさなかった場合は遺産を少なくし、または分配しないとする規定などにみられる。この原則は、いわゆる「笑う相続人」を排斥するとともに、高齢者扶養問題を解決する1つの方向性を示すものとして意義を有するが、それを具体化した規定の、裁判規範としての解釈・適用のむずかしさが議論されている。

　第3に、立法技術上の欠陥から生ずる問題である。法の空白（法の欠缺）が実体面でも手続面でも多く存在し、他の立法や司法解釈などで解決がはかられてきたが、問題は多く、民法典編纂のなかで解決がはかられている。とくに、農村の土地請負経営権（➡本章第2節Ⅱ3（2））の相続や、組合型の企業への出資持分における地位の継承などの問題や、遺産分配制度の整備の必要性が議論されている。

　以下では、法定相続と遺言相続のポイントを押さえておく。

（1）**法定相続**　相続権は男女平等であり、第1順位は配偶者と子と親、第2順位は兄弟姉妹と祖父母である。同一順位の間で相続分は等しく、配偶者が特別な地位におかれるということはない。第1順位の子については、婚内子と婚外子、実子と養子を区別しない。また、扶養関係にある継子も、継親の子として第1順位の相続人となる。胎児にも相続権が認められている。

なお、生存配偶者（いわゆる嫁・婿）が死亡配偶者の親（いわゆる岳父母＝被相続人）を扶養した場合に、その第1順位の相続人となるが、これは慣習を法にとりいれたものである。

（2）**遺言相続**　遺言相続とは、被相続人が生前に作成した遺言により、相続人を確定し、遺産を分配する相続方式である。法定相続人のなかから相続人を指定する場合を狭い意味での遺言相続といい、法定相続人以外の者（個人だけでなく、国や村などの集団組織などを含む）に遺産贈与する場合を遺贈という。遺言相続の特殊な場合として、遺贈扶養制度（遺贈扶養の取決め）が設けられている。遺言相続は法定相続に優先する。

（a）**遺言**　遺言とは、自然人が生前、法律の定める方式により、その個人財産および財産に関わる事務についてあらかじめ処置しておき、その死後に法的効力が生じる民事法律行為である。

遺言の方式には、次の5種類がある。

・公証遺言……公証機関が認可した書面による遺言
・自書遺言……遺言者が自書し、署名し、年月日を明記した遺言
・代書遺言……遺言者が遺言内容を口述し、他人が代書した遺言。2人以上の立会人が立ち会い、そのうちの1人が代書する
・録音遺言……遺言者の口述を録音した遺言
・口頭遺言……遺言者が口述する遺言で、その他の形式の遺言が間に合わない緊急の状況下でのみ認められる

複数の遺言がなされたときは最後の遺言が効力をもつが、複数の方式によるときは公証遺言が優先する。

（b）**遺贈扶養の取決め**　遺贈扶養の取決めとは、遺贈者（被扶養者）と扶養者（受遺者）との間で結ばれる、遺贈者が遺言で自己の財産を扶養者に譲ることを定め、扶養者が遺贈者の生前扶養と死後の葬祭の義務を負うとす

る取決めである。

Ⅲ　クローズアップ

1　計画出産と法

　計画出産とは、人口の再生産を国が計画的にコントロールすることをいう。人口過多の状況では人口増加の抑制がその内容となる。人口の再生産すなわち出産は、基本的人権の観点から「生む権利」「生まない権利」、あるいは「生まれてくる子どもの権利」の問題として議論され、本来強制力をもった法的規制になじむものではないと考えられていた。

　しかし中国は、「少生、晩生、優生、優育」（子の数を少なくし、出産年齢を高め、優生に配慮し、養育に配慮する）をスローガンとして1970年代にこれを政策化し、1980年以来着実に法整備を進めてきている。

　民事法部門では、80年婚姻法が、計画出産の実行を基本原則としただけでなく、夫婦の計画出産義務を明記するとともに、基本原則を具体化するものとして、婚姻適齢の高齢化および晩婚と遅い出産の奨励、いとこ婚の禁止および疾病による婚姻禁止、「入り婿」奨励の規定を設けた。また、養子法も計画出産の法令に違反しないことを原則とし、具体的に養子を1人に限るなどの制限を設けている。

　他方、行政法部門では、1980年代末からの地方レベルでの経験をふまえて、より詳細な立法が行われている。「人口及び計画出産法」（2001年）と各省の地方法規により、行政系統に指揮・担当部門を設置し、人口計画と計画出産実施プログラムを策定し実現していくシステムが形成され、そこでは数値目標達成のために、休暇その他の福利待遇などの奨励措置だけでなく実質的な罰則も定められている。そのためさまざまなもめごとが生じ、計画外出産に対する処分（たとえば懲戒免職）が問題となって訴訟になるケースも出ている。

　なお、「人口および計画出産法」は、地方法規の定める事由に合致する場合には第二子出産を許可するとしていた。1970年代に一人っ子政策として始まった計画出産政策は、人口増加抑制の面で成果をあげる一方、急速な少子化・高齢化の進展とそれにともなうさまざまな問題をもたらした。そのため、出生数の見直しが行われ、2011年末にはすべての地方で、夫と妻がともに一人っ子であった場合には、2人目の子どもを出産することができるよ

うになった。こうした政策調整はその後も続き、夫と妻のどちらか一方が一人っ子であった場合にまで許可範囲を広げた後、2015年の法改正では、一人っ子政策を放棄して、すべての夫婦に第二子出産を認めることが定められた。

2 婚姻家族をめぐる法律問題と司法解釈

　結婚、離婚、扶養など家族をめぐるもめごとは、中国の急激な社会変動を背景に年々その数・種類が増えていて、訴訟件数も上昇している。しかし婚姻法には、政策規定や道徳規定が混在しているだけでなく、立法の時点で判断・解決できなかった事柄や問題については条文化しないとの方針がとられたため法の空白（法の欠缺）もあり、婚姻法の条文だけでは家族をめぐる現実の問題状況に十分に対応できない。そこで、最高人民法院は、「婚姻法の適用についての若干の問題に関する解釈」（司法解釈）を2001年、2003年、2011年の3回制定し、具体的事件に婚姻法を適用するにあたって直面した法律問題を解決してきている。婚姻の効力、婚約財産（結納等）、離婚協議、住居、夫婦共同財産分割、債務、離婚責任と損害賠償、親子鑑定、子の扶養等々の問題がとりあげられているが、そのなかには、新たな法規範の形成にまで踏み込んでいるものもある。ここでは一例として婚約と結納の問題を紹介する。

　婚約は［訂婚］ともいい、現在でも社会一般に行われている慣習であるが、法律にはまったく規定されてこなかった。1950年代以来、「禁止もしなければ保護もしない」原則が打ち立てられており、婚約「不履行」について議論はあるものの、婚約の法的効力が裁判で認められることはない。

　ただ、婚約にともなって授受された財産（結納［彩礼］）をめぐる争いは、2003年の司法解釈にもとづき裁判で処理されている。婚約が解消された場合、結納は返還するのが原則となっていて、婚約を解消した側に解消自体の責任を追及することはない。さらに、すでに結婚登記をしていても、共同生活を始めていない場合や、別れると生活困難におちいる場合には、離婚したのち、結納を返さなければならない。婚姻自由の原則に依拠しながら、実質的公正を規準として、慣習とは異なる規範を形成しているといえよう。

第4章　知的財産権法

中国における知的財産権の環境は、模倣品や海賊版が主たる話題であった一昔前とは異なって、中国技術の急速な発展にともなったまったく新しい段階に至っている。

2018 年に激化した米中貿易摩擦により、中国の技術発展と知財保護のあり方が世界の注目点となった。この事態に対応するため、中国は「外商投資法」を 2019 年 3 月に成立させたほか、知的財産や技術移転に関するいくつかの法令等を改正した。また、特許法に関しても特許権保護の強化を含む内容の第 4 次改正法の成立を急いでいる。

中国の知的財産権制度を具体的に学ぶためには、基本法である特許法、商標法、著作権法、ならびに国務院（中央人民政府）が制定した特許法実施細則等を学ぶとともに、全国の裁判において適用されることを目的として制定される最高人民法院の司法解釈についても検討することが有益である（なお、不正当競争防止法については第 5 章第 3 節で取り上げられている）。

第1節　中国における知的財産権諸法の誕生と発展

I　知的財産権諸法の誕生（第 1 期）

中国の知的財産権諸法は、10 年間にわたった**プロレタリア文化大革命**[*]が終了し、改革・開放政策が開始された 1980 年代前期から 1990 年代前期にかけて次々に制定・施行された。まず**商標法**が 1983 年 3 月 1 日より施行され、つぎに**特許法**が 1985 年 4 月 1 日より施行された。これに遅れて、**著作権法**が 1991 年 6 月 1 日より施行された。

これらの諸法が出揃った時期を、中国知的財産権の歴史における第 1 期と名づけることができる。第 1 期は、中国がドイツや日本等の外国制度に学びながら、その実施を手探りで開始した時期と特徴づけることができよう。

第
4
章

知
的
財
産
権
法

II WTO加盟と知的財産権諸法の国際化（第2期）

　知的財産権諸法の改正が進み、特許法の第2次改正が2001年7月1日に施行され、また商標法の第2次改正と著作権法の第1次改正が2001年12月1日から施行された。これらの改正は、中国が **WTO** に加盟するにあたって、「知的所有権の貿易関連の側面に関する協定」（**TRIPs協定**）に適合することを目的として行われたことを特徴としている。具体的には、実用新案特許、意匠特許および商標についても、特許復審委員会の裁決を不服とする**行政訴訟**がはじめて認められ、これにより従来から認められていた発明特許を加えてすべての知的財産権に関する行政庁の処分が司法審査の対象とされることとなり、TRIPs協定の規定を履行することが可能となった。

III 知的財産権法制の発展（第3期）

　2008年に採択され2009年10月に施行された特許法の第3次改正では**絶対新規性**の要件（特許権を取得するためには、いかなる態様にせよ、全世界で新規のものでなければならない）が加わった。第3次改正は、みずからを発展途上国と位置づける中国の国益を知的財産権法に反映されることを趣旨とした改正であると理解される。その代表例として、中国はインドやブラジルと並ぶ多様な遺伝資源を有する**遺伝資源大国**であるとの立場が強調され、**生物多様性条約**にも規定されている遺伝資源の保護のための条項が特許法に盛り込まれたことが挙げられる。また、中国国内で完成された発明について、外国へ特許出願を行うためには、特許局の**秘密保持審査**をあらかじめ受けなければならないとして、国家秘密保護等のための規定が新設されている。

　中国国務院は、2008年6月に「**国家知的財産権戦略綱要**」を公布し、「知的財産権戦略を国家の重要戦略とする」ことを明言した。その後の動向をみると、中国がすでに知的財産権大国となり、さらに強国への道を歩んでいると評価されよう。知的財産権の中心分野である発明の特許権についていえば、その年間出願量は、2010年に日本を抜いて世界2位となり、翌2011年には米国をも抜いて世界のトップに躍り出た。2018年の発明特許出願は154万件を超え、これは2位米国（60.5万件。ただし2016年）、3位日本（31.8万件。ただし2017年）をはるかに超え、文字通り「桁違い」の世界一を続けている。し

かし、国内出願の上記数字は、知的財産権制度が中国企業や市民に浸透していることを示す一方で、出願内容は玉石混淆であり、量から質への転換が必要であることを中国の専門家も認めている。これらの傾向は知的財産権の他の分野、たとえば意匠特許権や商標についても同様である。

他方、技術水準が比較的高いと考えられる特許協力条約（PCT）にもとづく国際特許出願件数においても 2017 年に日本を抜いて世界 2 位（48,908 件。1 位米国の 86％、3 位日本の 101％）となり、企業別でも華為技術、中興通信が上位を占めている。

2018 年以降、米中貿易摩擦の中心課題として中国における知的財産権保護のあり方が浮上した。中国は、知的財産権侵害に対する賠償額を高額化することにより保護を強化するとともに、権利行使にあたって信義誠実の原則を順守することを求め、権利濫用を抑制する方向性を明確にし、めりはりの利いた知的財産権保護を実現する新しい段階へ進もうとしている。

Ⅳ　条約の加盟状況

中国は知的財産権保護に関する多くの国際条約に加盟している。その主なものは、「工業所有権保護に関するパリ条約」、世界知的所有権機関（WIPO）設立条約、「知的所有権の貿易関連の側面に関する協定」（TRIPs 協定）、特許協力条約（PCT 条約）、「特許手続上の微生物寄託の国際的承認に関するブダペスト条約」、「標章の国際登録に関するマドリッド協定」、「原産地表示の保護及びその国際登録に関するリスボン協定」、「文学的及び美術的著作物の保護に関するベルヌ条約」、万国著作権条約、「実演家・レコード製作者及び放送機関の保護に関する国際条約」等である。

Ⅴ　クローズアップ

1　米中知的財産権紛争の背景

2018 年から知的財産権をめぐる米中間の対立（米中知的財産紛争）が激化し、世界的な注目を浴びている。米国側は、中国が「中国製造 2025」に基づいて知的財産権を有する米国企業を買収し、あるいは違法にノウハウを窃取し、また、中国に進出する外国企業に対して技術の開示や中国企業への移転を強

制している等と非難している。「中国製造2025」は2015年に公表された中国製造業の発展を目指す行動計画であり、2025年には「製造強国」の仲間入りを果たし、2049年（中国建国100年）には世界の製造強国の先頭グループへ躍進するという目標を掲げている。

米中知的財産紛争の根底には両国間の技術覇権をめぐる熾烈な争いが存在するので、紛争は長く継続する可能性が少なくない。

紛争の背景には近年中国において科学技術が世界的規模の影響を及ぼすほど急速な発展を遂げつつあることである。これを裏付けるものとしてたとえば次のデータを挙げることができよう。公表された諸調査によると、中国の研究開発費は世界2位（1位米国の88%、3位日本の2.7倍）、学術論文数（論文の所属機関所在地基準）は1位（2位米国の104%、日本は6位。以上2016年）、高被引用論文の著者（過去10年程度、他の論文で引用された回数の多い論文の著者）4000名余のなかで中国の研究者は482名で国別3位（1位米国、2位英国、日本は90名で10位までに入っていない）、研究機関別では中国科学院が91名で世界4位を占めている。紛争の焦点である通信の次世代規格5Gの開発では中国企業が先行している。製造業の発展も著しい。

2　知的財産権に関連する中国国内法の整備

中米交渉の帰結は本章執筆の時点では明らかでないが、中国は米中対立緩和の意図もあって国内法整備を異例の速さで進めており、その根幹部分が2018年末から2019年初頭にかけて相次いで公表された。まず、2018年12月23日に「**外商投資法**（草案）」が全国人民代表大会（以下「全人代」という）の審議に提出されるとともに広く意見募集が開始された。これは、組織形態ごとに分けた従来の3種の外資法を廃止して、これに代わる簡素化した外国資本投資法の草案であって、対外開放の新たな枠組みを形成する法律として位置づけられ、外資企業が原則として国内資本による企業と同等に扱われることを明らかにしている。外国投資者の知的財産権が保護され、また、「行政機関およびその職員は行政手段を用いて技術譲渡を強制してはならない」ことが規定された。米国からの前記非難に対応した条項といえよう。**外商投資法**は異例の速さで全人代の審理が進められ、早くも2019年3月に成立した。施行は2020年1月である。今後の実効性が注目される（➡第5章第2節）。

つぎに、知的財産権訴訟の裁判基準を統一し、知的財産権の保護を強化し、

科学技術の新規創造のための法治環境を向上させ、新規創造発展計画の実施を加速させることを目的として、技術専門性の比較的高い特許紛争について上訴審の管轄裁判所を変更した。すなわち、中国は2審制であるが全人代の2018年10月決定は、意匠特許を除く特許等の民事訴訟、および意匠特許を含む**国家知識産権局**の処分に対する行政訴訟に関しては、従来の高級人民法院でなく最高人民法院が上訴審を直接管轄することを定めた。最高人民法院は従来は主に再審案件を担当していた。分野を定めて上訴審を最高人民法院が一括して管轄するとしたのははじめてのことである。中国が知的財産権を重視していることの表れと理解される。これに対応し、最高人民法院は同年12月27日公布の司法解釈によって終審裁判廷として**最高人民法院知的財産法廷**を設置することとし、同法廷は2019年1月1日に発足した。知的財産権裁判における判断の深化と統一がはかられるものと期待される。

また、国務院（中央人民政府）は、技術移転を直接規制する**技術輸出入管理条例**の一部削除を2019年3月18日に公表し、即日施行した。中国における［条例］は、法律（本件では、契約法）の授権にもとづいて国務院が定める下位法規であって、日本の「政令」に相当する。

削除された条項は、いずれも外国人・外国企業が技術提供者である場合の特別規定であって、提供された技術の使用が第三者の合法的権益を侵害した場合は、必ず技術提供者が責任を負う旨の規定（旧24条3項）と技術輸入契約の有効期間中になされた改良技術の成果は必ず改良した側に帰属する旨の規定（旧27条）である。

上記の削除がなされた結果、契約法353条・354条が直接適用されることとなった。契約法の規定も原則的には条例と同じであるが、当事者間で異なる内容の条項を定めうる点が条例と異なり、これにより当事者の自由意思に委ねられる範囲が拡大し、技術移転の分野での内外人平等が実現された。

なお、上記のほか旧29条（制限条項の禁止）も廃止されたが、その内容である「必須でない技術、設備の購入」、「特許権有効期間満了後または特許無効宣告後の使用料支払い」等は、いずれも契約法329条と最高人民法院の司法解釈「技術契約紛争案件に法律を適用する若干の問題に関する解釈」によって国内契約でも禁止される条項であり、したがって条例の適用が廃止された後も禁止行為に該当することには変わりはないものと考えられる。

第2節　特許法

Ⅰ　概説——歴史と背景

　中国の**特許法**［専利法］は、商標法に遅れて1984年に成立し、1985年から施行され、第1次改正が1992年に、第2次改正が2000年に、第3次改正が2008年に成立した。本章執筆中の2019年6月現在に第4次改正案が全人代で審議中であり、2019年中には成立が見込まれている。中国特許法の特色は、発明、実用新案、意匠の3種の知的財産権を一括して**特許**[*]として保護対象としていることである。この3種の権利は、発明特許権、実用新案特許権、意匠特許権といわれる。このような制度は、世界的にも珍しい。

　これら各知的財産権の保護客体は各々異なっており、これにともなって、特許権を受けるための手続、要件、保護期間、保護範囲等が異なっている。各特許権付与の手続、要件、保護等は、特許法のほか、国務院（中央人民政府）が制定した特許法実施細則、国家知識産権局が制定した審査指南、最高人民法院制定の「特許紛争案件の審理に法律を適用する問題に関する若干の規定」（2001年公布、2015年改正）、「特許権侵害案件紛争の審理に法律を適用する問題に関する解釈」（2009年）および同2（2016年）等の司法解釈に規定されている。

Ⅱ　特許法の内容①：3種の特許権

1　発明特許権の保護

　発明は、「製品、方法またはその改良について提出された新しい技術構想」であり、初歩的審査、実質審査を経て、新規性、進歩性等の要件をすべて充足することを確認したものだけに**発明特許権**が付与される。

　（1）**初歩的審査と実質審査**　　まず**初歩的審査**[*]において、外国人の権利能力、外国人の手続能力、権利要求書の明確性や明細書における遺伝資源の由来に関する記載を含む手続要件を中心とし、一部の実体的要件についても審査される。初歩的審査に適合した発明特許出願の内容は、出願日から18か月経過後に、公衆に対して公開される。

　発明特許出願は、さらに**実質審査**[*]を経なければならず、これは発明特許の

出願日から3年以内に出願人が提出する審査請求にもとづいて行われる。

何が実質審査における審査項目であるかは、特許法ではなく特許法実施細則に定められている。初歩的審査または実質審査で拒絶された特許出願人は、復審委員会に再審査を請求することができる。

（2）**発明特許権の付与、公告と特許権の存続期間**　　発明特許出願について実質審査を経て拒絶理由を発見しなかった場合、特許局は発明特許権を付与する決定を行い、特許権付与通知を行う。特許出願人は、特許権付与通知を受け取った日から2か月以内に登録手続を行う。

発明特許権は公告の日から効力を生じ、発明特許権の存続期間は、特許出願日から起算して20年である。

発明特許に無効事由があると主張する第三者は、特許復審委員会に**特許無効宣言**を請求することができる。この点は、実用新案特許、意匠特許においても同様である。

2　実用新案特許権の保護

（1）**実用新案特許出願に対する初歩的審査**　　**実用新案**は、「製品の形状、構造またはその組合せについて提出された実用に適した新しい技術構想」と定義されている。

実用新案は**初歩的審査***のみで特許権が付与される。初歩的審査は、単に形式審査にとどまるのではなく、新規性と実用性は審査されるが、進歩性は審査されない。初歩的審査で拒絶された実用新案特許出願人は、復審委員会に再審査を請求することができる。

日本では、実用新案出願がきわめて少なく（0.6万件、2017年）、関心も薄い。しかし、中国では、日本の350倍に近い年間207万件以上の出願（2018年）がなされており、実用新案特許権の存在を軽視することはできない。特許権侵害による最高額の損害賠償額を認定したのも実用新案特許権侵害事件においてであった（シュナイダー事件第1審。賠償額3億5593万元余、約46億円）。

（2）**実用新案特許権付与、公告と特許権の存続期間**　　特許権付与公告は特許公報により行い、明細書および添付図面、権利要求書の全文を別に刊行するのは、発明特許と同様である。

実用新案特許権は特許権付与公告の日から効力を生じ、その存続期間は特許出願日から起算して10年である。

3　意匠特許権の保護

（1）意匠特許の重要性と第3次特許法改正　　中国では、多数の意匠特許出願が行われており、その数は、2018年に70.9万件に達し、日本の3.2万件（2017年）、米国の4.2万件（2016年）の20倍前後を占めている。意匠権侵害が重要な争点となる例も少なくない。

しかし、出願数は多いものの、そのレベルは高くないとの批判が、従来から中国内でも出されていた。このため、第3次改正特許法では、意匠の登録要件についても発明特許と同様に**絶対新規性**の原則が採用されるとともに、一の公知意匠との対比だけではなく、複数公知意匠の特徴の組合せと比べても明らかな区別を有することが必要であると規定され、また「平面印刷物の模様、色彩または両者の組合せにより作出した主に標識の作用を有する意匠」を登録しないことと改正された。

（2）意匠特許の客体と登録要件　　意匠特許の客体である**意匠**は、「物品の形状、模様またはその組合せおよび色彩と形状、模様の組合せにより作出された美観に富みかつ工業上の応用に適した新しいデザイン」と定義されている。意匠特許は、実用新案特許と同様に**初歩的審査**[*]のみを経て登録される。初歩的審査で拒絶された意匠特許出願人は、特許復審委員会に再審査を請求することができる。

（3）意匠特許権の付与、公告と特許権の存続期間　　意匠特許権付与通知を受けて、特許出願人が登録手続を行った後の手続は発明および実用新案特許権の場合と同様である。ただ、意匠特許権の場合、意匠特許公報と同時に刊行されるが権利要求書等ではなく、カラーの図面または写真および簡単な説明である点が他の特許の場合と異なる。

意匠特許権は、特許権付与公告の日から効力を生じ、その存続期間は特許出願日から起算して10年である。第4次改正法では15年に延長される予定であるが、日本の意匠権では存続期間が20年であることと比べ、中国の意匠特許権が享有することができる期間は短い。

Ⅲ　特許法の内容②：特許権侵害行為に対する権利行使

1　特許権侵害行為

特許権者の許諾を得ることなく、「生産経営の目的で特許製品を製造し、

使用し、販売を申し出、販売し、輸入し、または特許方法を使用し、あるいは当該特許方法により直接得られた製品を使用し、販売を申し出、販売し、輸入する行為」は**特許権の侵害行為**を構成する。

特許権侵害の有無を判断するためには、まず特許権の保護範囲を確定する必要がある。発明特許権および実用新案特許権につき、特許法は「発明または実用新案特許権の保護範囲はその権利要求の内容を基準とし、明細書および添付図面は権利要求の内容の解釈に用いることができる」と規定している。

さらに、前記した各司法解釈によれば発明・実用新案特許で保護される技術的範囲は、権利要求に記載された文言にとどまらず、これと均等の範囲に及ぶ。すなわち、「権利侵害であると訴えられた技術構想が権利要求に記載されたすべての技術的特徴と同一または**均等の技術特徴**を含む場合、人民法院は特許権の保護範囲に含まれると認定しなければならない」(2009年司法解釈7条2項)、「均等の特徴とは記載された技術的特徴と基本的に同一の手段をもって、基本的に同一の機能を実現し、基本的に同一の効果を達成し、かつ当該分野の通常の技術者が侵害と訴えられた行為時に創造的な労働を経ることなしに十分想到できる特徴」(2015年改正司法解釈17条2項)とされる。

意匠特許権の保護範囲については図面または写真に表示された当該物品の意匠を基準とし、これと同一または**類似の意匠**に及ぶ。簡単な説明は図面または写真に表示された当該物品の意匠の解釈に用いることができる。

中国特許法には、日本と異なり、**公知技術・公知意匠の抗弁**について規定がなされており、特許権侵害紛争において、権利を侵害したと訴えられた者が実施する技術または意匠が公知技術または公知意匠であることを証明する証拠を有する場合は、特許権侵害行為を構成しないとされている（62条）。

2 差止請求と損害賠償請求

特許権侵害行為に対して特許権者または利害関係人は侵害行為の停止を人民法院へ請求することができる。被告の実施する特許または意匠が特許権の保護範囲に属し、かつ特許権を制限する事由にも該当しない場合、特許権侵害行為であるとして、人民法院は**侵害行為の差止め**を命じることとなる。特許権侵害行為に対して特許権者または利害関係人は仮処分（侵害行為の提訴前停止命令）の申立てを行うことができる。

損害賠償額の算定は、①権利者の実際の損害額、②侵害者が侵害行為によ

り取得した利益額、③実施許諾料の倍数、の順で確定される。④故意による
特許権侵害で情状が重大な場合、第4次改正では上記①～③で算定した金額
の1倍以上5倍以下で賠償金額を確定することができる、いわゆる5倍賠償
の制度が導入される予定である。⑤人民法院は、上記①～④により確定する
ことが困難な場合、侵害行為の性質と情状等の要素にもとづき、一定金額の
賠償金を認定することができる。これは法定賠償と呼ばれ、裁判で適用され
ることがきわめて多い。金額は、第3次改正法では1万元以上100万元以下
であったが、第4次改正では、10万元以上500万元以下に増額される。⑥
権利者が権利侵害行為を制止するために支払った合理的支出が加算されるが、
法定賠償の場合はこれを含むものとして一括して算定されることが多い。

3　管轄人民法院

　民事訴訟法によれば、権利侵害により提起する訴訟の地域管轄は侵害行為
地または被告住所地であり、被告が複数の場合はいずれかの被告の管轄地で
全員を訴えることができる。特許権侵害訴訟の多くは、この規定を活用して、
販売地である大都市の人民法院に対して、製造者と販売者を共同被告として
提訴している。

　特許権侵害事件の第1審審級管轄は中級人民法院である。ただし、すべて
の中級人民法院ではなく、各省、自治区、直轄市人民政府所在地の中級人民
法院と最高人民法院が指定した中級人民法院が管轄する。

　知的財産権訴訟の環境は、数年間の間に激変した。裁判官の専門化が進み、
各地の人民法院に知的財産専門部が設けられ、2014年には北京、上海、広
州に**知的財産権法院**（中級人民法院クラス）が設置され、当該地域の発明・実
用新案特許権侵害事件等の民事訴訟、および意匠を含むすべての特許に関し
て特許復審委員会の復審決定等に対する行政訴訟を担当する。

　さらに、中国は2審制であるが、2019年1月より全人代の決定に基づき、
意匠特許を除く特許権侵害民事訴訟、および意匠特許を含む知識産権局の処
分に対する行政訴訟の上訴審を最高人民法院が管轄することになった。

　また、中国特有の制度として、特許権侵害事件に関して、権利者は人民法
院に対してだけではなく、地方政府の知的財産権部門である特許業務管理部
門に対して処理を請求することもできる。ただし、請求できるのは侵害行為
の差止めに限り、損害賠償については調停を求められるにとどまる。特許法

第４次改正では、全国的に重大な影響を有する特許権侵害紛争については国の機関である国務院特許行政部門も処理を行うことができる旨が新たに規定される予定である。

Ⅳ　クローズアップ

特許法の第４次改正案

　特許法第４次改正の草案は国務院33次常務委員会で採択され、全人代に報告されるとともに、その内容を 2019 年 1 月 4 日にパブリック・コメントに付して広く意見を募集することとなった。

　おもな改正点を箇条書きでまとめると以下のとおりである。

①特許出願と特許権の行使は信義誠実の原則を順守しなければならない。特許権を濫用して公共の利益と他人の合法的権益に損害を与え、または競争を排除、制限してはならない。

②故意による侵害行為で情状が重大な場合の損害賠償の上限をそうでない場合の 5 倍とすることができる。

③損害額認定が困難な場合の法定賠償額について、その上限を 100 万元から 500 万元へと 5 倍化する。

④賠償金額算定のために帳簿・資料の提出が不可欠の場合、人民法院は侵害者に対し帳簿の提出を命令することができ、侵害者が提出しないときは権利者の主張と提供した証拠を参考に損害額を認定することができる。

⑤特許権侵害による損害賠償請求の訴訟時効を 2 年から 3 年に延長する。

⑥中国では裁判所だけでなく、地方政府（地方行政機関）も知的財産権紛争の処理にあたることができる。ただし、請求できるのは侵害行為の差止めに限り、損害賠償については調停を求められるにとどまる。

　今回新たに、国務院（中央人民政府）の特許行政部門も全国的に重大な影響を有する特許権侵害紛争の処理を行うことができる旨が新しく定められた。

⑦意匠特許権の保護期間を 10 年から 15 年に変更する。

⑧医薬品特許について一定の要件のもとで最大 5 年間の特許期間延長を

認める。

⑨特許の活用を促進するため、「開放許諾」[開放許可] の制度を新設する。これは、特許権者が実施許諾料の支払方法と基準を明確に定めて、何人に対しても実施許諾する旨を表明して、これを知識産権局が公告し、実施希望者が書面で特許権者に通知して、実施許諾料を上記支払方法と基準に従って支払うことによって特許権実施契約が成立する特許発明活用の新たな制度を設けることである。

　以上をまとめると、特許法第4次改正の趣旨は、特許権侵害者に対する民事的制裁を強化して知的財産権保護のレベルを高めるとともに、公益的見地から特許権の濫用を防止し、あわせて特許発明の利用を促進することにあると評価される。

　改正草案は、ほぼそのままの内容で 2019 年中に採択されると観測されている。

第3節　商標権の保護

I　概説——歴史と背景

　商標権を保護する基本法は、商標法である。商標法は、特許法に先立って 1982 年に制定、翌年施行され、1993 年の第 1 次改正、2001 年の第 2 次改正を経て、2013 年に第 3 次改正が成立し、2014 年に施行されている。

II　商標法の内容

1　商標の種類

　登録可能な**商標**[*]は、法改正のたびに種類を増やしてきた。商標法制定時は**商品商標**のみであったが、第 1 次改正時に**役務商標**（サービスマーク）が登録対象となり、今もこの両者に大別される。

　また、第 2 次改正時に**団体商標**、**証明商標**が登録対象に加わった。

　さらに、第 3 次改正時には、音声からなる商標の登録が認められた（8 条）。**音声商標**とは、音楽、人や動物の声、自然音等からなる商標のことで、たと

えば、携帯電話の呼び出し音、米国企業の映画タイトルに響くライオンの吠え声等である。

2　商標権の取得要件——膨大な商標出願と比較的迅速な手続

　商標権を取得するためには、商標局に対する登録出願が必要であり、審査（初歩的審査*）を経て、商標法と実施条例等の関係規定に適合するとの判断で公告され、異議申立期間を経た後に登録されることとなる。

　審査の主な内容は、顕著性、すなわち他人の登録商標等との識別力を有するか否か、先行権利と抵触しないか否か、商品の慣用名称か否か、商標としての使用が禁止されている標識（たとえば、国家・国際機関の名称、旗など）に該当しないか否か等である。

　中国では、毎年想像を絶するほど膨大な商標出願がなされており、さらに毎年の増加数も尋常ではない。年間出願数は 2010 年に 100 万件を超え、2014 年には 200 万件を超えた（登録は 134 万件）。さらに、2016 年には 300 万件を、2018 年には 500 万件を超えた。この間、米国における出願は年間ほぼ 30 万件台、日本が年間ほぼ 10 ～ 20 万件台で推移しているから、想像を超えた数字というほかない。

　それにもかかわらず、手続は比較的迅速に進行する。これは、第 3 次改正により次のような手続面の改革が進められたことによる。

　（1）**一出願多区分制の導入**　　中国は「標章の登録のための商品及びサービスの国際分類に関するニース協定」に加盟しているが、従来は、同一商標であっても 1 商品区分ごとに出願しなければならず、労力と費用がかかった。第 3 次改正法により「1 通の出願で多区分の商品について同一商標の登録出願を行うことができる」との規定が新設された。

　（2）**電子出願の採用**　　商標出願等を電子データ方式で行うことは、「商標インターネット出願の試用弁法」（商標局 2009 年 1 月 7 日公布）により、試行的には施行されていたが、電子出願制度が第 3 次改正で正式に法定された。

　（3）**異議申立ての抑制**　　異議申立ては、初歩的審査を経て公告された商標（28 条）に対して、登録要件を欠くとして第三者が再審査を申し立てるもの（33 条）である。しかし従来は、ライバル企業の商標登録を遅らせる目的で濫用したと思われるケースもあり、審査遅延の一因として廃止を含めて再検討をした結果、制度自体は存続するが、第 3 次改正で 2 つの改革が行わ

れた。

　その1は、他人の登録商標と同一である等の私益的理由（相対的理由）による異議申立てについては「先行権利者、利害関係人」のみが申立てできることとして異議申立人の資格を制限した。

　その2は、公益的理由（国家・国際機関の名称と同一である等のような絶対的理由）による場合を含めて、異議申立てが容れられなかった際の不服申立制度を廃止した。

　（4）審査・評審手続期間等の法定　　第3次改正法は、商標局および商標評審委員会に関して審査・審理手続で守るべき期間を法定した。たとえば出願から商標局の初歩的審査の完了まで（28条）等は9か月、公告された商標に対する異議申立てから商標局の決定まで（35条1項）は、12か月と法定された。

3　商標権の有効期間と権利行使

　商標権の有効期間は10年とし、登録を許可した日から起算される（39条）。登録を許可した日とは、初歩的審査を経て公告を行った日から3か月を経過した日（異議申立期限満了日）である（33条）。10年の期間が満了した後にも登録を継続する必要がある場合は、期間満了前12か月以内に更新登録出願を行うことができる（40条）。1回の更新登録期間は10年であるが、以後も同様に更新登録を繰り返すことができる。

　商標権の内容は登録商標をみずから使用する権利（独占権）と他人の使用を禁止する権利（禁止権）とに分かれる。独占権の範囲は登録商標と指定された商品に限られる（56条）。他方、禁止権の範囲は他人が類似の商標を類似の商品に使用し出所の混同を生ずる場合にも及ぶ（57条）。

　商標権侵害に対しては、侵害行為の差止めと損害賠償を請求することができ、仮処分制度も存在する（57条・60条・65条）。

　商標権侵害における損害賠償額の算定順序として第3次改正法は、①権利者の損害額、②侵害者の侵害行為による利益額、③使用許諾料の倍数、④悪意の侵害で情状が重大な場合は、上記で確定した金額の1倍以上3倍以下で確定することが定められた。このほか、⑤「侵害行為を制止するために支出した合理的費用」も請求できる。また、人民法院は侵害者に帳簿等の提出を求めることができ、提出しない場合は権利者の主張と証拠により賠償金額を

定めることができることも新たに規定され、さらに⑥賠償額の算定が困難な場合に人民法院が命じることができる法定賠償額を、従来の「50万元以下」から「300万元以下」と6倍に高額化した（63条）。米中貿易摩擦に対処するために2019年4月に急遽成立した第4次改正では、上記④の範囲を5倍以下に、⑥の上限額を500万元に、各々拡大した。

　第3次改正は損害賠償請求に対する**登録商標不使用の抗弁**についても新たに規定され、留意が必要である（64条1項）。すなわち、被疑侵害者が権利者側は登録商標を使用していないとの抗弁を提出した場合、もしも権利者側が3年内に登録商標を実際に使用し、また損害をこうむったことも証明できなかったときには、賠償請求が認められないとする規定である。この場合であっても、侵害行為の差止めを求めることはできる。しかし、実際に3年間連続して使用していない場合には、別途不使用を理由とする**商標登録取消請求**（49条2項）の対象となるので、実務上影響が大きい。ストック商標の数は多いものの、中国で実際に使用している商標が少ない外国企業には不利益な結果となる可能性がある。

　中国において、商標権をめぐる訴訟はきわめて多く、2008年には5万件を超えた。

　商標権侵害事件に関する人民法院の第1審審級管轄は、特許権侵害事件の場合とは異なり、侵害行為地または被告住所地のすべての中級人民法院と最高人民法院が指定した基層人民法院であって、その数は多い。2014年に北京、上海、広州に設立された**知的財産権法院**は特許等技術に関する知的財産権訴訟の第1審を管轄し、これらの地域では商標に関する訴訟の第1審は基層人民法院が管轄し、その上訴審を知的財産権法院が管轄することになる。

　商標権侵害行為への対処を県級以上の行政機関や税関へ申し立てる（60条）ケースもきわめて多く、いわゆる模倣品の取締りは、この方法で行われる。

Ⅲ　クローズアップ

中国における渉外OEM生産と商標権侵害・最高人民法院判決

　中国における**渉外OEM生産**（Original Equipment Manufacturing）とは、中国の加工企業が外国の企業から委託を受け、外国の委託者が指定した商標を用いた製品を生産し、その製品全部を委託者に引き渡して外国で販売し、外

国の委託者が中国の加工企業に加工費を支払う請負生産方式を意味する。

中国における渉外 OEM 契約にもとづいて生産された製品の標章が、他者の中国登録商標と同一または類似する場合に、中国商標権の侵害となるか否かに関して、中国では司法上も行政処理においても判断が統一されていなかった。地方政府の工商行政管理部門や海関（税関）は商標権侵害として処分することが少なくなく、下級審の民事裁判でも、商標権侵害と認定して差止めや損害賠償を命じる判決があった。このことが中国企業への渉外 OEM 生産委託における法的リスクとなっていた。

日本企業の委託による OEM 製品が商標権侵害品であるとして摘発され、多額の行政罰を科せられ、あるいは海関で差し押さえられたケースも実際に発生していた。

商標権侵害を構成するとした代表的判決に、NIKE 事件広東省深圳市中級人民法院 2002 年 12 月 10 日判決がある。

その後 13 年を経て、最高人民法院 2015 年 11 月 26 日民事再審判決は、渉外 OEM 生産と商標権侵害の関係について、最高人民法院としてはじめての判決を下した。

この案件の再審請求人（第 1 審被告、上訴審上訴人）は、浙江省の鍵製造企業であって、メキシコ所在の訴外企業から OEM 生産を受託して「PRETUL」の標章を付して生産した錠前の全品と「PRETUL」、「PRETUL および楕円図形」を付した包装箱をメキシコ企業宛に輸出しようとしたところ、第 1 審原告の中国商標権を侵害する製品であるとして海関に差し押さえられ、その後、法院において証拠保全および財産保全の措置を受けた。

人民法院は、第 1 審、上訴審（中国は 2 審制である）とも原告の請求を認容として商標権侵害であると判示した。

これを不服として第 1 審被告が再審を請求した案件についてなされたのが本件最高人民法院判決である。判決は、「〔商標を付した商品は〕全部がメキシコへ輸出されており、中国市場では販売されていない。すなわち当該標章は中国国内では商標としての識別機能を発揮することができず、中国の関連する公衆は当該標章を付した商品から、被請求人が製造した商品であるとの出所の混同と誤認を生じることはない。商標は商品またはサービスの出所を区分する標識であり、その基本的機能は商標の識別性にある」として、被告の行為は「商標の使用」に該当せず、商標権侵害を構成しないと判示して、

再審請求を認容した。

　本判決は、実務上の大きな問題点を解決しただけでなく、その判決理由において、単に中国商標法の条項の表面的なあてはめにとどまることなく、商標制度の本質にもとづく判断が述べられ、中国知的財産権司法の深化が示されている。

第4節　著作権法

I　概説——歴史と背景

　著作権法は、特許法、商標法に遅れて 1990 年 9 月に成立し、1991 年から施行された。その第 1 次改正は、2001 年 10 月に成立し、即日施行された。第 2 次改正は 2 か条のみの改正であり、2010 年 4 月から施行された。その後間もなく第 3 次改正の準備が始まり、「意見募集稿」、「改正草案送信稿」等の名称で改正案が公表されているが、改正には至っていない。

II　著作権法の内容

1　保護客体

　著作権法にいう**著作物**には、文学、口述、音楽、演劇、舞踊、美術、建築、写真、映画、工事設計図、製品設計図、地図、コンピュータソフトウェア等の著作物が含まれる。

　著作権法の保護対象をめぐって、中国著作権法の規定が国際条約に違反するかが争われた WTO 紛争事件がある。第 2 次改正前の著作権法 4 条 1 項に、「法により出版、伝達が禁止されている著作物は、著作権法の保護を受けない」と規定されていた点について、米国は、これが TRIPs 協定の規定に違反するとして、2007 年に WTO へ提訴を行った。WTO は、2009 年 1 月になされたパネル報告をもとに、同年 3 月、紛争解決機関会合において米国の主張を認め、中国著作権法の前記規定が条約違反である旨の裁定を下した。

　中国はこれに対処して、著作権法から前記 4 条 1 項を削除するとともに、旧 4 条 2 項の規定「著作権者の著作権行使は、憲法および法律に違反してはならず、公共の利益に損害を与えてはならない」に「国家は作品の出版、伝

播に対して法により監督管理を行う」を加えて新4条とする著作権法の第2次改正を行った。すなわち、「法により出版、伝達が禁止されている著作物」も著作権法の保護客体であるが、その権利行使は認められないとしたのである。

2 著作権の保護期間

　公民の著作物について、その公表権、および複製権等の著作権の保護期間は著作者の生存中および死後50年（死後50年目の12月31日まで）、法人およびその他の組織の著作物について、その公表権、および複製権等の著作権の保護期間は、著作物の最初の公表後50年（公表後50年目の12月31日まで）、映画の著作物および映画撮影に類似する方法で創作された著作物、写真の著作物の公表権、および複製権等の著作権の保護期間は、著作物の最初の公表後50年（公表後50年目の12月31日まで）である。

　氏名表示権、改変権、および同一性保持権の保護期間は制限を受けない。外国人・外国法人等の著作物も、条約の規定により上記と同様の保護を受ける。

3 著作権の種類

　著作権は、**著作者人格権**および**著作財産権**からなり、前者には、公表権、氏名表示権、改変権、同一性保持権が含まれ、後者としては複製権、発行権、貸与権、展示権、実演権、上映権、放送権、情報ネットワーク伝達権、撮影権、翻案権、翻訳権、編集権、その他の権利を享有する。

4 著作権侵害行為に関する措置

　著作権（著作者人格権および著作財産権）を侵害した場合、権利者は侵害行為の差止め、影響の除去、謝罪等の責任を負い、また、状況にもとづいて、損害賠償責任を負わねばならない。損害賠償額の算定は、①権利者の実際の損害、②上記①の算定が困難な場合は、権利侵害者の違法所得により確定し、権利者が権利侵害行為を制止するために支払った合理的費用が含まれる。また、上記①②を確定できなかった場合は、法院が侵害行為の状況にもとづいて50万元以下の賠償金額を定めることができる。

　さらに、一定の場合には著作権行政管理部門が侵害行為の停止命令、違法

所得、権利侵害製品の没収、過料を科すことができる。重大な侵害行為に対しては刑法の規定により刑事罰が科せられる。

Ⅲ　クローズアップ

著作権侵害等とインターネット法院

　日本にはまだ存在しないが、インターネット技術が発達した中国では2018年に、北京、広州、杭州の3か所で**インターネット法院**が設立されている。同法院の審級は基層人民法院と位置づけられている。

　著作権関係紛争の第1審裁判管轄も、原則として基層人民法院である。

　インターネット法院の審理対象、審理方法、裁判文書の送達、上訴裁判所の管轄等に関しては、最高人民法院が司法解釈［2018］16号で定めている。

　これによれば、上記3地域において、インターネット上ではじめて発表された著作権または隣接権の帰属紛争、インターネット上にオンライン発表または配信された作品が著作権または隣接権を侵害するとして生じた紛争は、インターネット法院が管轄する。著作権関係のほか、インターネット法院はインターネット上の契約や売買、金銭消費貸借契約、インターネットドメインネームをめぐる紛争、インターネット上での他人の人格権、財産権等侵害紛争を管轄対象とする。インターネット法院は新しいタイプの法院であるが、その訴訟手続は法院が構築した訴訟専用のプラットフォーム（訴訟プラットフォーム）上で行う。たとえば、当事者の身分認証はオンラインで完成し、訴訟プラットフォームへの専用アカウントを取得する。また、書証、鑑定意見、検証記録等証拠資料も電子化処理した後に訴訟プラットフォームにアップロードして提出する。開廷審理はオンラインビデオ方式で行い、訴訟文書等の送達も訴訟プラットフォーム等の電子方式で行う。

　著作権関係訴訟に関し、上訴審は、北京、広州では知的財産権法院、杭州では杭州市中級人民法院が管轄する。上訴審も原則としてオンライン方式で審理を行う。

第5章　企業法

　　企業法の領域は、1990年代以降における中国経済の市場化とグローバル化という改革に対応するかたちで整備された。なかでも会社法は、社会主義経済体制のもとにはじめて株式会社をとりいれた法律として、世界の注目を集めると同時に、中国の立法史上でも所有制による差別化をはじめて排除した画期的な法律となった。

　　しかし、WTO加盟後の立法では、国際的な競争のなかで自国の国益を守るという観点が強く打ち出されるようになり、それにあわせて社会主義的な原則の維持についても、それ以前とは異なる新しい対応が示されるようになっている。とりわけ習近平政権の成立後は、企業改革の基本方針が根本から転換されたため、会社法はその足場を失いつつある。

　　本章では第1節で、会社法を中心に、これに関連する法律として企業国有資産法、企業破産法、その他の企業法、証券法について、その概要を説明する。外資系企業についての法律は、会社法の特別法と位置づけられているが、渉外法規として独自の原則を有する部分もあるので、第2節に分けて説明する。第3節では、国際的ハーモナイゼーションの問題と中国の体制上の問題が交錯する競争法（独占禁止法）について概観する。

第1節　国内企業法

I　概説——歴史と背景

1　国営企業とは

　建国後の中国では社会主義*社会を建設するため、すべての企業を国有化した。いったんは私有化した農村の土地を集団所有化した1956年に、所有制*の社会主義的改造（＝公有化）が完了したとして、中国共産党第8回全国代表大会（以下、中国共産党全国代表大会につき「党大会」という）は社会主義社会への移行を宣言した。

　第1次5カ年計画*により計画経済*がスタートした1953年以降、都市の地域社会［社区］は国営企業すなわち［単位*］を中心に組織化する、という方針が採用された。地域社会が丸ごと国営企業に取り込まれた結果、国営企業

は単なる生産組織ではなく、同時に地域の社会組織ともなった。国営企業は中核となる生産工場の従業員だけでなく、従業員の家族も雇用し、住宅を提供するほか、幼稚園、学校、病院、商店、娯楽施設など、従業員家族に必要な施設を自前でかかえていた。退職後の年金も、国営企業ごとに積立金のなかから支払われていた。

国営企業の従業員は国によって職を与えられ、終身雇用が原則であった。しかも、雇用関係は多くの場合、親から子へと継承された。国営企業には倒産というリスクがなかったので、この雇用関係は破棄されないという意味で、[鉄飯椀]（鉄製の飯茶碗）と呼ばれた。労働者は計画経済体制のもとで、働いても働かなくてもほどほどの生活を保障される環境におかれ、しだいに労働意欲を失い、国営企業は慢性的な赤字体質に陥っていった。

2 国有企業の改革

（1）**企業自主権の拡大**　改革・開放政策は、競争原理を取り入れることにより労働意欲を刺激して、国営企業の生産性を向上させるため、2つの改革に着手した。1つは、国営企業の所有権と経営権を分離し、企業に自主的な経営権を与えて、企業の利益が従業員に還元されるシステムを導入すること。もう1つは、企業を生産組織に純化することである。後者のために単位と社区の分離が実施され、国営企業の非生産部門は行政機関や社区の住民委員会などに移された（➡第2章第4節Ⅰ）。

この方針にもとづいて、1986年には**労働契約**制度が導入され、企業破産法（試行）が制定された。それまでは国営企業と称していたが、これ以降は、国は経営の主体ではないという意味で、**国有企業**（＝全人民所有制企業）と呼ばれるようになった。この改革によって国有企業は「鉄飯椀」ではなくなったが、これらの立法はきわめて限定的にしか運用されず、その効果は限られていた。

（2）**株式会社制度の導入**　1980年代の国有企業改革は経営自主権の拡大という方向で実施されたが、その効果は期待を裏切り、赤字はかえって膨らむ一方であった。他方で**郷鎮企業**（➡本節Ⅱ3(1)）や**私営企業**（➡同(2)）などの非国有企業が新たに設立されるようになり、それらはめざましい躍進をとげて、中国経済の発展を支えた。そこで低迷する国有企業については、所有権と経営権の分離を徹底する方策として、1980年代後半になると株式

制の導入が試みられるようになった。

1992年の第14回党大会が、中国経済を**社会主義市場経済**の体制と規定したことにより、市場経済への移行はさらに促進されることになった。国有企業改革について株式制の導入が認められ、**WTO**（当時はGATT、1995年からWTO＝世界貿易機関）への加盟方針が決定されたことで、市場経済化は同時にグローバル化をも意味するものとなった。

Ⅱ　おもな法律

株式会社（その範囲については➡後述1）について規定した会社法［公司法］は1993年に制定されたが、株式制度については反対意見も根強く、これに関連する法整備は順調には進まなかった。会社法と同時に制定される予定だった証券法は1998年になって、企業国有資産法は2008年になってようやく成立している。2001年に中国はWTO加盟を実現したが、これを受けて2005年には会社法、証券法が改正され、2006年には企業破産法が制定（試行法*からの改正）された。2007年には独占禁止法も制定された（➡本章第3節）。

上述したように会社法は株式会社についてのみ規定したもので、その対象はおもに国有企業から改組された企業である。中国にある企業の数でみれば、全体のおよそ1割強にすぎない。これに対し、全体の約4分の3を占めているのは**私営企業**（➡後述3(2)）と呼ばれる民間企業であるが、これらは会社法の対象ではない。私営企業について規定していたのは1988年に制定された私営企業暫定条例である。私営企業についてはその後、各々の企業形態にもとづいて1997年に組合企業法（2006年改正）が、1999年に個人独資企業法が制定されている。

なお、中国に設立された外資系企業は、一部の法人格をもたない企業を除いて、すべて有限責任会社の形態をとっている。この有限責任会社は会社法が定めるものと同一の企業形態とみなされているが、実際には個別に制定された法律が優先的に適用されており、それらに規定がない場合についてのみ会社法が適用される関係におかれている（➡本章第2節Ⅰ）。

企業形態の分類については次の**図表8**にまとめた。

図表8　企業形態分類表（2017年）

	数（単位：万）	割合（％）
企業総数	1810	100
私営企業	1437	79
有限責任会社	237	13
株式有限会社	15	0.8
国有企業	13	0.7
集団所有制企業	16	0.9
外資系企業	14	0.8
その他	78	4

出所：『中国統計年鑑2018』
注：網掛け部分は会社法の適用対象企業であることを示す。

1　会社法

（1）**立法の目的**　　（a）**国外での資金調達**　　会社法は企業形態として、基本的に**有限責任会社**と**株式有限会社**の2種類について規定している。日本法との比較でいえば、前者はかつての有限会社、後者は株式会社に相当する。言い換えれば中国の**株式会社**[*]とは、日本の有限会社をも含む広い形態の企業である。有限責任会社にはさらに特殊な企業形態として、**国有独資会社**と**一人有限責任会社**が別に規定されている。前者は国がすべての株式を所有するもので、国有企業をそのまま会社形態に改組したものである。後者は2005年の法改正によって新設されたもので、民間企業が株式会社を設立しやすくするために設けられた。

会社法は中国に株式会社を導入した法律として理解されているが、**図表8**が示しているように、日本の株式会社に相当する株式有限会社は企業全体の1％にも満たず、それがきわめて限られた特殊な位置づけを与えられた企業であることを示している。

1992年の第14回党大会が株式会社制度の導入を認めたことにより、1993年に会社法はあわただしく制定されたが、その背景には株式会社化された国有企業を国外の証券市場に上場させるという課題が控えていた。

国有企業改革のための会社法には、前述した所有権と経営権の分離という課題のほか、民間からの資金調達という課題が与えられていた。企業改革のための設備投資に必要な資金を、国家財政だけではまかないきれなかったた

め、不足分を民間から調達することが求められていたのである。しかし当時の経済事情では、国内の民間資金は限られており、それだけではとても需要を満たせなかったので、国外に活路を見いだすほかなかった。これを可能にしたのが、第14回党大会におけるWTOへの加盟方針の決定である。会社法は、この決定を受け、WTO加盟を先取りするかたちで、国外証券市場での資金調達に踏み出したのであった。

すでに会社法制定の直前に、青島ビールが香港市場に上場したのを皮切りに、上海石化、山東華能発電がニューヨーク市場に上場しており、立法は急務となっていた。

　(b) グローバル化で突出　　このような事情から、会社法の内容は当時の法律としては、突出してグローバル化したものとなっていたが、そのことが国内での法の普及に一定の障害となる原因を作り出し、その実施には多くの困難がともなった。しかしそれは同時に、同法に改革を牽引する力を与え、1990年代後半には会社法にあわせた「現代企業制度*」による規範化が促され、国有企業の活性化に一定の役割を果たした。

会社法はこのように、本来は国有企業の改革に照準をあわせた法律であったが、会社制度が普及するにともない、非国有企業からの参入も増加してきた。したがって2005年の改正は、国有企業改革の進展にあわせただけでなく、非国有企業の会社設立にも一定の配慮を加えた内容となっている。企業形態の選択肢を増やし、最低登録資本金を低く抑えるなどの改革が実施されたが、それでも中国企業の全体的な水準からみれば参入障壁は高く、国有企業改革のための法律という基本的な性格に、まだ大きな変化はない。中国の会社法は、日本の会社法とは異なり、企業全体を包括的に規制する法律ではないことに注意しなければならない。

会社法は2004年、2005年、2013年と小刻みな改正を加えられているが、基本的には会社設立の条件を緩和する内容が主で、その骨格に変更を加えるような改正は行われていない。ただし、2018年には自社株の購入についての規制を緩和する改正が行われた。

(2) 企業形態　　会社法が規定する会社の、基本的な組織と特徴は以下に説明するとおりである。なお、[董事会]、[総経理]などの日本語訳としては、それぞれ「取締役会」、「社長」が用いられることが多いが、日中会社法の比較でいえば、両者の間には相違点も少なくない。そこで本章では混同

を避けるため、以下これらを原文のまま漢字表記する。

　(a)　**有限責任会社**　　**有限責任会社**は2人以上、50人以下の株主による出資にもとづいて設立される。登録資本の最低限度額は3万元である。この最低資本金が示すように小規模な企業が対象であるが、実態としては株式有限会社への改組を避けたい大型国有企業が、この形態を採用している例もめずらしくない。

　株主はその出資分の全部ないし一部を他の株主に譲渡することができるが、株主以外に譲渡しようとする場合は、全株主の過半数の同意を得なければならない。ただし、譲渡に反対する株主はその出資分を買い取らなければならず、買い取れない場合は同意したものとみなされる。過半数の同意を得て譲渡する場合、他の株主には同等の条件で優先的に買い取る権利が与えられる。

　会社の**法定代表人**[*]は定款の定めにより董事長、執行董事、経理のいずれかが担当する。

　　(ⅰ)　**株主会**　　有限責任会社の最高意思決定機関は株主会であり、すべての株主によって構成される。株主会の議決は表決権の過半数の賛成によるが、登録資本の増減、会社の分割、合併、解散、会社形態の変更、定款の変更など重要事項については、3分の2以上の賛成が必要とされる。

　　(ⅱ)　**董事会**　　有限責任会社の経営管理機関は董事会であり、3～13人の董事によって構成される。2つ以上の国有企業または2つ以上の国有投資会社が主体になって設立した有限責任会社の場合、董事のなかに従業員から民主的に選ばれた従業員代表を参加させなければならない。

　株主の数が少なく規模も小さい有限責任会社の場合は、董事会を設置する代わりに執行董事1名をおくことが認められている。この場合は、執行董事が会社の法定代表人となる。執行董事は経理が兼任することもできる。

　　(ⅲ)　**経理**　　董事会は会社の経営管理機関であるが、董事は常勤である必要はなく、実際には非常勤であることが多い。董事会の委任を受けて日常的に管理業務にあたる責任者が、経理である。経理は董事会によって任免され、董事会に対して責任を負う。経理は董事会の会議に列席する。

　会社法上はとくに規定されていないが、規模の大きな有限責任会社の場合は、複数の経理が総経理、副総経理を分担し、総経理会議を設置しているケースが一般的である。

　　(ⅳ)　**監事会**　　会社の監査業務を担当するのは監事会であり、小規模

の有限責任会社を除いて、3人以上の監事によって構成される。監事は株主代表、および従業員から民主的に選ばれた従業員代表が担当するが、従業員代表の割合については定款の定めによる。

(b) 国有独資会社　　**国有独資会社**は国が単独の株主となっている特殊な有限責任会社である。株主となる「国」とは、具体的には国有資産監督管理機関を指している（➡後述2）。実態としては大型国有企業の一部、グループ会社化された国有企業集団の親会社などが、この形態を採用している。

国有独資会社は有限責任会社の1つの特殊な形態とはいえ、実際に株主が1人しかいないため、独自の経営管理機構を形成している。まず株主会が存在せず、その権限は単独の株主（＝国有資産監督管理機関、以下同じ）によって行使される。董事会の董事は株主が派遣する。ただし董事には、従業員による選挙で選ばれた従業員代表も参加させなければならない。董事長、副董事長などは株主が指名する。董事会は経理を任免するが、株主が同意すれば、董事会の構成員が兼任することもできる。

監事会は5人以上の監事で構成し、構成員の3分の1以上は従業員代表が担当する。

会社制度が、国有企業の自立を1つの目標として導入されたなかで、国有独資会社は株主である国の支配権を強く保護する経営管理機構を温存させた、きわめて特殊な会社形態である。

(c) 一人有限責任会社　　**一人有限責任会社**とは、1人の自然人または1個の法人を株主とする特殊な有限責任会社である。登録資本の最低限度額が10万元とされていることから明らかなように、ベンチャー企業の設立を奨励する目的で導入されたものである。基本的には有限責任会社の組織形態に準ずるが、株主会の設置は必要なく、定款も株主が単独で制定する。

1人の自然人は1つの一人有限責任会社しか設立できず、一人有限責任会社は新規に一人有限責任会社を設立することはできない。一人有限責任会社の株主は、一人有限責任会社が自己の財産から独立したものであることを証明できない場合、会社の債務について連帯責任を負う。

会社法のなかで、国有企業改革の問題とあまり関わりをもたない、唯一の会社形態である。

(d) 株式有限会社　　**株式有限会社**は日本の株式会社に類似する会社形態で、会社法が国有企業改革の最終モデルとする企業形態である。会社の

目標とされる「現代企業制度」の要となる存在でもある。

株式有限会社は証券市場に上場することにより、株式を発行し、市場で自由に流通させることができる。ただし企業国有資産法の項（➡後述2）で説明しているように、国有企業から改組して株式有限会社になった企業については、国が保有する株式について流通制限が加えられている。

非国有企業でも株式有限会社を設立することは認められているが、最低登録資本金が高額に設定されていることなど、障壁は高い。実態としても、国有企業からの転身組が過半を占めており、私営企業（➡後述3（2））などからの参入は近年増加傾向にあるとはいえ、全体の資本に占める割合でみれば、まだ少数にとどまっている。

国有企業改革の手順としては、（国有独資会社＝大型企業のみ）→有限責任会社→株式有限会社という段階を経ることが想定されている。

(i) 会社の設立　株式有限会社を設立する方法は、発起人方式と募集方式の2種類が規定されている。前者は、設立発起人が会社の発行する株式の全額を購入して設立する方式を指し、後者は設立発起人が会社の発行する株式の一部を購入したうえ、残りの部分を公募して設立する方式をさす。設立発起人は2人以上、200人以下が必要とされ、そのうちの過半数は中国国内に住所をもつものでなければならない。

株式有限会社の設立に必要な登録資本金は500万元以上とされ、授権資本制は採用されていない。法改正前は1000万元だったので大幅に減額されたとはいえ、中小企業にはやはり大きな障壁といえよう。募集方式によって設立する場合、発起人は発行株式総数の35％以上を購入し、残りを公募することができる。

会社の法定代表人は、有限責任会社と同じである。

(ii) 株主総会　株式有限会社の最高意思決定機関は株主総会であり、定期の総会は年に1回開催される。董事会または監事会が必要と認めたとき、あるいは10％以上の株式を所有する株主が請求したときなどには、2か月以内に臨時の株主総会を招集しなければならない。株主総会において株主は1株につき1表決権をもつが、会社自身がもつ株式に表決権はない。株主総会に定足数はなく、その決議は出席した株主の有する表決権の過半数によって採択される。ただし、会社の合併、分割、解散、会社形態の変更などの決議には、3分の2以上の同意が必要である。

また、株主総会で董事、監事を選挙する場合、会社の定款または株主総会の決議にもとづいて、**累積投票制度**[*]を採用することができる。

(iii) 董事会　　董事会は 5 〜 19 人の董事によって構成され、株主総会の選挙によって任命される。従業員代表を董事に加える場合、その董事については従業員代表大会による選挙など民主的な方法で選出する。

董事会には董事長 1 人をおき、副董事長をおくこともできる。董事長、副董事長は董事のなかから過半数の同意を得て選出する。

董事会は年に少なくとも 2 回開催し、過半数の董事が出席して成立する。董事会の決議は董事総数の過半数によって採択する。

株式を証券市場に上場している会社の場合は、独立董事をおく、と定められているが、これが義務規定なのか否かについては議論がある。実際には奨励規定と解釈されているようである。

(iv) 経理　　経理は董事会によって任免され、董事が兼任することもできる。その職権は有限責任会社の経理と同じである。

(v) 監事会　　監事会は 3 人以上の監事によって構成されるが、従業員から民主的に選ばれた従業員代表を 3 分の 1 以上参加させなければならない。従業員代表の割合については定款の定めによる。董事ほかの高級管理職は、監事を兼任することができない。

2　企業国有資産法

（1）**国有資産監督管理委員会**　　国有資産の所有権は、国を代表する国務院（中央人民政府）によって行使される。したがって、国が出資する企業（国有企業および会社法上の会社）の国有資産については、国務院が出資者としての権利を行使する。ただし実際には、国務院が果たすべき出資者としての職責は、**国有資産監督管理委員会**と財政部門とに委譲されている。

国有企業の資産を管理している財政部門のなかで、これを担当していたのは国有資産管理局であったが、会社法の制定後も長く低迷する国有企業をテコ入れするため、2003 年の改組を経て、国有資産監督管理委員会に昇格した。同委員会は、国有企業の再編、株式会社化と証券市場への上場による資金調達などを通じて、国有企業のパフォーマンスを一変させることに成功し、中国経済が 1990 年代の「民進国退」（民間企業の躍進と国有企業の退潮）から、2000 年代の「国進民退」へ転換する立役者となった。

（2）国有株の管理　　会社法以前の中国の企業法はすべて、所有制*ごと
に企業を規定していた。会社法も起草段階では、会社の公有制をいかに確保
するかという課題をめぐって議論が展開していたが、途中でWTOへの加盟
方針が決定されたことを受け、公有制の確保を課題としない方向へ転換する
ことになった。これによって会社法は、所有制による差別化を原則としない、
中国の立法史上画期的な法律となったのである。

　この点についてもう少し具体的に説明すると、会社法の制定にあたって
もっとも重要な問題は、国有株*の管理をどのように規制するかという点に
あった。ところが国有株という概念は、会社法や証券法のどこにも存在して
いない。これは株式平等の原則が採用されたことと関係しており、株主とし
ての国の権利、および国有資産の特別な保護を意図する国有株という概念は、
法律の上からは見えない仕組みになっている。

　ただしこれについては、1994年に当時の国有資産管理局が、「株式有限会
社国有株管理暫定弁法」という規則を定めて、国有企業から改組された株式
有限会社には、一定の国有株を所有するよう義務づけていた。2008年に制
定された企業国有資産法は、この弁法を法律に改めたものである。同法でも
国有株の用語は使用されていないが、代わりに国有資産として規定されてい
る。

　国有資産監督管理委員会が出資者となる企業は国有企業のほか、会社法上
の国有独資会社、国有資産支配会社、国有資産出資会社であるとされる。国
有資産支配会社と国有資産出資会社という概念は会社法には存在しないが、
ここに上述の問題が隠されている。国有資産支配会社とは、国有株比率が
30％を超える会社を指し、30％以下の国有株を有する会社が国有資産出資会
社とされる。要するに、国が出資する企業は国有資産支配会社と国有資産出
資会社とに分けられ、それぞれにこの範囲内での国有株の所有を義務づけら
れ、その流通については国の許可が必要とされている。国有資産支配会社は
国による管理がより厳しく、国有資産出資会社は多少ゆるやか、という関係
にある。

（3）株主としての国の役割　　企業国有資産法は国有資産監督管理委員会
について、「企業が法に従って自主的に経営するという原則に関与しない」
と規定しているが、一方で株主としての国の役割についても規定している。
出資者の権益に関わる重大事項、すなわち企業の合併、分割、解散、破産の

申請などについては、政府の指示にもとづいて株主総会での決定に参加するとしている。役員人事についても、国有独資会社の場合は国有資産監督管理委員会が任免し、国有資産支配会社、国有資産出資会社の場合は提案するとしている。

　国が出資する会社について、このように国有株の比率と株主としての国の権利が重視されているのは、国有企業が株式会社化したことにより、株式の流通を通じて国有資産が流出することを防ぎ、民間の資本や海外の資本に買収されることを防ぐことが必要とされているからである。しかし同時に、株主としての国の権利が過剰に保護され、会社の自主的な経営権が損なわれる場合には、株式会社化による国有企業の改革という本来の目的が果たせない、という矛盾にも直面することになる。

3　その他の企業法

　会社法以外の企業法は、基本的には所有制ごとに区分して規定されている。まず国有企業については 1988 年に、企業自主権の拡大という方向での改革を示した全人民所有制工業企業法が制定されているが、国有企業の形態を維持している企業自身の改革はその後大きな変化がないため、この法律の改正は行われていない。

　（1）**集団所有制企業法**　　集団所有制の企業を対象とするものとしては、都市集団所有制企業条例（1991 年）と農村集団所有制企業条例（1990 年）とがある。いずれも所有主体の基本は、都市では住民委員会、農村では村民委員会であるが、実態は多様である。都市では国有企業の改革により国有企業から切り離された部分の受け皿として成立したものがあり、農村では**人民公社**＊が経営していた「社隊企業」と呼ばれる農村企業を引き継いだものもある。

　農村には 1980 〜 1990 年代に大きく発展した**郷鎮企業**と呼ばれる企業がある。農村集団所有制企業は村民委員会規模の企業を前提としていたが、郷鎮企業はその発展形態ともいえ、農村から都市への展開も想定し、多様な出資形態を認めた郷鎮企業法が、1996 年に制定された。

　（2）**私営企業法**　　私有制に属する企業は原則として認められず、従業員が 8 人未満の個人経営組織のみが認められていたが、郷鎮企業とともにこれらの個人経営組織が発展し、実際には 8 人以上を雇用する企業も登場するようになった。1988 年の憲法改正によって、これら 8 人以上を雇用する企

業が**私営企業**として公認されることになり、同年に私営企業暫定条例が制定された。私営企業は、①独資会社、②組合会社、③有限責任会社の３つの形態のいずれかをとるとされた。

この規定にもとづいて後に、組合企業法と個人独資企業法が制定されている。この２つの法律が制定され、有限責任会社については会社法に規定があることなどから、私営企業暫定条例は実質的に存在意義を失っていたが、2018年に廃止された。

以上にあげた集団所有制企業および私営企業に関わる法律は、実態よりはるかに遅れて立法されている。この分野の企業は、経済改革が進展するなかで、さまざまな試行錯誤が繰り返されながら、成功事例を基礎に規範化が進められた経緯がある。したがって、現時点では上記のような法律にひとまずは集約されているものの、実際にはなお多様な企業形態が新しく誕生し、淘汰されている状況にある。

4　企業破産法

破産法は、国有企業改革が経営自主権の拡大という方針のもとに競争原理をとりいれたことの象徴として、1986年に企業破産法（試行）として制定された。同法のもとで国有企業は、はじめて破産という問題に直面することになったが、同法自身は破産よりも、破産に直面した企業の更生に重点をおいていた。

また、法律上は一定の条件を満たせば破産する内容になっていたが、実際に破産の可否は行政の裁量に委ねられており、企業自身が破産を希望しても、それだけでは破産できない仕組みになっていた。こうした破産を「**政策性破産**」と呼び、これを客観的な基準で破産の可否につき決定できるように改めたのが企業破産法（2006年）である。

同法の施行は「政策性破産」からの脱却に対応するものとされたが、実態としてはまだそのような転換が完全に実現したとはいえない状況である。主要な問題は、企業の淘汰よりも経済の安定、雇用の確保、国有経済の保護など、経済政策的な課題が優先される傾向を克服できないため、法律の運用が行政的裁量に大きく影響されている点にある。実際にも法の施行から10年くらいは、対象となった年間破産件数は2000件にも届かず、100万社近くが破産している状況とはかけ離れ、きわめて例外的にしか適用されなかった。

しかし、中国経済の発展が減速期に入った 2015 年以降は、受理件数も毎年 5 割以上と急増し、2018 年にはほぼ倍増して 2 万件近くを記録した。このような事態に対応するため全国の 100 近い法院で破産裁判廷が新設されたが、受理された破産案件の半数近くは浙江、江蘇、広東の 3 省に集中している。

圧倒的多数の企業が破産法の適用を受けることなく破産している現状に大きな変化はないが、破産手続の簡素化と迅速化を目指すため、2019 年には法改正の準備が開始されたと伝えられている。

5　証券法

（1）**証券管理体制**　　証券や株式の発行は、すでに 1980 年代前半から各地方で散発的かつ実験的に行われていた。会社法の制定が視野に入った 1990 年には上海証券取引所が、1991 年に深圳証券取引所がそれぞれ営業を開始したが、上場された企業の数は 100 社ほどにすぎなかった。現在（2019 年）は 2 つの証券取引所にあわせて 3600 社あまりが上場し、発行されている株式の時価総額も日本の証券市場を上回って、米国につぐ世界第 2 位の規模に達している。

会社法は 1993 年に制定されたが、証券法の同時制定は見送られ、証券市場は法律のないまま営業を続けるという状況におかれていた。問題の焦点は株式の流通をどこまで規制するかという点と、その管理体制を地方分権的なものとするか、中央集権的なものとするかという点にあった。しかし 1997 年のアジア金融危機の影響が中国にも及んだため、混乱の拡大を恐れた政府は立法を急ぎ、1998 年にひとまずの成立をみた。

このような背景もあったため、証券法はきわめて厳しい統制主義を採用したものとなっている。当初想定されていた分権的な管理体制は集権的な管理体制へと改められ、証券監督管理委員会のもとで証券業務は統一的に管理されることになった。

（2）**証券法のおもな内容**　　証券法はいくつかの点で、先進資本主義国の証券制度とは異なる特徴を有するものとなっている。その基本的な特徴は、証券市場の自由な発展を促すのではなく、国が統一的に市場を管理し、厳格な統制のもとにおこうとする姿勢をとっていることに由来している。この方針は証券法が株式の発行を届出制ではなく**認可**[*]制にしたこと、および信用取

引、証券先物取引、銀行資金の利用、証券会社の顧客に対する融資、国有企業による投機的取引、場外取引などを禁止したことに具体的に示されている。必要以上に証券市場が拡大して、利益のみを目的とした取引が拡大し、さらにそれらが投機行為に結びついていくような、証券市場の反公益的、反社会的な活動は厳しく制限しようとする姿勢が表明されている。

証券法は 2005 年に改正されたが、この改正では、証券市場の開放、証券業務のグローバル化に対応して、情報開示義務、インサイダー取引の禁止、コンプライアンスの強化、投資者の保護などの点について、規制の強化が行われた。ただし実態として、これらの問題点はあまり改善されておらず、とりわけ情報公開の正確性をめぐっては、しばしば問題が発生している。

（3）**上場企業の流通株比率**　　株式有限会社は証券市場に上場する場合、発行済み株式総数の 25％（発行総額が 4 億元を超える場合は 10％）を市場に提供しなければならない。この旨を規定した条文はもともと会社法におかれていたが、2005 年に会社法と証券法が改正された際、証券法に移された。同時に改正前の規定では、株式発行総額が 4 億元を超える場合は 15％とされていた比率が、10％に引き下げられた。

国有企業から改組された株式会社の現状については、国有株の比率が高すぎ、そのことが改革を阻害する要因となっているという批判がある。この批判にこたえて政府は、2000 年頃から国有株を段階的に放出する措置を実施しているが、上記の改正はそれとは反対の方向を向いているようにも受け取れる。しかし一方で、中央企業の株式会社化が停滞しているという現状もあり、上記の改正は改革に慎重なこれらの中央企業に対し、条件を引き下げることにより、改革を促す効果をねらったものと解釈すべきであろう。

Ⅲ　クローズアップ

1　中央企業の改革

国有企業は国務院（中央人民政府）が管理する**中央企業**と、地方人民政府が管理する地方企業とに分けることができる。中国経済の屋台骨を支えているのは中央企業であり、その株式会社化が会社法の中心的課題である。

中央企業は 100 社あまりの企業グループにまとまっているが、これに加わっている企業は 1 万社あまりにのぼる。国が直接出資する企業を **1 級企業**

と呼び、1級企業が出資する企業を2級企業と呼ぶ。3級以下も同様である。

　改革の現状を大まかにとらえれば、1級企業は2017年末時点ですべて会社制度に改組された。ただしその多くは国有独資会社であり、株式有限会社までは改革されておらず、実態面までみればどこまで改革されたといえるか怪しげな状況である。対照的に2級以下は有限責任会社か株式有限会社に改組されており、多くの有力な国有企業はすでに株式有限会社に改組され、証券市場に上場している。

　中央企業の一般的なグループ会社は、親会社（1級企業）であるA集団会社以下、子会社（2級企業）a1、a2、a3、……および孫会社（3級企業）などによって構成されるが、A社は企業としての実体のない組織にすぎず、実体は子会社のなかで中核に位置するa1社にあるのが基本的なパターンとなっている。会社形態ではA社は国有企業か国有独資会社、a1社は株式有限会社となっている場合が大半を占める。a1社は多くの場合、香港、ニューヨークなどの海外市場に上場しており、海外で発行する株式が国内証券市場で流通する株式より多数を占めるが、発行株式総数の7〜8割はA社が保有している。

　外形的にみると、A社は国有独資会社であったとしても、旧態依然たる国有企業さながらであるのに対し、a1社は改革の先端をいくグローバルな株式会社というようにみえるが、董事会や経理などの主要な経営陣は両社を兼任している場合が少なくない。手脚の部分は違っても、頭は1つというような関係にある。このような関係は、企業とその党委員会との関係と共通である。

　中央企業の改革は、2級企業以下のレベルで観察すれば、すでに大きく変化したと評価できるが、1級企業の改革こそ重要と考えるなら、まだほとんど改革は進んでいないという評価にならざるをえない。中国経済について、もうほとんど資本主義と違わないという意見がある一方で、まだまだ資本主義とは違っているという両極端の意見があるのは、どの部分を重視して見るか、その視点のおき方の違いによるものといえよう。

2　コーポレート・ガバナンス

　（1）企業党委員会　　国営企業は長く「党委員会の指導のもとの工場長（経理）責任制」という原則を採用してきたが、1980年代の改革はこれを「工

場長責任制」に改めようと試みた。企業経営のすべてを企業に設置された党委員会が指導したのでは、生産性の向上に障害となる可能性があると判断されたのである。しかし組織の活動は、当該組織に存在する党委員会が指導することを原則とする中国では、この改革は非常に困難であった。

会社法はその実施にあたって、「旧三会」から「新三会」への転換を合言葉に、コーポレート・ガバナンスの転換をはかろうとした。「旧三会」とは党委員会、従業員代表大会、［工会］（労働組合）の3つの会を意味し、「新三会」とは株主総会、董事会、監事会を意味した。要するに、党委員会を中心とする国有企業的経営体制からの転換を目指したのである。

しかし、1997年に中国共産党（以下「党」という）は次のような内容の通知を出し、国有企業は会社に改組された後も、党委員会の指導を受けることを確認した。

> 工場長［経理］、董事会は重大問題を決定する前に、党委員会の意見を聞いて、これを尊重しなければならず、重大な決定の実施状況については、党委員会に報告しなければならない。（「国有企業における中国共産党の建設活動をいっそう強化し改善するについての通知」）

会社法は、「会社における中国共産党基層組織（＝企業党委員会）の活動は、中国共産党規約に従う」と規定していたが、2005年の改正ではこれに続けて、「会社は党活動に必要な条件を提供しなければならない」と付け加えた。

党による集中的統一指導体制が方針となった後の2018年に国務院（中央人民政府）が出した、「国有資本の投資、運営会社の改革実験を推進するについての実施意見」は、企業党委員会に法律上の明確な地位を与えるよう要求し、あわせて党委員会書記が原則として董事長を兼任するよう求めている。

（2）**董事会の役割**　　1980年代の国有企業改革が、経営自主権の拡大という改革にチャレンジしながら、成功しなかった最大の要因は、行政的に管理する国と企業党委員会から国有企業が自立できなかったためである。「新三会」体制への移行は、株式制の導入によって、挫折した改革を実現しようとしたのであるが、そのためには董事会が国や党から独立した存在になることが必要であった。

しかし3に後述するような実態があって、この改革は株式制の導入だけでたやすく実現できるものではなかった。そこで2005年の会社法改正では、

独立董事制度の導入が必要であるとの意見が強まり、条文に規定することまでは合意されたが、これを義務とするかについては意見が分かれた。「独立董事」は米国で採用されている「独立取締役 = independent director」に相当する概念で、「社外取締役 = outside director」とは異なり、当該企業からの独立性が必要とされている。

当初の草案は上場企業に限ってではあるが、「独立董事をおくことができる」としていたのに対し、義務化を主張する反対意見が多く、その修正がはかられたものの、結局義務化までは至らず、単に「独立董事をおく」という原則を示しただけの、あいまいな内容で決着した。

3 骨抜きにされる会社法

（1）**会社定款の変更** 前述のように中国は、改革・開放政策のもとで国有企業の自立的な経営体制を確立する方向での改革を進めてきたが、会社法でもその目標を実現できたわけではなかった。ただし改革の方向性としては堅持されているとみなされてきたが、党による集中的統一指導体制の構築を目指す習近平政権は実質的にこれを否定し、非国有企業を含むすべての企業に対する党による指導の強化へと乗り出した。そのもっともわかりやすい政策の1つが、会社定款の変更問題である。

2016年に開催された全国国有企業党建設活動会議の方針決定を受けて、2017年に党の中央組織部と国務院（中央人民政府）の国有資産監督管理委員会党委員会は合同で、「企業党組織建設活動の要求を会社定款に明記することを強力に推進するについての通知」を出し、会社定款に企業党組織の指導的地位と役割を明記するように求めた。前述2で説明したとおり、これは明らかに会社法制定の趣旨に反する政策である。

しかもこの定款変更は、中央1級企業という中国経済の中核に位置する国有企業から始められており、まさにそれ自身が党による指導のもとでの改革を体現している。党が指導する企業とは、たとえ株式会社の体裁を備えていたとしても、自立的な企業ではありえず、実質は国営企業と同じといわざるをえない。それは会社法が構想した企業の姿とはまったく異なるものでしかない。

さらに定款変更の影響は中国国内だけでなく、国外にも及んでいる。変更の指示は国外の証券市場に多数上場されている中央2級・3級企業にも例外

なく適用されているため、2018年以降これらの企業で順次変更手続が進められている。その結果、党による指導を定款に明記した企業が、資本主義国の証券市場に上場するという異常事態となっている。

（2）**民営企業への圧力**　習近平政権は企業改革の手法として、私有制を含む混合所有制の普及を推奨しているが、一方では「国進民退」の方向性を強めているとの見方も根強く存在する。しかも党による集中的統一指導の原則が非国有企業にも及んでいるため、大企業に成長した一部の民営企業は遠からず国有化される可能性があるのではないかという懸念が、国内の産業界では広まっている。混合所有制についても、国の資本を投入することで支配下に収めようとしているだけ、との冷めた見方もある。

　民営企業に対する圧力は、2000年以降の［打黒闘争］（➡第10章第1節Ⅴ2(2)）のなかで現実化しており、多くの成功した民営企業とその経営者が、［黒社会］組織の刻印を押されて企業と財産を没収されている。しかしそれらは基本的に経済政策としてではなく、党や国家の腐敗幹部を巻き込んだ利権闘争とみなされてきた。習近平政権のもとでもそうした利権闘争が終息したわけではないが、経済政策としての「国進民退」の方向性が強化されたことにより、国有企業と肩を並べるような民営企業に対しては、党による指導的な圧力が高まり、最悪の場合には国有化もありうるとの憂慮が公然と指摘されるようになっている。

　そうした憂慮の根拠とされているのは、2018年に実施された国による民営上場企業株の大量買取、会社法改正における自社株買いの規制緩和、阿里巴巴会長の突然の引退表明などである。

第2節　外資系企業法

Ⅰ　概説——歴史と背景

1　適用法令の「ねじれ」現象

　外資系企業に関する法制は、まず後述する**三資企業**と呼ばれる外資系企業の3形態についての法律が制定され、ついで一般法となる会社法が制定され、その会社法がさらに理論の深化と実務の発達によりその後大幅に改正されたという経緯をたどっている。

本来法律の優劣を論じるときには、「特別法が一般法に優先する」といわれるから、それにもとづけば、特別法であるべき三資企業に関する各法が一般法である会社法に優先的に適用されるべきである。しかし、法律の優劣については、「後法（時間的に後から制定された法律）が先法に優先する」ともいわれているので、この原則に従うと、後法である会社法が、むしろ先法である三資企業に関する各法に優先すべきこととなる。この「ねじれ」の現象が、外資系企業に関する法についての体系的な理解の妨げになっていたことは否定できない。

　本節では、まず次の2と3で、この「ねじれ」現象が発生した歴史的背景とその経緯、解消までの流れを確認したうえで、その後項を改めてⅡ以下で、外資系企業に特有の問題を概観することとする。

2　外資導入政策と会社法制

　中国は、改革・開放からめざましい経済発展を遂げ、GDPで世界第2位の規模にまでなった。この成長の原動力の1つが外資導入政策であった。[二免三減]（外資系企業のみ、2年間法人税（企業所得税）を免除し、その後3年間法人税を半額とする政策）を柱とするさまざまな優遇税制を敷き、外国資本を積極的に導入するとともに、科学技術を海外から導入した。

　それにともない、急速な法整備の必要に迫られた。中国法の整備は、外資導入とそれに関連する法律関係の規律を中心課題として進められた部分が少なくない。外資の急激な参入により日々生じる問題に対処するために、外資に特有の問題をまとめたいわば特別法をまず制定し、各種の問題を経験して、一般法に相当する法律を制定するというアプローチがしばしばとられた。

　[三資企業]と呼ばれる外資系企業の3形態、すなわち、**合資経営企業**、**合作経営企業**および**外資企業**という外資を含む企業を規律する法律として、それぞれ中外合資経営企業法（1979年）、中外合作経営企業法（1988年）および外資企業法（1986年）が制定されたが、一般法としての会社法が制定されたのは、1993年のことである。しかも、会社法が制定される前に、外資3法にもとづいて設立された外資系企業がおびただしい数に及んだため、それらの外資系企業に対して、新しい会社法に適応するための変化を要求することもできず、上記3法のすべてが有効な法律として併存することになった。会社法は2005年に大改正されるが、そのときも上記の外資3法との統一化

はなされなかった。

3　外商投資法の制定

　その一連の問題に終止符を打ったのが外商投資法である。同法制定のきっかけは、2006 年から開始された米中戦略経済対話と 2008 年から開始された米中投資協定の交渉とされる。中国は、これらの交渉過程において米国から対中投資等に関する自由化を強く求められ、その結果 2011 年から制定が検討されたといわれる。もっとも、その後検討は必ずしも順調には進まなかった。2015 年には「外国投資法」（意見募集稿）として草案が公表されたが、各部門の意見がまとまらず、制定に至ることはなかった。期せずしてこの状況を打破するきっかけとなったのが、2018 年からのいわゆる米中貿易摩擦であった。そこでの交渉のなかで、行政権力による直接的、間接的な強制技術移転の禁止などの問題をかわす必要から、急きょ内容を大幅に簡素化する形で 2019 年 3 月 15 日に可決、公布されたのが外商投資法である。外商投資法は、2020 年 1 月 1 日に施行される。

　なお、同法には、5 年の経過措置が設けられており、当面は外商投資法制定前の不統一状態が混在することとなる。そこで本節では、現行法制と外商投資法施行後の双方を概観することとする。

II　おもな法律等

1　外資系企業に適用される会社法の体系

　（1）外資系企業の類型　　まず、現行法上の外資系企業の類型を、それぞれの特別法に該当する法令とともに整理しておく。

　　(a) 中外合資経営企業　　主として中国企業と外国企業の共同出資による有限責任会社形態の企業である（外国側出資者は個人も可）。出資比率に応じて自益権（その中核は議決権）、共益権（その中核は配当請求権と残余財産分配請求権）をもつ。設立根拠法は、中外合資経営企業法であり、同法は 1979 年に制定され、その後 1990 年、2001 年および 2016 年に改正されている。また、その細則として、中外合資経営企業法実施条例（1983 年制定、1986 年、1987 年、2001 年、2014 年および 2019 年改正）がある。

　　(b) 中外合作経営企業　　主として中国企業と外国企業（個人を含む）の

共同出資企業である点は中外合資経営企業と同様である。しかし、法人形態と非法人形態がありうる。前者は会社法による変容を受けるが後者は基本的には受けない。中外合資経営企業と決定的に異なるのは、出資比率という概念を重視せず、合意により形成される合作条件にもとづいて柔軟に自益権や共益権の内容を決定することができるという点である。たとえば、一方の出資者の投資回収を他方に先行して行わせ、最終的には合作会社を他方当事者に帰属させる、というアレンジなどがありうるとされる。設立根拠法は、中外合作経営企業法であり、同法は1988年に制定され、その後2000年、2016年（2回）および2017年に改正されている。また、その細則として、中外合作経営企業法実施細則（1995年制定、2014年および2017年（2回）改正）がある。

　外資導入政策の初期段階においては比較的多く用いられた形態であるが、近年はほとんど利用されなくなっている。

　（c）外資企業　外国資本100%の企業をいう。一社の単独出資の場合（外資独資）と複数社の共同出資の場合（外資合弁）がありうる。いずれにしても、すべて営利法人、すなわち**会社**[*]形態をとる。設立根拠法は、外資企業法であり、同法は1986年に制定され、その後2000年および2016年に改正されている。また、その細則として、外資企業法実施細則（1990年制定、2001年および2014年改正）がある。

　外資導入の初期段階には、外国企業に対する警戒感や技術移転促進の必要性から、中外合弁や中外合作の形態による進出が原則とされ、外資企業としての進出が認められる業種は限定的であったが、近年きわめて多用されている。

　（d）外資系株式会社　中外合資経営企業、中外合作経営企業および外資企業は、前述のとおり包括して「三資企業」とも呼ばれ、外資進出の基本形態とされるが、**外資系株式会社**はいわばこれらの応用といえる。いうまでもなく出資者の持分を均一に細分化された割合的単位としての株式にしたものである。設立根拠法令は「外資系株式会社設立に係る若干の問題に関する暫定規定」（1995年制定、2015年改正）である。同法によれば、外国出資者と中国出資者の共同による設立が前提となっており、外資100%による設立は予定されていない。外資は25%を下回ってはならない旨規定されているが、これは古い法令の一般的記載で、25%未満の形態が一切許されない趣旨とは解されていない。

(e) 外資系パートナーシップ　　外資系パートナーシップが正面から制度として認められるようになったのは、比較的最近のことである。企業体ではあるが法人格はもたない。無限責任のジェネラルパートナー（GP）のみからなるジェネラルパートナーシップ企業と、GPとリミテッドパートナー（LP）からなるリミテッドパートナーシップ企業がある。パートナーシップ企業の

図表9　外資系企業の組織形態ごとの機関構造

	会社法上の有限責任会社	中外合資経営企業	中外合作経営企業		外資企業	
			法人型	非法人型	独資	合弁
株主会	必ず設置（ただし、一人責任有限会社の場合は設置できない）	設置できない	設置できない		設置できない	必ず設置
董事会	必ず設置（ただし、株主少数または比較的小規模の場合不要）	必ず設置（最高意思決定機関）	必ず設置（最高意思決定機関）	設置できない（董事会に代えて連合管理委員会を設置）	設置できる（設置しなくてもよい）	
法定代表人	董事長（ただし、株主少数または比較的小規模の場合は董事1人を選任し執行董事とする）または総経理	董事長	董事長	連合管理委員会主任	董事長（ただし、董事会を設置しない場合は董事1人を選任して執行董事とする）または総経理	
監事会（監事）	必ず設置（ただし、株主少数または比較的小規模の場合は、会議体とせず監事1人を選任するだけでもよい）	必ず設置（ただし、株主少数または比較的小規模の場合は、会議体とせず監事1人を選任するだけでもよい）	必ず設置（ただし、株主少数または比較的小規模の場合は、会議体とせず監事1人を選任するだけでもよい）		必ず設置（ただし、会議体とせず監事1人を選任するだけでもよい）	必ず設置（ただし、株主少数または比較的小規模の場合は、会議体とせず監事1人を選任するだけでもよい）
総経理	設置できる	必ず設置	必ず設置		設置できる	

一般法であるパートナーシップ企業法が2006年に大改正されたのを受け、外資系パートナーシップ企業にかかる特別法である「外国の企業又は個人による中国国内におけるパートナーシップ企業設立規則」が2009年に、「外国投資パートナーシップ企業登記管理規定」が2010年にそれぞれ制定され、法整備が進んだ。この形態は、実務的には、いわゆるプライベート・エクイティ・ファンド（主として未公開会社（または事業）に対して投資を行うファンド）の組成や管理に用いられることが多い。

　以上に対して、2020年1月より施行される外商投資法によれば、前述の三資企業（➡前述 (a)〜(c)）は、それらの設立根拠法がすべて廃止され、会社法により統一的に規律されることとなる（会社法の適用は法人であることをその前提とするから、非法人の中外合作経営企業はその設立基盤を失うこととなると思われる。外商投資法の定める5年の経過措置の後どのようになるかは現段階では明確でない）。また外資系株式会社（➡前述 (d)）についても前記の中外合弁のみとする規制がなくなり、会社法などの内資企業と同一の規律に従って設立が許容されることとなる（ただし、2で後述するネガティブリスト規制などを通じて、一定の制限が課される可能性はある）。外資系パートナーシップ（➡前述 (e)）については、明確な規定はないものの、基本的には内資企業に適用されるパートナーシップ企業法等にもとづき規律されることとなるものと思われる。

　（2）企業形態ごとのガバナンス――一般法たる会社法との融合　　(a) 法の優劣に関する「ねじれ現象」とその解消　　以下において、代表的な外資系企業である三資企業と会社法上の有限責任会社の機関構造について概観しておこう。外商投資法の施行後は、すべて会社法上の有限責任会社の規定に従うこととなる（ただし、法人格を有しない中外合作経営企業を除く）。

　(b) 各機関の権限と位置づけに関する若干の補足　　以上のように、現行法下では、会社の形態によって、機関の構造がまちまちなのが現状である。主要な点について、外商投資法施行による変更点を含め、以下補足しておきたい。

　　（i）**株主会**　　中外合資経営企業および中外合作経営企業では、それぞれの設立根拠法に、董事会や連合管理委員会を最高意思決定機関とする旨の明文規定があり、この上に株主会を設置することはそれと矛盾するため、株主会を設置できないと解釈されている。外商投資法施行後は、外資企業と同様、会社法の直接の適用を受け、設置しなければならないこととなる。

（ⅱ）法定代表人　　中外合資経営企業や中外合作経営企業では、それぞれの設立根拠法により、董事長が**法定代表人**[*]である旨が明確に規定されている。そして、総経理は、会社の日常経営管理業務を行うのみであって、法定代表人ではないと整理されている。そこで、外資系企業の間では、これが原則的形態であるとの理解もある。しかし、会社法の一般原則によれば、会社の代表人は、「会社定款の規定に従い、董事長、執行董事または会社の経理（総経理）」が行うことになっている。すなわち、総経理が会社の法定代表人であることもありうるのである。したがって、外資企業においては、現にそのように定めることが可能であるし、外商投資法施行後は、中外合資経営企業や法人格を有する中外合作経営企業においても、そのように定めることが可能となる。

2　外資参入規制に関する法令

（1）**総認可制からネガティブリスト制（原則届出制）へ**　　国家経済の発展段階において、自国産業の健全な発展を促し適切な経済成長をとげるため、一定程度外資による直接投資を規制する必要がある、と考える国は多い。日本も戦後間もない時期はそうであった。中国の外資参入規制においてもっとも特徴的なのは、長期にわたり、外国からのすべての直接投資が**認可**[*]制になっていた点であろう。投資金額の多寡、投資先企業の業種、中国国内資本との比率のいかんにかかわらず、すべての直接投資案件が商務部門による認可の対象となっていたのである。のみならず、株式などの持分権の譲渡を含む持分権者（株主）の変更や増減資、解散・清算、定款の変更といった事項についても認可が必要とされていた。

　この30年以上にわたって続けられてきた総認可制に終止符を打ったのが外商投資参入特別管理措置と呼ばれる制度である。この制度は一般に**ネガティブリスト制**と呼ばれる。すなわち、ネガティブリストに掲載されていない業種については、商務部門の認可を必要とせず、届出をもって足りることとされたのである。建てつけとしては、届出制を原則とするものであり、大きな転換といえる。

　ネガティブリスト制は、まず、2013年に上海自由貿易試験区（従来、外高橋保税区といわれた保税地域を中心とする地区）で試験的に始められた。その後、2016年に、前述のいわゆる三資企業等に関する法令のうち商務部門の認可

を必須とする条項の改正が行われ、商務部により「外商投資企業設立及び変更届出管理暫定弁法」が公布されたことにより、全面的に施行されることとなった。また、2016年の施行当初は、外国投資者による国内企業の合併・買収にかかる外商投資企業の設立および変更はネガティブリスト制の対象外とされていたが、これも2017年には前述の届出弁法が改正され、ネガティブリスト制の対象とされた。

　総認可制からネガティブリスト制への変更は、単に行政手続の簡素化、迅速化という点のみならず、実体的な問題へも影響を及ぼす。すなわち、認可制のもとでは、会社の設立、変更、持分の譲渡などはすべて認可をもって効力が生じるのが原則である。これに対して、届出は、少なくとも理論的には事後行為であり、効力発生要件とはならない。したがって、ネガティブリスト制により、ネガティブリストに掲載されない業種、すなわち届出制が適用される業種については、その行為の効力はある程度当事者の合意により決めることが可能となる。このことは、とくに持分譲渡などのいわゆる買収行為における持分譲渡契約等の買収契約において、比較的自由度をもってその効力発生の時期ないし条件を定めることを可能とする。

　ただし、以上のネガティブリスト制については、なお若干留意すべき点がある。

　まず、ネガティブリスト制の当然の帰結として、ネガティブリストに記載されている業種（外資の参入を禁止するものとして記載されている業種を除く）については、ネガティブリストに記載された条件にもとづき、商務部門の認可の対象となる、という点である。このような業種については、会社の設立、変更、持分の譲渡などはすべて商務部門の認可が発効要件となる。

　つぎに、現状では、ネガティブリスト以外にも法令等に実質的な外資規制と理解できる規定が残っているという点である。食品衛生、IT、旅行業などを例にあげるまでもなく、外資・内資にかかわらず別途関係部門の許認可を必要とする業種があるが、それらの業種の規制のなかに、外資に向けられた規制が残っていたり、実務上外資にその許可が与えられずまたは制限的にしか与えられない扱いになっていたりするものがある。この点については、前述の外商投資法にこれを認めないことを示唆する規定があるが、実際どのようになるかは、同法施行前後の動向を見極める必要がある。

　さらに、ネガティブリスト制にもとづき、届出制とされる業種についても、

実務的に届出の受理を拒むなどの方法により、事実上の外資規制がなされている例が散見される。根強い**地方保護主義**[*]の問題というべきものが多い。

　(2)　**産業指導目録からネガティブリストへ**　　中国では従来、外国資本の導入をスムーズに進めるため、「外国投資の方向を指導する規定」と、その付属の「**産業指導目録**」が存在していた。産業指導目録は、1995年にはじめて制定され、その後数次にわたり改定されてきた。

　この産業指導目録では、産業を、積極的に外資誘致を進めるべき分類（奨励類）、外資誘致を制限すべき分類（制限類）、外資誘致を禁止すべき分類（禁止類）、外資誘致を奨励も制限もしない分類（許容類）の4種類に分け、前3者をリストアップしていた。

　その後、産業指導目録は、前記の総認可制からネガティブリスト制への変更にともない、ネガティブリストへと変容することとなった。すなわち、2016年のネガティブリスト制導入当初は、届出制の対象とならないものとして、産業指導目録上の制限類および禁止類のすべて、ならびに奨励類において出資持分についての制限や高級管理職者について特別の要件が付加されているものがあげられ、産業指導目録がいわばネガティブリストとして代用されることとなったのである。ついで、2017年に産業指導目録が改定され、奨励類がすべて出資持分や高級管理職者に関する制限のないものとなり、禁止類と制限類に相当する部分の冒頭に「外商投資参入特別管理措置（外商投資参入ネガティブリスト）」というタイトルと内容に関する説明が付され、2018年には、この部分が「外商投資参入特別管理措置（ネガティブリスト）」という独立の文書として制定されることとなった。そして、2019年6月30日に、ネガティブリストがさらに改定されるのと同時に、産業指導目録内に残されていた奨励類のリストが、「外商投資産業奨励目録」（「奨励目録」）という独立した文書として公布されるに至り、約四半世紀にわたって使用されてきた産業指導目録が全体として廃止されることが決まった（同年12月1日施行）。ネガティブリストについては、その改定のつど、リストに掲載される業種は縮小されており、規制の緩和が進んでいることがわかる。

　なお、上記のネガティブリストおよび奨励目録は中国全土に適用される一般法的性格を有する。かかるネガティブリストのほか、各地の自由貿易試験区にのみ適用されるネガティブリストも制定されている。また、上海市（上海市は、上海市全体ではなく、中国（上海）自由貿易試験区のみに提供するネガティ

ブリストを制定している）、西安市などでは地方法規として独自のネガティブ
リストが制定されている。これらのネガティブリストは、地域の特性や発展
規画にあわせて作成されており、中国全土に適用されるリストより一般的に
開放的な内容となっている。

Ⅲ　クローズアップ

1　M&Aに関する諸規制

（1）グリーンフィールド投資とM&A　　日本企業のような中国からみた「外
資」が中国市場に参入する方法として、まず思い浮かぶのは、（合弁であれ、
単独出資であれ）自身で会社を設立する方法である。このような投資形態を、
M&Aとの対比において「グリーンフィールド投資」という。これが基本形
態であることはいうまでもない。しかしこれでは、敷地の確保、従業員の募
集・訓練、販路・顧客の開拓などを、すべて一から行わなければならない。

　しかし中国には、相応の規模と陣容を備え、全国に販売ネットワークを有
する会社がいくつも存在する。このような企業を自社に取り込むことができ
れば、投資後短期間で量産・販売が可能となる。M&Aがしばしば「時間を
買う取引」といわれるのはこのためである。なお、中国において外資参入に
あたり合併の手法が用いられることは少ないので、以下、買収を中心に概説
する。

（2）外資による中国企業買収の法規制の概要　　現行の基本法令は、2006
年制定の「外国投資者による国内企業買収規定」である。

　（a）取引の方法　　持分買収と資産買収の2種がある。持分買収とは、
買収者が対象会社の出資持分を取得することにより買収を行う方法であり、
出資持分の譲渡を受ける方法と増資を引き受ける方法があるとされる。また、
資産買収とは、個々の資産をある程度まとめて取得することにより買収を行
う方法であり、はじめにいわゆる「箱」となる会社を中国国内に設立し、そ
の会社が対象会社の資産をある程度まとめて購入する方法と、外国会社自身
が対象会社の資産を購入し、その資産をもって現地に新たな法人を設立する
方法があるとされる。そして、持分買収の場合には、原則として、対象会社
の隠れた債務を含むすべての債権債務関係を実質的に引き継ぐこととなり、
資産買収の場合には、契約関係を含む債権債務関係は基本的には引き継がれ

ないこととなっている。いずれの手法も、他国の制度との比較において、とくに大きく異なるところはない。

(b) 外資による対中投資の基本原則遵守　外資による中国企業のM&Aも外国からの直接投資の一類型であり、一般的な外資による直接投資規制に従う必要がある。すなわち、前述のネガティブリストに記載のない業種については、商務部門に対する届出を行えばよいが、ネガティブリストに投資を禁止するものとして記載されている業種については買収できないし、投資を制限するものとして記載されている業種については、記載の条件に従い商務部門の認可を得る必要がある。中国の外資規制の原則に鑑みれば当然のことであるが、「時間を買う」取引であるM&Aにおいてかかる認可が必要な業種が残っていることは、その魅力を失わせる原因ともなりうる。

(c) 値決めに関する規制——中国の評価機関による評価の強制　買収対象会社がいわゆる民間会社（非国有企業）であっても、外資による買収が行われる場合には、中国国内の資格ある評価会社による評価を経なければならず、それを買収対価の決定根拠としなければならない、とされている。基本的には、この評価のプロセスを経ていないと、商務部門の認可が必要とされる業種の場合、その認可が得られない可能性がある。むろん、一般論として買収を行う場合に、値決めにあたり、このような規定がなくとも自発的に評価会社の評価を参考とすることは多いと思われるが、これを非公開の未公開会社を対象会社とする場合で当事者間の交渉により価格を決めうるケースについてまで強制し、「評価結果より明らかに低い価格で持分を譲渡もしくは資産を売却する」ことを禁止しているのは、いささか父権主義的であるといわざるをえない。もっとも、届出で足りる業務の場合、この点は、税務に関していわゆる低廉譲渡の問題が生じることを除けば、あまり問題とされることはなく、実務的には相当程度形骸化しているといえる。

(d) 決済方法等の制限　さらに、買収対価の支払についても規制が存在する。すなわち、買収対象会社である国内企業を買収し、外資系企業としての営業許可証を新たに取得してから原則として3か月以内にすべての対価を支払わなければならないとされている。これより遅らせることができるのは、「特殊な状況」があるとして、商務部門の特別の認可を得た場合のみであり、しかもその場合でも、6か月以内にはすべての対価の60%以上を支払い、1年以内には対価の全額を支払わなければならないとされている。

なお、一定の要件のもと、会社の持分を支払う手段とすることも認められている。

2 国有資産保護に関する法体系

（1）**国家制度における位置づけと体系**　　**国有資産の保護**は、中国の政策上きわめて重要な地位を占めている。したがって、国有資産の処分については厳格な手続が定められている。後に述べるとおり、いささか前近代的で、現代社会において必要とされる取引の迅速化の要請や秘密保持の要請に大いに反する手続も存在するが、国有資産保護（国有資産の廉価流出防止）の要請は、それらの要請をはるかに超える最重要課題と位置づけられている。

中国企業のM&Aとの関係で重要なのは、国有企業の買収手続であろう。国有企業というのは、きわめて多義的な概念であるが、買収手続との関係で特別扱いされるのはいわゆる広義の国有企業、すなわち、国の資本が含まれている企業［国有参股企業］である。このような企業の持分や資産を譲り受ける場合に必要とされる特殊な制度として、下記の国有資産評価制度（（2））と公開取引制度（（3））をあげることができる。

（2）**国有資産評価制度**　　国有資産評価制度とは、国有資産評価機関としての資格を有する評価会社に買収対象たる国有資産を評価させる制度である。国有資産を評価する専門資格を有する評価会社に国有資産を評価させ、それを買収取引の対価の基準とさせることにより、価格に客観性をもたせ、国有資産の廉価による流出を防止しようとの趣旨にもとづく。実際、買収価格は、この評価額を10%以上下回ってはならないことになっている。

（3）**公開取引制度**　　さらに国有資産を譲渡する場合には、財産権取引所等において公開する必要がある。すなわち、当該国有資産の譲渡を行う旨を公開し、競売または入札により広く買い手を募ることが必要とされる。国有資産評価機関による評価を経るだけではなく、情報を公開し、より高く譲り受けるものがいないことを確認することにより、廉価流出を防ごうとの趣旨にもとづく。公開取引手続においては、具体的には、省級以上の機関が発行する経済または金融関連の新聞紙上および財産取引所のウェブサイトなどに、(a)譲渡対象の基本状況、(b)譲渡対象企業の財産権構成状況、(c)財産権譲渡行為の内部方針決定および認可の状況、(d)譲渡対象企業の直近の会計監査を経た主要財務指標データ、(e)譲渡対象企業の資産評価の審査確認または届

出の状況、(f)譲受人が備えるべき基本条件などを原則として20営業日公開し、買い手を募ることになる。

第3節　競争法

Ⅰ　概説——歴史と背景

　一般に競争法とは、市場における公正で自由な競争の実現を目指す法体系といわれる。いわゆる資本主義国家においては、公正かつ自由な競争を行う基盤となる市場を確保することが不可欠であり、そのために競争制限行為や競争制限状態を国家権力によって一定程度規制する必要があることはいまや論をまたない。中国は、**社会主義**国家に分類されるが、いわゆる社会主義市場経済の発展を標榜しており、その限りにおいて、市場における公正な競争の確保を必要とする。

　中国の競争法の中核をなす法令は独占禁止法であるが、その他、不正当競争防止法なども競争法の範疇に属すると一般的に理解されている。中国では1993年に不正当競争防止法が制定されていたが、独占禁止法が制定をみたのはその14年後の2007年になってからであった（詳しい経緯は後述）。本節ではまず、Ⅱでこれらの法令の内容を概観し、最後にⅢで中国特有の問題について、初学者に必要な範囲で言及する。

Ⅱ　おもな法律

1　独占禁止法

　（1）成立　　社会主義市場経済の導入後、独占禁止法の制定が立法計画にはじめて挙げられたのは1998年とされるが、その後その制定の必要性が強く議論されるようになったのは2000年代に入ってからであるとされ、実際に制定をみたのは2007年8月30日、施行されたのは2008年8月1日である。制定直前の数年は、米国、欧州、日本などが多くの立法支援活動を行い、いずれの国の法制に近づけられるか注目された。結論としては、実体規定につき、おおむね欧州競争法のスタイルを継受した形となっている。

　（2）監督、調査、執行機関　　**(a) 旧体制**　　実体法規定として欧州競争

法の体系を取り入れることが決まった後も、法執行機関をどうすべきかという点が最後まで決まらず、法令制定時には、「独占禁止委員会」という新たな機関を設置するところまでは成文化できたが、その権能に法執行まで含ませることはできず、法執行権限を担う機関については、国務院（中央人民政府）がおって定めることとされた。

その後、施行までの間も議論が続けられたが、結論として、執行機関を一機関にまとめることはできず、国家発展改革委員会（NDRC）、国家工商行政管理総局（SAIC）および商務部（MOFCOM）の３つの既存の機関が担当して法執行を行うこととされた。

(b) 新体制（2018年以降）　しかし、徐々に問題が表面化した。すなわち、(i) SAIC と NDRC でその権限の区別は実務的にむずかしく、とりわけ、リニエンシー制度（制裁減免制度➡後述(3)(a)(ii)）における申立受理機関をどちらとするかが明確にできない、(ii) それぞれの機関が独自に細則、ガイドラインを制定した結果、リニエンシー制度における適用対象や減免基準、知的財産権の濫用に関する規則やガイドラインにおけるセーフハーバー基準などについて相違が生じた、といった問題が顕在化したのである。

そこで、そのような状況を打破すべく、2018年３月に、(i) SAIC が廃止され、新たに設置された「**国家市場監督管理総局**」（SAMR）に業務が引き継がれ、(ii) MOFCOM の独占禁止局が行ってきた事業者結合規制や NDRC の価格監督・独占禁止局が行ってきた価格に関する独占的協定、市場支配的地位濫用規制等に関する権限や業務も SAMR に引き継がれることとなり、ようやく１つの独占禁止法の執行機関が誕生することとなった。現在、規則やガイドライン等の統一化などが進められ、上記の弊害が除去ないし軽減されつつある。

図表10　独占禁止法執行機関の統合

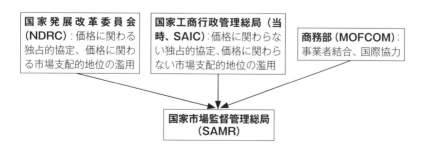

ただし、SAMRは、もともと国家工商行政管理総局、国家品質監督検査権益総局（輸出入権益を除く）および国家食品薬品監督管理総局を統合してできた機関であり、統合された独占禁止法の執行権限はSAMRの権限の一部にすぎない。SAMRは、いわば行政取締権力を一定の範囲で集中させたものといえる。したがって、日本の独立行政法人たる公正取引委員会とはまったく性格の異なる一行政機関にすぎない。

　(3) 規制行為　　前述のとおり、規制行為は欧州競争法にならって整理されている。すなわち、(a)独占的協定、(b)市場支配的地位の濫用、(c)事業者結合の3類型が基本となる。これに、やや原理の異なる(d)行政独占が加わる。

　(a) 独占的協定　　(i) 意義　　**独占的協定**は、「競争を排除しまたは制限する協定、決定またはその他の協調行為をいう」と定義される。独占的協定は、さらに水平的協定と垂直的協定に分けられる。水平的協定とは、「競争関係にある事業者の間でなされる」独占的協定をいう。いわゆる価格カルテルや数量制限、市場分割などがその典型例である。これに対し、垂直的協定とは、「事業者と取引先の間でなされる」独占的協定をいう。いわゆる再販売価格を維持する合意などがこれに該当する。

　　　(ii) 制裁、制裁減免制度（いわゆるリニエンシー）、承諾による調査停止　　多くの国（地域）では、独占的協定につき、高額の課徴金や幹部の拘禁刑といった厳罰とその極端な減免制度が存在する。近時競争法の取締り事例が世界的に増えてきた理由はまさにこの2点に求められる。中国の独占禁止法にも、欧州の競争法を参考に高額の制裁金とその減免制度が設けられている。

　制裁には、刑事罰もありうるものの、制裁金という行政罰を中心に構成されていて、制裁金の上限は、「前年度の売上額の1％以上10％以下」とされている。この制裁金の上限を画する売上額は、欧州競争法の実務などと同様、グループ企業の全世界収入を基準とすると解されており、高額化する可能性をもっている。

　このような制裁に対して、いわゆるリニエンシー制度が存在する。すなわち、事業者が独占禁止法執行機関に対して、自己の行った独占的協定に関する事情を自主的に報告し、かつ、重要な証拠を提供した場合、執行機関は情状を斟酌して、当該事業者への制裁を軽減し、または免除することができるとされている。「することができる」と規定されているが、実際には、適切

なリニエンシーの申立てがなされた場合には、ほとんど減免が認められている。たとえば、2015年12月に処罰決定が行われた自動車専用船の運賃に関する価格カルテル事件では、リニエンシーを申請した日系企業の制裁金が全額免除された事例がある（一方、50億円を超える課徴金が課された企業も出た）。

(b) **市場支配的地位の濫用**　(i)　意義　独占禁止法17条は、市場支配的地位を有する事業者がその**市場支配的地位の濫用**行為を行うこと禁止している。これも、欧州競争法の体系にそったものであり、日本の独占禁止法上のいわゆる優越的地位の濫用と異なり、客観的な関連市場における地位を基準とする概念である。該当性については、最終的には実質的に判断されることになるが、マーケットシェアを基準とする目安が示されている。すなわち、1社で関連市場における2分の1に達している場合、上位2社で3分の2に達している場合、上位3社で4分の3に達している場合には、市場支配的地位を有するものと推定されることとなっている。

以上を前提に、正当な理由のない、①不公正に高価格（低価格）での販売（購入）、②原価割れ販売、③取引拒絶、④取引業者の制限、⑤抱き合わせ販売等不合理な取引条件の付加、⑥差別的待遇等を禁止行為として列挙している。

(ii)　制裁・承諾による調査中止　市場支配的地位の濫用に対する制裁も、制裁金を中心に運用されている。独占的協定の規制と同様、前年度の売上額の1％以上10％以下の制裁金、とされている。

独占的協定と同様に制裁金が高額化しうる市場支配的地位の濫用事例において、多くのケースでは、承諾による調査中止という手続がとられている。これも欧州競争法上の確約手続にならった制度である。すなわち、将来に向かって競争回復措置を講じることと引き換えに調査の中止を求める手続である。おおむね調査事件の3分の1がこの制度により終了しているとされる。

ちなみに、市場支配的地位の濫用事例として世界的に有名なクアルコム事件（2015年2月）において、同社に対して中国当局が課した制裁金は1000億円を超える金額となった。

(c) **事業者結合（企業結合規制）**　(i)　意義　**事業者結合**は、いわゆるM&A、買収や合併などをさす。規制の方法も、各国の事業者結合と同様、一定の基準を満たす取引を事前審査の対象とし、届出を義務づけている。届出基準は、日本のように取引の類型ごとに基準を設けるのではなく、結合に

参加する事業者の中国国内の売上高や全世界の売上高を基準に単純に定められている。中国は基準となる金額が国際的に低いとはいえないものの、例外規定がほとんどないため、結論としては、届出が必要となりやすい国といわれる。

　　(ii)　届出手続　　届出基準に該当する場合には、届出が必要となる。届出の正式受理後まず30日以内に一次審査が行われる。さらなる審査が必要な場合にはその旨の決定を行い、その決定の日から90日以内に決定を行うこととされているが、特別な事情のある場合は、この期間をさらに60日を超えない範囲で延長することができるとされている。その審査の期間中は、事業者結合を実施することができない。なお実務的には、2014年から、簡易届出制度が施行され、一定の要件を満たす事業結合については、届出書類が簡素化され一次審査で終了する簡易届出制度を利用することが可能となり、手続の簡素化、迅速化が進められている。

　　(iii)　禁止、制限、制裁　　審査の結果、SAMRは、当該事業者結合を①無条件で認める、②条件付きで認める、③禁止するかを決定する。期限までに何も決定しなかった場合は事業者結合を無条件で行ってよいものと規定されているが、実務的にはすべての届出に対して上記いずれかの決定がなされている。

　　(d)　行政独占　　**行政独占**とは、「行政権力および法律、法規の授権により公共事務を管理する権限を有する組織」が「行政権力を濫用して競争を排除し、または制限」する行為をさす。

　規制対象は主として地方の行政機関であり、いわゆる資本主義国の通常の競争法、独占禁止法等にはみられない規定である。行政独占の規定が独占禁止法のなかに存在することは、現代中国が資本主義ではなく社会主義市場経済という理念の上に成り立っていることと無縁ではないが、この点は後述する。

　　(i)　規制行為　　規制行為は、独占禁止法32条から37条にわたり、詳細に規定されている。行政機関等が、「行政権力を濫用」して、指定する事業者の提供する商品のみを取り扱うようにしむけたり、外部地域の商品に対して、差別的な料金項目を設定したり、当地の商品とは異なる技術要求や検査基準を設定したり、外部地域の商品のみに的を絞った行政許可を実施したりする行為があげられている。特徴的なのは、「競争を排除しまたは制限

する内容の規則を制定すること」自体も禁止の対象とされていることである。

　　(ii)　違反への対処　　行政独占については、主体が行政機関等であるため、規制の仕方が他の規制行為とはまったく異なる。すなわち、上級の機関がその是正を命令し、また、直接責任を負う担当責任者およびその他の直接責任を負う担当者を法に従い処分する、と規定されている。また、独占禁止法執行機関である前述のSAMRは、関連する上級機関に対し、法に従った処理についての意見を提出することができると規定されている。**地方保護主義**[*]という中国における難題について、複雑な行政機関のパワーバランスに配慮した微妙な規定となっているといえよう。もっとも、そのためもあり、行政独占の処理件数がきわめて少ないとの指摘もある。

2　不正当競争防止法

　(1)　**成立**　　主に混同惹起行為や欺瞞・誘導的取引等を対象とする不正当競争防止法も競争法の一類型とされる。市場競争の秩序を規律する法令として共通点を有する。当初立法当局は、独占禁止法と不正当競争防止法を一体化した法律の制定を検討していたとされる。

　　もっとも、独占禁止法が、関連市場の存在を前提に、その関連市場における競争制限行為を規制しようとするのと異なり、個々の取引における当事者間の関係において不当とみられる行為を規制するものであり、いわば自然犯的要素をもち、一般人の法感情に照らしても処罰や規制の必要性について納得が得られる行為が多い。したがって、資本主義、社会主義などの違いを越えて、中国においても早期から規制として存在していた。不正当競争防止法が制定されたのは、独占禁止法制定より14年も早い、1993年9月2日である（施行は、同年12月1日）。その後、経済社会における取引関係の複雑化にともない、2017年に大改正が行われた。直近の改正は、営業秘密侵害の規制強化などを内容とした、2019年4年23日公布（同日施行）のものである。

　(2)　**規制行為**　　規制行為は、混同惹起行為、商業賄賂、欺瞞・誘導的取引、商業秘密侵害、懸賞・景品付き取引、信用棄損行為、ウェブサイト上の強制的遷移やアプリケーションソフトウェアのアンインストールの誤導などのネットワーク不当行為と多岐にわたるが、主要なものを示せば、以下のとおりである。

　　(a)　**商業賄賂**　　商業賄賂とは、取引の機会または競争上の優位性を得

るため、事業者が財物またはその他の手段を用いて組織や個人に賄賂を贈ることをいう。贈賄の相手が公務員ではなく、取引の相手方など一般の個人や組織であるため「商業」賄賂という。取引関係にある民間企業同士の接待等も過剰になれば商業賄賂に該当することとなる。一見正当と思われる値引きや仲介者へのコミッションなども、契約、支払、記帳などの一連の処理が一致したかたちで行われていなければ商業賄賂として規制の対象となる。宴席、贈答の習慣が日本以上に根強く残る中国において、明確な基準も立てにくく、遵守が容易ではない規定の1つといえる。

　(b) **商業秘密侵害**　　窃盗、賄賂、詐欺、脅迫、ハッキングその他の不正な手段をもって商業秘密を開示し、使用しまたは第三者に使用を許諾することが禁止されるほか、営業秘密を保有する組織の従業員が秘密保持義務に違反していることを知りまたは知りうべき状況で、当該営業秘密を取得し、開示し、または第三者に使用を許諾することも禁止される。

(3) 民事責任の特則と行政罰　　上記の各違反行為については、被害者による民事責任の追及および行政罰に関する規定がおかれている。

　民事責任については、損害額の推定規定やみなし規定（懲罰的損害認定規定を含む）のほか、商業秘密侵害に関し、商業秘密性や侵害行為の存否に関する立証責任の転換規定などのいくつかの特則がおかれていることは被害者保護を強化するものとして、注目に値する。

　取締りについては、刑法犯に該当する場合には刑事手続を経て刑事罰が科されることもあるが、多くの場合、不正当競争防止法上の処罰規定により行政罰が課される。従前は行政罰としての制裁金の上限金額が低額で抑止力に欠けていたが、近時の改正により、制裁金の上限額が大幅に増額された。その他、近時の改正により、監督検査部門の調査権限が強化されるとともに、実務的にも違法所得の没取［没収］の徹底強化がはかられている。

III　クローズアップ

1　社会主義市場経済体制との関係

　前述のとおり、不正当競争防止法が、体制のいかんにかかわらず必要とされる理由は比較的容易に推測できる。しかし、競争法の核心である独占禁止法については、いわゆる資本主義国とされる欧州、米国、日本などと同様に

理解してよいかは、なお検討を要する。

　たしかに、中国の独占禁止法の規定をみるかぎり、水平的独占協定、垂直的独占協定、市場支配的地位の濫用、事業者結合、という体系のみならず、具体的な規制行為の内容、調査・審査の手続、リニエンシー、罰則規定等も、欧州競争法にならったものであることは明らかである。実際、「支配」の概念や、市場確定の問題に関し、欧州競争法のガイドライン等が実務上参考にされるということも少なくない。しかも、国際カルテルのように、1つの行為や事象が複数の法域において調査・審理の対象となりうる独占禁止法の分野においては、近時国際的な法の同調化（ハーモナイゼーション）が急速に進んでおり、中国もまたその潮流のなかにある、と理解することもあながち間違いとはいえない。

　しかし、中国は憲法で社会主義の標榜を明記する社会主義国家である。理念上の問題とはいえ、一定の範囲での階級闘争の途上にあるとみずからを位置づけ、公有制経済を主体とし、私有財産の保護や個人経済、私営経済の保護は、国が発展を奨励、支持、主導するものであり、法律により認められた範囲で行われるものとされているのである。これは、個人の尊厳を至上の価値とし、人間は生まれながらにして自由であるという思想を基礎に、その行き過ぎを調整する必要最小限の制限が許容される資本主義のシステムとは、根本において異なる。

　このような理念の違いを強調することは、ともすると、法の厳密な解釈を軽視することにつながりかねない。また、個々のケースにおいて、理念から常に論理必然的に1つの結論が導かれるわけでもないので、この点を強調することは、こと初学者にはあまり勧められない。しかし、実際の実務処理にあたっては、こうした違いを認識しておくことが不可欠な場合があるのも事実である。

2　価格法と独占禁止法

　実は、独占禁止法が制定される相当以前から、カルテル（水平的独占協定）を規制する法令が存在した。その1つが価格法である。

　価格法は、社会主義市場経済が憲法に織り込まれたのち間もなく制定されたものであり、その3条には、「国は、マクロ経済調整の下、主として市場により価格を形成するというメカニズムを実行し、かつ、着実に完全なもの

とする」と規定されており、4条では「国は、公平公開かつ適法な市場競争を支持促進し、正常な価格秩序を維持保護し、価格活動に対し管理監督および必要な調整コントロールを実施する」と規定していて、**計画経済**の色濃いものとなっている。そのなかにおけるカルテル規制は、市場における公正な競争を阻害することそれ自体ではなく、国がコントロールする正常な価格秩序を乱すことを違法性の根拠と位置づけていることがうかがわれる。

　重要なのは、この価格法が現在も有効な法令として残っており、独占禁止法が施行されて10年以上経過した現在もなお適用されている点である。それはとりもなおさず、国家が競争制限的行為を規制し、市場経済を効率化、活発化させる必要があると考えると同時に、市場秩序は最終的には国家が妥当に統制するのが原則である、という考えをもっていることのあらわれといえる。

3　行政独占と独占禁止法

　行政独占に関する規定は、前述のとおり、いわゆる資本主義国とされる国の競争法にはまずみられない規定である。一部の旧共産圏の国の競争法に例があるとされ、共産主義ないし社会主義国によくある独占禁止法規定と整理されがちであるが、実はそれほど単純ではない。

　まず、共産圏の国においても立法例としてきわめて少ない。したがって、共産国ないし社会主義に必然の制度というわけでもない。現に中国において独占禁止法が制定される過程においても行政独占に該当する行為を独占禁止法のなかに規定すべきか否かについては、最終段階まで議論が続いたとされる。

　そのようななかで、最終的に、独占禁止法に行政独占の規定が盛り込まれたのは、1つには、**地方保護主義**という国家（この場合、地方政府に対峙する中央政府をさす）として頭の痛い、根深い問題をなんとか打破しなければならないという背景があったからにほかならない。しかし他方において、理論的に統一的な整理が可能であったからであるということもいえる。すなわち、独占禁止法が表面的には「公平な競争の確保」を目的とするものであったとしても、中国にとっては、究極的には「秩序ある全国統一市場の確立」を国家として実現・維持することを目的とするものであり、その秩序を、大企業が乱す行為を規制するのがカルテル、市場支配的地位の濫用および事業者結

合に関する規定であり、地方行政機関が乱す行為を規制するのが行政独占に関する規定である、と整理することにより、統一的、体系的理解が可能となるというわけである。

4　域外適用と外資への影響

　独占禁止法の域外適用は国際的潮流であり、中国も独占禁止法2条で、域外適用があることを明言している。したがって、主体が外国企業で、対象行為が中国国外で完結していても、その競争制限的効果が中国国内の市場に及ぶ場合には中国の独占禁止法が適用される。たとえば、複数の外国企業が中国国外で事業者結合（合併、買収、合弁会社の設立等）を行う場合に、それぞれの当事者が届出基準に合致する場合には、中国における届出を行わなければならないし、実際に審査の結果、結合の実施に条件が付された事例も少なくない。このように、すべてが国外ではない事例、たとえば、行為は中国国内に及ぶが当事者が外国企業である事例においては、処罰の対象となっているものも存在する。たとえば、事業者結合において、届出基準に達しているにもかかわらず、届出を怠っていたことを理由に処罰されたケースや市場支配的地位の濫用により高額の制裁金が課されたケースが散見される。また、（厳密には域外適用ではないが）外資系中国企業が主体となっているケースまで広げると、中国におけるカルテルにより高額の制裁金が課されているケースが多数報告されている。

　これらのケースにおいてとくに注意が必要なのは、その運用に際し、外交等の政治問題や国内の産業政策などの影響を受けやすいと指摘されている点である。たとえば、事業者結合において、その実施が禁止または条件付きとされた事例はそのほとんどが外国企業によるものであること、また、その条件として一定の事業を売却することなどが示され、結果としてその売却先が中国企業とされている事例が存在することなどは、中国の独占禁止法の運用が国の産業政策の影響を受けているからではないかと指摘されている。むろん、そのような説明が中国政府機関から公式になされたことはないし、仮にそれが事実であれば、独占禁止法の国際的ハーモナイゼーションの観点からも強く批判されるべきことは当然であるが、上記の中国の体制を考慮すれば、これも不思議なことではないといえる。

第6章　労働・社会保障法

　中国の労働法制は思いのほか複雑である。これに対する理解に近づくには、「社会主義国家」でありながら労働者の保護が強く叫ばれるようになったのは比較的最近であるという中国特有の「ねじれ構造」について、その歴史的な経緯と経済的・社会的背景をふまえた視点から眺めることから始めるのが望ましい。数多くある労働関連の法律のなかで重要なものを選ぶとすると、労働法、労働契約法、労働組合法、労働紛争調停仲裁法あたりとなる。とくに労働契約法は、歴史的にも実務上も意義の大きい法律といえる。第1節では、以上の点をふまえつつ中国の労働法制について解説する。

　つぎに社会保障法制である。中国の社会保障制度が正式に整備されるようになったのは、2000年代に入ってからである。1978年から始まった改革・開放政策にともない、中国は急速な経済発展を遂げるようになったが、その背景には、出稼ぎ労働者という、安価な労働力に支えられた輸出型経済に負うところが大きい。これまで、経済成長優先の発展モデルが採用され、政府の主要財源が固定資産投資に費やされ、国民の社会保障は後回しにされてきた。しかし、今では、経済発展から取り残された経済的弱者を救済し、社会の安定を維持するためにも社会保障制度の整備が喫緊の課題となっている。第2節では、中国の社会保障制度の歴史と背景を概観し、社会保険法を中心に、その主な内容について概説し、主な問題点を述べることにする。

第1節　労働法

I　概説——歴史と背景

1　中国の社会主義と労働者

　中国の労働法を理解するには、立法の歴史的な変遷とその背後にある政治、経済、社会の変動との関わりをふまえることがとりわけ重要である。

　「社会主義*国家」である中国において、本来、労働者階級は、国家権力において指導的・主体的な役割を果たすものとされ（プロレタリアート独裁*ないし人民民主主義独裁*）、このことは憲法上も一貫して明記されている。労働者は、いわば社会における主人公として位置づけられているのである。しかし、

現実の中国の社会において、労働者が真の「主人公」であり続けているかは、また別の話である。そもそも、中国における「社会主義」のあり方自体、建国から現在に至るまで、大きな変動の波を経験してきていることは周知のとおりである（➡第2章第1節）。労働者の社会におけるあり方やそのかかえる問題点といったものも、そうした「社会主義国家」としての中国の政治的・経済的・社会的な変動と密接に関連しながら変化してきた。そして、そうした変化に呼応する形で、労働法制もいくつかの節目を経て大きな変遷をみせている。

2 中国の労働法制の大きな流れ

中国の労働法制の発展ないし変遷は、大きく4つの段階に分けて理解するのが便宜である。

（1）**中国共産党初期**（1930年代～1950年代半ば頃） 中華人民共和国成立以前の段階から建国初期の頃までは、労働者階級指導による国家建設という、まさしく社会主義本来の趣旨に従い、労働関連の立法が比較的重要視された時期といえる。具体的には、建国前の中華ソビエト共和国労働法（1931年）、建国直後の時期の労働組合法（1950年）や労働保険条例（1951年）などの制定があげられる。

（2）**社会主義的固定工の時代**（1950年代後半～1980年代前半頃） 社会主義経済の建設（生産手段の公有化、**計画経済**[*]）が推し進められた結果、労使関係もこれに合わせて変容し、いわゆる[**固定工**]（国によって配置された労働者）の制度が、都市の労働者を中心に一般化した。固定工制度のもとでは、労働者がどこの職場[**単位**[*]]に就職・配属されるかは、国家によって決められる。そして、いったん国家によって各単位に配属された後は、単位と労働者の関係は単なる労使関係にとどまらない。食・住はもちろん、医療や子女の教育等もその所属単位を通じて提供され、賃金等も、能力や生産性等にかかわらず基本的に平等かつ終身にわたって保障された。いわばその単位が、労働者の生活全般を生涯にわたって丸抱えする形であった。このように食い逃れの心配の少ない、ある意味で非常に安定した状況は、[**鉄飯椀**]（鉄製の飯茶碗）などと比喩された。そしてこの時期（とくに**プロレタリア文化大革命**[*]（文革）の時期）、法律そのものが軽視ないし敵視されるという傾向のなか（法ニヒリズム）、労働分野においても、法律というものの意義がほぼ失われ

たかのような状態であった。

（3）「市場」経済化と労働関係の「契約化」の進行（1980年代前半～2000年代後半頃）　文革の暗黒期を経て1980年代に入ると、経済発展を最重視する改革・開放政策が展開され、実質的な「市場経済化」が急速に進行した。経済の主体も多元化し、国有企業だけではなく、外資系企業を含む私営企業（➡第5章第1節Ⅱ3（2））や郷鎮企業（➡第5章第1節Ⅱ3（1））などが重要な位置を占めるようになった。

とくに象徴的であるのが、1992年の中国共産党第14回全国代表大会で打ち出された「**社会主義市場経済**」という概念である。ここでは社会主義の看板はかろうじて維持されているものの、その実質は市場経済への移行にほかならない。こうした社会・経済的な状況において、固定工制度を軸とする労使関係も変容を余儀なくされた。競争原理が働かず、かつ企業［単位］が労働者の生活全般を丸抱えするような制度の経済的非効率性が強く指摘されるようになった（またそもそも、国有企業と並ぶ経済の主体となった私営企業は、固定工制度自体にまったくなじまない）。1986年には国営企業労働契約制実施暫定規定が制定され、従業員と使用者の関係は、契約によって規律される［合同工］（「契約工」の意。契約により雇用された労働者）の制度が一般的となっていった。かかる状況のもと、新しい労働組合法（1992年）、労働法（1994年）等の重要な立法が行われ、中国における労働法制も一応の形をみるに至った。

（4）**格差是正の動きと労働者保護強化（2000年代後半～）**　中国が急速に経済発展を遂げるなか、国内における経済格差が大きく拡大し、2000年代後半頃から深刻な社会問題として意識されるようになり、格差を是正し［和諧社会］（調和のとれた社会）を目指すことが重視されはじめた。そうしたなかで、労働法も大きく軌道修正がなされた。

もちろん、それまでの中国の労働法でも、労働者の利益に一定の保護が与えられてはいたものの、どちらかというと企業の競争力の強化に重きがおかれ、労働者の利益や地位は、「社会主義」を標榜するわりには軽視されがちな傾向がみられた。たとえば、多くの労働契約が期間の固定された労働契約であり、企業（使用者）によって、「雇い止め」（契約更新打ち切り）による雇用調整が比較的容易に行われる状況であった。外国からの対中投資においても、こうした労働者の利益の犠牲のうえに確保された低廉な人件費が、中国投資の大きな魅力の1つとされてきた。

これを大きく変えることになったのが労働契約法（2007 年制定、2008 年施行）の制定である。同法によって労働者の利益、地位の保護が大きく強化された。またこのほかにも、労働関連の紛争解決手続に関する労働紛争調停仲裁法（2007 年制定、2008 年施行）や、就業促進に関する就業促進法（2007 年制定、2008 年施行）、社会保険制度の統一的整備をはかる社会保険法（2010 年制定、2011 年施行）などの多くの重要な法律が制定されている。また、2013 年には労働契約法が改正され、労働法上の規制回避のための濫用が問題とされていた労働者派遣に対する規制が強化された。反面、こうした労働者の利益・地位の保護の強化は、企業の側にとっては一定の負担増を意味する。とくに外国資本にとっては、中国における大幅な人件費の増加が対中投資のブレーキとなっている側面も否定はできない。

II　おもな法律

1　概要

ここまでに述べたような過程を経て、現在の中国における労働法制が形成されてきた。整理のため、あらためてこの分野においてとくに重要な法律をあげてみよう。

- ・労働法：労働法分野のもっとも基本的な法律。
- ・労働契約法：「労働契約」についての基本的な法律。
- ・労働組合法：労働組合［工会］についての基本的な法律。
- ・労働紛争調停仲裁法：使用者と労働者間の紛争解決手続につき定めた法律。

基本法である労働法は、労働問題全般について広く規定しており、他の上記 3 つの法律とかなりの部分で重複している。また、同じ問題について、労働法と他の 3 つの法律で異なる内容の規定がされている箇所もある。こうした点については、一般法である労働法に対する特別法である（ないしは後から制定された新しい法律である）他の（3 つの）法律の定めが優先的に適用されることになる。

なお、上にあげた 4 つの法律のほかにも、法務ないし人事労務の実務にお

いて重要な法令や司法解釈が数多くある（たとえば、労働契約法実施条例、「『労働法』の徹底的実施にあたっての若干の問題に関する意見」、最低賃金規定、有給休暇条例、労働派遣暫定規定など）。

また、各地の地方人民政府が制定する地方法規（日本における地方条例に相当）も、とくに実務においては重要である。地方法規は、中央の法令に反する内容を定めることはできないが、各地の実情にあわせてこれらを補充する機能を果たしている。

以上の整理をふまえて、以下、4つの重要な法律の要点を説明する。

2　労働法

中国の労働法制の基本法である労働法だが、前述1のとおり、労働契約法をはじめとする他の法律と重複している部分も多い。労働法独自の規定として実務等において重要なものとしては、以下のような労働条件等に関する一般的な規制に関する規定などをあげることができる。

　　・労働時間に関する規制（原則1日8時間、週平均44時間以内など）
　　・休暇に関する規制（原則最低週1日の休暇、法定休日。年次有給休暇など）
　　・賃金（同一労働同一賃金の原則、各地方（省）ごとの最低賃金制度、通貨払い・直接払い・全額払いの原則など）
　　・女子・未成年の保護（妊娠期間の特別保護、出産・授乳休暇、危険労働禁止など）

3　労働契約法

（1）概要　　労働契約は、使用者と労働者間の労働関係に関する合意である。労働関係の核となるのは、労働者が使用者の指揮命令のもとで労働する義務、そして使用者がこれに対して賃金（報酬）を支払う義務である。ただ、労働契約上の義務は単にこれらに限られない。労働者にとって労働は生活の基盤をなすものであるのが通常であり、また労働者の立場は一般に使用者に比べて圧倒的に弱いため、とくに使用者に対しては、労働者の権益保護等のためにさまざまな義務や規制が課されている。こうした労働契約に関する基本的な事項について定めたのが労働契約法である。

労働契約法では、労働契約の締結・成立から履行・変更、そして終了につ

いて全般的に規定している。そのほか、**集団契約**（労働協約）や、労働者派遣、パート雇用などについても規定がおかれている（➡後述(6)・(7)）。

（2）**書面契約**　　労働契約の締結ないし成立に関する労働契約法の規定で、とくに注目されるのが、書面性に対する強い要求である。使用者と労働者の間で労働関係が確立される場合は、必ず書面による契約を締結しなければならないことが、労働契約法上明記されている。書面で合意内容を明確にすることにより、紛争を予防し、とくに労働者の側の権益を保護する狙いである。

　なお、労働契約を書面で結ぶべきということ自体は労働法にも規定されており、労働契約法によって新しく求められるようになったわけではない。ただ、労働契約法では、さまざまな具体的な規定をおいて、労働契約がきちんと書面で締結されることの確保がはかられている。たとえば、実質的な雇用の開始により労働関係が生じたにもかかわらず書面による労働契約が適切に結ばれていない場合については、1か月以内に締結すべきとの期限を設け、これが守られなかった場合、使用者は労働者に対して、2倍の賃金を支払わなければならないこととされる（ちなみに、書面契約の無締結が1年を超えた場合は、自動的に後述(3)の無固定期間労働契約の関係になることとされる）。

　また、労働契約の内容面についても、契約の期限、業務内容、勤務地、勤務時間、休憩・休暇、賃金、社会保険等を契約上で明記することが求められている（必要的記載事項）。

　なお、労働契約に対する書面性の要求と、使用者と労働者の労働関係がどのような時点で生じるかは別の問題であることに注意が必要である。使用者と労働者の労働関係は、雇用が実際に開始された時点で生じる。つまり、雇用が開始しているにもかかわらず書面による労働契約がきちんと交わされていないような場合も、労働関係自体は生じているので、たとえば使用者の労働者に対する義務はすでに開始していることになる。

（3）**労働契約の期間**　　労働契約は、契約期間についてどのように定めるかにより、固定的な期間のない労働契約（無固定期間労働契約）と、固定的な期間を定めた労働契約（固定期間労働契約）の大きく2つに分けられる。

　両者の最大の違いは、契約期間の満了によって労働契約が終了するかどうかである。固定期間労働契約の場合は、基本的に期間が満了すれば労働契約も終了するが、無固定期間労働契約の場合は、期間の設定がないため、契約

を終了するには、期間の満了以外の労働契約の正当な終了事由が必要になる。このため一般論としては、無固定期間労働契約における方がより労働者の地位が安定的といえる。

なお、固定期間労働契約については、10年以上の勤続となった場合や、連続して2度固定期間による契約が締結された後の更新の場合などは、労働者が引き続き固定期間を希望しないかぎり、無固定労働契約に移行しなければならないこととされ、固定期間労働契約の濫用による労働者の地位の不安定化の防止がはかられている。

こうした労働契約の期間の問題、とくに固定期間から無固定期間への移行は、企業経営者の側のニーズと労働者の利益とが大きく対立するところであり、労働契約法の施行にあたってもっとも議論となった点の1つであった（➡前述Ⅰ 2(4)）。

(4) 解除・終了　　労働契約法では、労働契約の終了原因について、大きく解除と（解除以外の）終了に分けて規定している。

中国の労働契約法上の「解除」は、当事者の意思表示にもとづく契約の終了のことである。使用者と労働者の合意による解除のほか、労働者の意思表示による解除（いわゆる辞職）と、使用者の意思表示による解除（いわゆる解雇）がある。

労働者の側からは、30日の予告期間をおけば特別の事由がなくても解除することができることとなっている（なお、使用者側に賃金不払いなどの一定の契約違反ないし違法行為があった場合は予告期間をおかずに解除することもできる）。

他方、使用者の側からは、労働者が研修や配置転換で調整してもなお業務に不適任である場合等の一定の事由があることを前提に、30日の予告期間をおいた解除が認められている。労働者が就業規則等に対する著しい違反行為を行った場合や、重大な職務怠慢や私利のための不正行為によって使用者に重大な損害を与えたような場合には、予告期間をおかずに即時解除をすることも可能とされている。

また、使用者（企業）の経営に重大な困難が生じた場合や、企業の生産の転換・重大な技術革新または経営方式の調整のために人員削減の必要が生じた場合、企業が企業破産法（➡第5章第1節Ⅱ4）に従った更生手続に入った場合などは、労働組合等からの意見聴取や当局への届出等の手続を経ることにより、相当数（20人以上、または企業従業員の10％以上）の労働者を同時に

解雇する、いわゆる整理解雇を行うことが可能とされている。

　他方、解除以外の終了原因としては、労働契約期間の満了、基本年金保険の受給開始（実質的に定年）、労働者の死亡、使用者の破産等があげられている。

　労働契約の解除等による終了にあたっては、使用者から労働者に対して、原則として一定の経済補償金が支払われることとなっている。経済補償金の金額は、基本的に、当該労働者の1か月分の賃金に勤続年数を乗じた金額とされている（たとえば、月額賃金5000元、勤続3年の労働者であれば1万5000元。なお、当該地域における平均賃金をベースにした上限額が労働契約法上設定されている）。ただし、労働者からの予告解除や、労働者からの申出による合意解除、労働者の非違行為等による使用者からの即時解除などの場合は、労働契約の終了の責任は労働者側にあることが明確であるので、使用者は経済補償金を支払わなくてもよい。なお、固定期間労働契約の期間満了時の不更新についても、使用者側から従来と同等またはそれ以上の条件を提示したにもかかわらず労働者が更新を拒否した場合を除いて、やはり使用者は経済補償金を支払わなければならないことになっている。

　（5）**労働規則制度**（**就業規則など**）　　いわゆる就業規則などの企業内部の労働規則制度の定立について、労働契約法等などでは、法に従ってこれを確立し、労働者の権利保護と労働義務の履行を保障しなければならないとされている。ただし、日本の労働基準法のような具体的で明確な就業規則制定の義務を規定するまでの書きぶりとはなっていない。

　実務等においてとくに注意が必要とされているのが労働規則制定の手続である。使用者が、労働報酬、勤務時間等の労働者の利益に直接関わる規則制度の制定や修正を行う場合には、当該企業の従業員の代表者による会議体である従業員代表大会もしくは従業員全体との討論、および労働組合（もしくは従業員代表）との協議を行うことが必要とされており、これを適切に経ていない場合は、当該規則の効力が否定される可能性があることになる。

　（6）**集団契約**　　集団契約は、使用者と従業員の代表との間で結ばれる、従業員の労働条件等に関する合意である。本来、労働契約［労働合同］制度においては、労働条件は使用者と労働者との間の合意によるのが大原則であるが、現実には個々の労働者は使用者よりも圧倒的に立場が弱い。そこで集団としての労働者と使用者を対峙させ、対等な立場で労働条件について協議

し妥結できることを目指したのが集団契約の制度である（日本でいう労働協約に相当）。

集団契約は、労働組合が組織されていない場合を除き、基本的に労働組合が従業員の代表となり、使用者側との協議を経て締結される。対象となる事項は、労働報酬（賃金）、勤務時間、休憩・休暇、安全衛生、保険福利厚生等、従業員の労働条件等に関する事項全般にわたる。

手続的には、協議の過程において、草案について従業員代表大会または従業員全員によって討議し、その承認を得ることが求められている。また、効力発生のためには当局に対して届出をし、15日以内に異議が出されないことを要する。

有効な集団契約は、使用者と労働者の双方を拘束する。また、集団契約で定められた労働報酬等の労働条件に関する基準は、個々の労働契約上の労働条件の最低限として機能する（個別の労働契約において集団契約上の基準を上回る条件を定めてもよい）。

（7）その他　労働契約法は、このほかにも、いわゆる労働者派遣についてや（権利侵害責任法における扱いについては➡第3章第4節 II 6(2)(a)）、パート（非全日制雇用）、当局（労働行政部門）による監督検査制度といった、実務上も重要ないくつかの事項について規定をおいている。とくに労働者派遣については、日本などと同様、悪労働条件の温床ないし隠れ蓑となっているケースが少なくないこともあり、2013年の労働契約法の改正において、派遣労働の条件の改善や派遣業者に対する規制の強化がはかられた（➡本節 III 2）。

4　労働組合法

（1）基本的位置づけ　労働組合法は、**労働組合**［工会］についての基本的な法律であり、労働組合の全国的な組織構造および個別の組織のあり方、権利および義務、経費および資産などについて規定している。

労働組合法は、労働者が労働組合に参加し、あるいはこれを組織する権利を保障している。さらに中国の場合、社会主義国家政権の基本が労働者階級の指導による「**人民民主主義独裁**」にあるとされ、労働組合法上も、労働組合は、労働者の組織・教育等を通じて、労働者がそうした国家の主人公としての役割を発揮することを助けるという機能が期待されていることが明記されている。

（2）**労使間の調整**　　他方、社会主義国家においては本来労使の対立がありえないとの前提があるため（企業の経営も労働者階級の代表である共産党の指導のもとにある）、労働者にはストライキ権をはじめとするいわゆる争議権が必ずしも明確に保障されておらず（➡本節Ⅲ1）、労働組合も「労働者を代表して使用者側と真向対立」というよりは、労使間の利害対立の調整の役割が重視されている。たとえば、労働組合法上も、ストライキ（ないし操業停止）または怠業（サボタージュ）といった労働争議が発生した場合、労働組合は、労働者代表として関係各方面と協議を行うと同時に、生産および業務秩序の回復に協力する義務も負うとされている。

（3）**全国組織**　　中国の労働組合は、中華全国総労働組合［中華全国総工会］を頂点とするピラミッド構造の全国組織を構成している。各企業等ごとに設立された労働組合（基層労働組合）は必ずこの全国組織に組み込まれなければならず、また企業内におけるいわゆる「第二組合」も認められない。さらにこうした労働組合の全国組織は、他の政府機関と同じく、中央を頂点とする中国共産党（以下「党」という）の組織とも不可分に結びついている。実際の労働争議等の局面においても、労働組合がこうしたピラミッド型の組織構造を通じて、党ないし政府の意向を反映し、たとえば争議を抑え生産秩序を回復する方向で動いたりすることも少なくない。日本等における労働組合との大きな違いの1つである。

（4）**企業との関係**　　また、各企業において設立された労働組合に対しては、法律上、その企業（使用者）から全労働者の賃金総額の2％の割合の運営費用が支払われることとなっている。のみならず、組合活動のための場所や施設の提供も企業に義務づけられている。たとえば日本の場合、労働組合はあくまで企業から独立した存在であることが強調され、こうした企業側からの資金提供や施設提供の義務はない。むしろ、企業側から運営経費の援助を受けている場合、日本の労働組合法上の労働組合として認められないものとされており、ここでも日中で際立った違いがみられる。

なお、各企業には、労働組合を積極的に設置する法律上の義務までがあるわけではないものの、労働者には労働組合を結成ないしはこれに参加する権利があり、企業の側でこれを阻害することは認められない。また、地方によっては、労働組合設置を義務づけていたり、あるいは運用上設置を強く求めてきたりすることもある。

（5）**その他**　これらのほか、中国の労働組合には、労働組合法上、集団契約（労働協約）の締結（➡前述3（6））、個別の労働契約締結における労働者の指導および援助、労働者の解雇等の処分に対する意見提出や紛争時の労働者支援、業務上の安全等に関する提案権など、労働者の権益保護のための権限が付与されている。

5　労働紛争調停仲裁法

（1）**概要**　労働紛争の解決のための手続を定めた基本的な法律が、2007年に制定された労働紛争調停仲裁法である。労働紛争解決のための特別な手続の枠組み自体は同法が制定される前から存在していたが、近年、労働紛争が大幅に増加し、紛争処理を適正かつ効率的に行う必要性が高まったことなどをふまえて、同法が制定されて手続の整理・充実がはかられた。

労働紛争調停仲裁法による労働紛争解決手続の基本構造としては、

（当事者間の協議）──→調停（任意）──→仲裁（強制）──→民事訴訟

という流れが想定されている。特徴的な点として、民事訴訟の前提として労働仲裁手続を経ることが原則として必要であることがあげられる（仲裁前置主義）。以下、とくに重要な調停と仲裁を中心に紹介する。

（2）**労働調停**　中国では、一般に調停型手法による紛争解決が歴史的、社会的に重んじられる傾向があるといわれるが、労働紛争についてはとくに調停等による柔軟な解決が望ましい面が強い。ただ仲裁とは異なり、調停による解決に付すかどうかはあくまで任意である。

労働紛争の調停を行う主体としては、各企業のレベルで設置される企業労働紛争調停委員会（従業員代表と企業代表により構成）や、郷・鎮、街道といった末端の行政区画レベルでおかれた調停機関などがある（なお、日本でいう「労働調停」は裁判所が関与する点で異なることに注意）。

調停において当事者間の合意が成立すれば、その内容は執行力をもつことになるが、こうした合意に達しなかった場合は、当事者の申立てによって次の仲裁に移行することになる。

（3）**労働仲裁**　労働紛争については、原則として訴訟より先に仲裁手続をとらねばならない。労働紛争は非常に数が多く、かつ一定の専門性も要請されることもあり、まずは専門的な仲裁機関による迅速な解決をはかるのが

望ましいとされるためである。

仲裁を行う労働紛争仲裁委員会は、省級の地方人民政府により必要に応じて下位の行政区画（市、県など）に設置される。実際の仲裁手続および判断は、元裁判官、学者、労務専門家、弁護士といった専門家のリスト（仲裁人名簿）から選ばれた3人で構成される仲裁廷が行う。仲裁は、迅速性が重視され、原則として申立て受理から45日以内に判断が出されるべきとされている。また、仲裁の過程においても、調停による解決を試みなければならないこととなっている。

仲裁判断に対して当事者のいずれかが不服な場合は、原則として、人民法院に民事訴訟を提起することができる。ただし、労働者保護および迅速な解決の要請から、一定の事項に関する紛争（当地の最低賃金基準×12か月の金額以下の賃金や経済補償金等の支払についての争い）については、使用者側からの訴訟提起（不服申立て）は認めず、仲裁判断が終局的な判断となることとされている。

このように労働仲裁の場合、当事者間の事前の合意の有無とは無関係にいわば強制的に行われる点、および一部の例外を除いて終局性がない点（不服があれば通常の民事訴訟を提起できる）において、通常の仲裁手続と大きく異なっている。

Ⅲ　クローズアップ

1　中国における労働争議

最近は一頃ほどではなくなっているが、中国で生産などの事業を行っている日本企業が注意しなければならない問題の1つに、労働争議への対応がある。とくに2010年頃、中国の全国各地の外資系を含む多くの企業でストライキないし操業停止等の争議が立て続けに起こり注目された。そのなかには、広東省広州市にあるホンダの自動車部品製造子会社（南海本田社）における操業停止なども含まれていた。

労働争議が頻発した原因の1つは、中国経済の急成長による物価の急上昇とそれに比して低く抑えられがちであった賃金水準に対する労働者の不満の蓄積であったが、労働契約法制定を1つの契機とする労働者の権利意識の高まりも重要な背景要因であったといえる。

近時は、集団による労働争議は減少傾向にある一方で、従業員と会社の個別の労働紛争は増加しているといわれる。ただ、SNSによる情報の拡散への対処など、労働争議対応は今でも中国進出企業として頭の痛い問題である。

　ところで、中国においては、そもそも「**ストライキ権**」が権利として認められるかどうかが議論となっている。たとえば日本の場合、ストライキ権は（学説上、若干の位置づけの差はあるものの）憲法上保障された労働者の重要な権利である団体行動権（ないし争議権）の大きな柱として当然に認められている。

　一方、中国の場合、ストライキ権を正面から認めた法律はないとされることが多い。むしろ、憲法上の議論としては、従前の憲法（75年憲法および78年憲法）で明記されていたストライキ権が、現行の82年憲法では労働者の権利から削除されているため、ストライキ権は否定されていると解釈すべきであるとの考え方も有力であるとされる。一見、労働者が国家の主人公であるべき社会主義国家において、労働者の権利を制限するかのような考え方には違和感があるかもしれない。しかし、本来の社会主義の原則からすると、企業経営そのものも労働者の代表である共産党の指導のもとにあるはずであり、したがってストライキの必要性もなく、ストライキ権も否定されるべきである、ということになるのである。この意味で、ストライキ権否定説は、むしろ社会主義の原理原則に忠実な考え方であるといえる。

　他方、上記のような否定説については、私営企業が多く存在し、かつ国有企業においても経営者と従業員とに厳然と分かれているのが実情であることに照らすと非現実的であるとの批判が可能である。ストライキ権肯定説は、こうした現状をふまえつつ、憲法もストライキ権を明示的に禁止しているわけではないとする立場である。肯定説の法律上の根拠として、労働組合法において労働者が操業停止［停工］を行いうることを前提とした書きぶりがなされていることをあげる見解もある。

2　労働者派遣の規制強化

　2008年に労働契約法が施行され、労働者保護のための規制が強化された頃から、労働者派遣が以前にも増して盛んになった。

　労働者派遣［労務派遣］は、派遣元企業（人材派遣会社）から派遣労働者を派遣先企業に派遣して、派遣先企業での業務に従事させるものである。すな

わち、労働契約は使用者である派遣元企業と派遣労働者の間で結ばれる。派遣労働者は、派遣元企業と派遣先企業の間の労働者派遣契約に基づき、派遣先企業に派遣され、派遣先企業の指揮命令下で業務に従事する。

この時期に労働者派遣が増加したのは、労働契約法によって労働者保護が強化され、解雇や雇止めによる雇用調整がむずかしくなったことを嫌った企業側が、調整弁としての労働者派遣の活用に走ったためである。たとえば国有企業などでも、企業グループ内に人材派遣会社をおくなどして、グループ内の企業で働く従業員をその派遣会社からの派遣従業員とすることが多くみられるようになった。

こうした労働契約法の規制の「回避」を防ぐために、労働契約法上の労働派遣に関する規定が大幅に改正され（2013 年）、またこれを具体化する「労働派遣暫定規定」も定められた（2014 年）。派遣元企業（人材派遣会社）の認可要件が厳格になり、一般の従業員と派遣従業員との間の「同一労働同一報酬」の原則に関する規定もより具体化された。また、派遣労働者を派遣元企業に送り戻す場合の条件およびその際の経済補償等についても規制が強化された。

とくに影響が大きいと思われたのが、派遣労働者の勤務可能な部署（臨時的部署、補助的部署、代替的部署）についてより具体的に明確にした点、および派遣労働者の比率が従業員総数の 10% を超えてはならないことを明記した点である。なお、とくにインパクトが大きい可能性がある比率規制については、2 年間の移行期間を認める経過措置が設けられた。

ただし実際には、比率規制の移行期間が終了してずいぶん経つ現在でも、大型の国有企業を含む多くの企業が、いまだにこの規制を遵守していないともいわれている。

第2節　社会保障法

Ⅰ　概説——歴史と背景

中国は建国当初から、行政区画上、都市と農村を区別し、農村人口の都市部への流入を厳しく制限してきた（➡第2章第3節Ⅰ）。中国の社会保障もまた、はじめから都市戸籍と農村戸籍に応じて異なる処理が行われていた。す

なわち、建国後、土地改革を経て農地を手に入れた農民は、社会保障制度の対象から除外されたのに対し、都市部に住む労働者は国家による就業保障を通じて、当時としては手厚い社会保障を享受していた。長年の戦争を経てようやく成立した当時の新中国の経済状況からいうと、やむをえない部分があることは事実である。しかし、中国の国家体制（「労働者階級が指導し、労農同盟を基礎とする人民民主主義独裁の社会主義国家」＝現行の82年憲法）にも表れているように、党にとってその政治的正統性を確保し、**社会主義***的優越性を体現するうえで、労働者階級に十分な社会保障を与え、その地位を向上させることがより切実な課題とされていたことも看過すべきでない。そのため、労働保険制度の創設が喫緊の課題とされたが、その理論的基礎となったのは、「労働者保険綱領」に端的に表れるレーニンの「国営保険」理論（国家主導のもと、労働能力喪失等の場合における広範な保障、賃金の全額補償・企業主と国家による保険費用の全額負担、被保険者の自治組織による保険業務の管理などを骨子とするもの）であった。

臨時憲法ともいうべき中国人民政治協商会議共同綱領（➡第1章第1節Ⅱ1）において、労働保険制度の実施がうたわれ、1951年に政務院（国務院の前身）により労働保険条例が公布された。同条例は都市部における雇用者数100人を超える各種企業・社会組織［**単位***］に適用され、保険の範囲は、労災、疾病、非労災障害、死亡、養老、出産と広範囲にわたる。労働者には保険料の拠出義務がなく、その福利厚生はすべて企業が引き受け、効率性と採算可能性は度外視されていた。他方、農村においては、農民の自給自足を原則とし、各級の生産協同組合［**合作社***］によって身寄り、所得、労働能力をもたない老人、身障者、孤児などの生活困窮者に対して、最低限の衣、食、住、年少者の教育、葬儀を保障するための［五保戸］制度のほかに、［合作医療］という医療補助制度が行われていたにすぎなかった。

1978年に改革・開放が始まり、その後、国有（営）企業経営の効率化を目指した企業改革のスタートにともない、計画経済期の国家─単位保障体系（国家と所属社会組織［単位］が都市部労働者の社会保障のすべてを引き受けるシステム）が廃棄され、国家─単位─個人という三者からなる社会保険制度が実施されるようになった。その後、社会保険以外の保障制度がしだいに整備されてきたが、いまだ全国共通の社会保障制度は確立されておらず、都市と農村における格差は是正されないままの状況にある。

II　社会保障のおもな内容

　中国の社会保障制度は、社会保険、社会救済、社会福祉、戦没者・軍人遺族・傷痍軍人・退役軍人への特別優遇措置からなっている。以下、社会保険を中心に述べることにする。

　中国の社会保険には、**養老保険**（老齢年金）、**医療保険**、**労災保険**、**失業保険**、**出産保険**という、5種類の保険がある。当初、さまざまな行政性法規（➡第1章第3節I1）、行政規則などによって上記保険について定められていたが、2010年にはこれらの保険を含めた統一的な社会保険法が制定され、2011年から施行された。各保険はそれぞれ別々の基金を形成し、独立採算性を採用しており、その原資は主に、税務機関または社会保険事務機構が雇用主、被保険者から徴収する保険料からなる。そのうち、労災保険と出産保険における被保険者には保険料拠出義務がない。

　また、上記5種類の保険における雇用主（企業）の保険料負担額は、その被用者総賃金の30％以上を占め、企業にとって大きな負担となっていたが、近年、その負担割合を引き下げる動きが出始めた。たとえば、社会保険料のなかで企業負担額がもっとも大きい養老保険（下記①と④）については、2019年5月1日より、従来の20％から16％へ引き下げられ、労災保険と失業保険についても、2020年4月30日を目途に、段階的に引き下げることになった。

1　養老保険

　養老保険はさらに、①職員労働者基本養老保険（都市部における各種企業の職員労働者、個人工商業者、臨時就労者を対象とする強制保険）、②新型農村社会養老保険（農村部住民が対象）、③都市住民社会養老保険（①に加入していない未就労の都市部住民が対象）、④事業体従業員［事業単位工作人員］養老保険、⑤公務員養老保険、に分かれる。従来から存在しているのは①、④、⑤であり、この三者の適用外とされた人々にも養老保険を適用すべく、2009年と2011年にそれぞれ導入されたのが②と③であり、任意加入が原則となっている。なお、②と③は、2014年に統合され、都市農村住民基本養老保険に移行した。

　上記保険のなかで歴史がもっとも長くその規模がもっとも大きいのは①であり、加入者数は4億1902万人、受給者数は1億1798万人に達した（2018

年末現在。以下本項において同じ）。②と③の合計加入者数は、5億2392万人、受給者数は1億5898万人に達した。これらに対し、④と⑤における原資はすべて政府の財政負担によってまかなわれてきたが、2008年から山西、浙江、広東、上海、重慶において④についての改革が試験的に行われ、「国務院の国家機関・事業体従業員養老保険制度改革に関する決定」（実施日は2014年10月1日）により、現在は、改革後の新規加入者を対象に、④と⑤につき、①に準じた処理が行われるようになった。

　また、①を補充するものとして、2004年から企業年金制度が導入され、現在、8.74万の企業が企業年金を創設しており、加入者は2388万人に達した。

2　医療保険

　医療保険は、①職員労働者基本医療保険、②新型農村合作医療保険、③都市住民基本医療保険からなっている。なお、②と③は、2016年に都市農村住民基本医療保険に統合された。基金の財源はそれぞれ、①は雇用者（総賃金の6％。そのうち、30％が個人口座へ計上される）と被保険者（本人賃金の2％）の保険料、②と③は被保険者の保険料と政府補助からなる。また、加入者数はそれぞれ、3億323万人と8億7359万人に達した（2017年末現在）。

3　労災保険

　労災保険は、企業、被用者を有する個人工商業者、事業体、社会団体、民営非営利団体、基金会、弁護士事務所、会計士事務所等に適用される。総賃金に対する保険料の割合は、国務院（中央人民政府）が業種ごとに0.5～2％の範囲内で決めており、加入者数と受給者数はそれぞれ、2億3874万人と199万人に達している（2018年末現在）。

4　失業保険

　失業保険のおもな目的は、失業者の基本的な生活水準を保持し、再就職を促進することにある。その適用範囲は、都市部におけるあらゆる企業および事業体に及んでおり、基金のおもな原資は、雇用者（総賃金の2％）と被保険者（本人賃金の1％）が納める保険料からなる。失業保険金を受け取れるのは、1年以上保険料を納め、本人の意思によらずして就業が中断され、失業登録

を行った求職者である。保険金給付額は、省級行政単位ごとに定めることになっており、省をまたがって就業する就労者の失業保険関係は、本人の移動にともなって移転するようになった。加入者数と受給者数はそれぞれ、1億9643万人と223万人に達している（2018年末現在）。

5　出産保険

　出産保険は女性労働者を対象に、企業および機関、社会団体、事業体にその加入を義務づけている。現在、出産保険には、建国初期から引き継がれてきた出産保険制度と出産保険の統一的管理制度が併存している。前者は、国家機関、社会団体、企業および事業体に適用され、その所属組織［単位］が職員労働者の出産医療費、出産手当を負担し、出産保険の管理も当該組織が行う。一方、後者は、都市部企業に適用され、企業拠出額は総賃金の1％以内に制限されている。全体としては、後者に統合されていく傾向にある。加入者数は1億9300万人に達しており、のべ1113万人が出産保険金を受給した（2017年末現在）。なお、2019年に国務院弁公庁より出された「出産保険と職員労働者基本医療保険の合併実施を全面的に推進することに関する意見」により、同年内に両保険を統合して統一管理することになった。

6　社会救済、社会福祉、戦没者・軍人遺族・傷痍軍人・退役軍人への特別優遇措置

　社会救済には、貧困救済、生活保護、災害救助などが含まれており、具体的には、都市と農村における最低生活保障制度、農村部における［五保戸］制度（衣食住および葬儀・教育を保障する制度）、都市部における浮浪者救助制度、自然災害救助制度などがある。社会福祉には、高齢者、孤児、身障者のための施設・サービスなどが含まれる。戦没者・軍人遺族・傷痍軍人・退役軍人への特別優遇措置には、社会救助型（定期補助、臨時的補助、融資優遇措置等）、社会福祉型（弔慰金、退役手当、支度金、就業および就学斡旋等）、社会保険型（軍人保険）という3種類がある。

　その他の関連法として、①老齢者権利利益保障法（1996年制定、2012年改正）と、②障害者保障法（1990年制定、2008年改正。障害者には、身体障害者のほかに、知的障害者、精神障害者なども含まれる）をあげる必要がある。現在、中国経済は明らかに減速しており、国の財政収入もまた減少傾向にある。一

方、財政支出の増加が予想されるが、その主因をなしているのが人口の高齢化にともなう社会保障費用の増大である。2018年末現在、60歳以上人口はすでに2億4949万人に達し（総人口の17.9%）、そのうち、65歳以上人口が1億6658万人を占めており（総人口の11.9%）、今後さらに大幅な増加が予想されている。高齢化は、高齢者の養老問題だけでなく、貧困、健康、安全、権利侵害などの多くの問題を生んだ。これらの問題についての法的対応を試みたのが老齢者権利利益保障法であるが、上記のとおり、当分の間、国による大幅な財政出動は見込めない（予定されていない）ため、同法は、家族を基礎とし、地域社会［社区］を頼りにした、養老機構を柱とする養老サービス体系の構築を目指すこととし、家族扶養、社会保障、社会サービス、社会的優遇措置、快適な生活環境の整備、老齢者の社会発展への参加、法的責任に関する詳細な規定をおいている。なお、高齢化の進行にともない、1978年から始まった一人っ子政策が事実上廃止された（➡第3章第5節Ⅲ1）。高齢者と同じく弱者層に位置する障害者の数は、2010年末現在、8502万人（総人口の約7％）に達した。障害者問題は人権問題と深く関わっており、その対策には慎重さが求められる。そこで、障害者保障法は、障害者のリハビリ、教育、就労、文化的生活、社会保障、バリアフリー対策、法的責任という多方面にわたる規定をおくようになった。今後の高齢者および障害者対策の動向が注目される。

Ⅲ　クローズアップ

1　経済発展と社会保障

　1978年から始まった改革・開放政策により、中国は著しい経済発展を遂げ、一躍世界第2位の経済大国となった。しかし、経済成長優先の発展モデルが採用され、政府の主要財源が固定資産投資に費やされ、公共サービスへの投資はきわめて少なかった。また、社会保障体系の整備だけでなく、教育や労働保障、医療衛生、養老年金、住宅等、国民生活への配慮が足りず、著しい収入格差、機会の不平等などの問題が生じた。経済発展から取り残された経済的弱者を救済し、富の再分配を行い、ひいては、社会の安定を維持するためにも社会保障の重要性が再確認されつつある。

　さらに、輸出型経済に大いに依存してきた中国の経済発展方式が、国内消

費の強化を目指す内需拡大方式にシフトするにつれ、社会保障の整備が焦眉の課題となった。中国では伝統的に貯蓄指向が強く、一定の社会保障がなければ、国民が安心して消費することはむずかしい、という指摘もある。

今後、都市・農村間の差別を撤廃し、効果的な社会保障政策を法律規範へと高め、政府の責任を明確にし、市場原理をも視野に入れた公正公平な社会保障制度の確立が待たれる。

2　社会保険と財源の確保

社会保険のうち、とくに養老保険の財源問題は深刻である。1995年、「国務院の企業職員労働者養老保険制度改革を深化させることに関する通知」において、社会プール（雇用者負担：総賃金の20%）と個人口座（被保険者負担：本人賃金の8%）との結合による保険制度の実施が確認された後、1997年の「国務院の統一的な企業職員労働者基本養老保険制度を確立することに関する決定」によって同制度が明確になるまでには、積み立て方式が採用されることなく、その年の保険料収入によって保険給付をまかなうという、賦課方式［現収現付］がとられていた。当時は、国有企業改革が行われていた時期でもあり、多数のリストラ・レイオフ人員が生じたうえに、高齢化も急速に進行し始めていた。そのため、社会プールのみによっては、とうてい上記人員の養老保険を支給できず、個人口座にある貯金が流用されることとなり、政府による財政補助なしには保険給付をまかなえなくなった。このように、養老保険における社会プールの資金不足と個人口座の空洞化（流用額は2兆元とされる）が生じてしまったのである。また、2019年4月に中国社会科学院が公表した「中国養老金精算報告2019－2050」によると、職員労働者基本養老保険の残高は、2028年に赤字に転落し、2035年には枯渇する試算になっている。

同様の状況は、ほかの社会保険にも多かれ少なかれみられており、財源の確保が大きな課題となっている。

3　外国人の加入問題

社会保険法は、中国で就業する外国人にも社会保険への加入を義務づけた。外国人の場合は養老保険や失業保険など、実際に給付を受ける可能性の低いものもあるため、本国との二重負担などとの調整が問題となっている。

また、社会保険料は、地域ごとに前年の平均賃金を基準に算出されるため、全国一律ではない。これまで、上海などのように、外国人の社会保険加入が強制されなかった地域もあったが、多くの地域では外資系企業に対して社会保険料を徴収してきた。

　この点、ようやく2018年5月9日に日中両国政府間で、社会保障協定が締結され、派遣期間が5年以内の赴任者は原則として、日本の年金制度のみ加入することになった。ただ、同協定で免除対象となる社会保険は養老保険に限られているため、その他の社会保険については引き続き、社会保険料を納付することになる。

第7章 環境法

　近年、中国において環境問題はますます深刻化してきており、大きな社会問題となっている。自然環境が大きく破壊され、人々の健康を損ない、多数の被害者が生じた。それは国内にとどまらず、黄砂・PM2.5（直径 2.5μm 以下の微小粒子状物質）のように、近隣諸国にも影響を及ぼしている。中国政府も環境問題の深刻さを認識し、積極的に環境問題に取り組む姿勢をみせてはいるが、政府の責任が明確になっていないという、制度的問題点をかかえている。また、経済発展優先の観念が根強く、著しい経済発展とは対照的に、環境投資額が実際の需要を満たすには程遠く、さらなる増資が必要である。そして、比較的完備された環境法体系がすでに確立しているとはいえ、種々の理由により法律の執行がうまくいっていない。一方で企業の環境保護意識も低く、違法操業などが多発している。中国における環境問題の解決には、官民をあげての取り組みが必要であり、また、国際協力のさらなる強化が求められている。

　本章では、中国環境法の歴史と背景を概観し、環境保護法を中心に、中国環境法の主要原則およびおもな環境法制度について概説し、現存する問題点について解説する。

I　概説——歴史と背景

　中華人民共和国成立後の環境法の発展時期は、大まかに3つの段階に分けることができる。

1　生成期（1949〜1973年）

　1949年の建国後、中国は戦争による傷跡から抜け出し、すみやかに工業生産を行わなければならないという現実に直面した。そのため、ソ連モデルを取り入れた工業化を中心とする第1次**5カ年計画**[*]（1953〜1957年）が策定実施された。さらに、1958年の**大躍進政策**[*]において、鉄鋼生産、食料生産が最重要視され、自然資源、鉱物資源、生物資源が著しく破壊されることとなった。

　この時期における環境立法の多くは、環境資源保護に関するものであった。

たとえば、54年憲法ははじめて鉱物資源、水流等の重要な環境資源が全人民所有すなわち国家所有であることを明確に定めた。そのほかに、鉱業暫定条例（1950年）、工場安全衛生規程（1956年）、水土保持暫定綱要（1957年）、生活飲用水衛生規程（1959年）、鉱物資源保護試行条例（1965年）などが制定された。

2 初歩的発展期（1973~1978年）

　工業生産の拡大にともない、環境汚染問題がしだいにクローズアップされ、環境保護の重要性が認識されるようになる。1973年の全国第1回環境保護会議において、「環境保護および保全に関する若干の規定（試行草案）」が採択され、「全面的に企画し、合理的に配置し、総合的に利用し、害を利に変え、大衆に依拠し、全員で着手し、環境を保護し、人民に幸福をもたらす」という方針が決定され、後の環境立法に多大な影響を及ぼすこととなった。この時期には、沿海水域汚染防止暫定規定（1974年）のほかに、一連の新しい環境基準が制定された。78年憲法は、「国は、環境および自然資源を保護し、汚染およびその他の公害を防止し、ガバナンスを行う」として、はじめて環境保護に関する規定をおいた。

3 発展・改革期（1978年~現在）

　1978年の中国共産党第11期中央委員会第3回全体会議（11期3中全会）以降、中国の政治、経済情勢に重大な変化が生じ、国の環境保護事業および法制建設も著しい発展を遂げ、比較的完備された環境法体系が形成された。

　1979年の環境保護法（試行）の公布は、中国の環境保護が法制段階に入ったことを表しており、中国環境法体系の樹立がいよいよ始まったことを意味する。1980年以降、環境基本法である環境保護法（1989年、2014年全面改正）のほかに、海洋環境保護法（1982年）、水汚染防止法（1984年）、森林法（1984年）、草原法（1985年）、大気汚染防止法（1987年）、固体廃棄物環境汚染防止法（1995年）、環境騒音汚染防止法（1996年）等多数の法律法規が制定された。その結果2006年の段階では、環境と資源保護に関する法律が26、行政性法規が50あまり、部門規則と規範性文書が200弱、国家環境基準が800あまり、地方性法規・規則が1600あまり制定され、約51の国際条約を批准しそれらに署名するに至っていた。現在もその数は増え続けている。

環境に関する現行法律法規は、大きく、汚染防止に関するもの（たとえば、水汚染防止法、固体廃棄物環境汚染防止法など）と、自然資源および生態系保全に関するもの（たとえば、土地管理法（1986年）、漁業法（1986年）、草原法、水法（1988年）、森林法など）とに分類できる。このように、形式上は環境法の体系が確立しているが、近年ますます深刻化している環境問題の現状は、これらの法律制度がうまく機能していないことを物語っている。

II　環境法の内容

1　環境法の基本原則

　改正環境保護法は、以下のような5つの基本原則を定める。

　（1）**保護優先原則**　　この原則は、環境保護がその他の利益に優先され、環境保護と経済・社会発展との間に矛盾が生じた場合、環境保護が優先されることを意味するものであり、従来の「環境保護、経済・社会の調和的発展原則」を変更した。その核心的内容は、汚染の排出と自然資源の開発利用をそれぞれ、環境の自浄能力と資源の負荷能力の範囲内に抑えることにあるとされる。

　（2）**予防を主とする原則**（または**予防優先原則**）　　この原則は、ひとたび環境被害が生じるとその解決は非常にむずかしいということに鑑み、環境問題の未然防止をはかり、環境保全のための各種措置を講じることを求めるものである。

　同原則を実行するため、中国環境法には、2に後述する環境影響評価制度、「三同時」制度、汚染物質の排出許可制度、期限付きガバナンス制度、汚染排出費徴収制度等が規定されている。

　（3）**総合的処理原則**　　これは、環境問題の原因は様々であり、その解決には時間がかかるため、総合的な手段を用いて環境問題を解決すべきことを求めるものである。具体的には、次の4つの意味が含まれるとされる。すなわち、①水、大気等の環境要素に対する処理は、そのものだけでなく他の要素をも視野に入れて考えなければならず、②政治的・経済的・法的・技術的手段等を総合的に運用し、③環境保護部門の統一的な監督管理のもとで、その他の行政部門が分担して環境保護の責任を負い、企業も社会的責任を負い、市民も環境保護意識を高めて積極的に参加すべきであり、④地域をまた

がる環境問題については、点的対応から面的対応へと転換しなければならない。

（4）**公衆参加の原則**　この原則は、「大衆に依拠して環境を保護する原則」とも称され、生態環境の保護と自然資源の開発利用は、公衆による広範な参加によらなければならないことをさすものである。改正環境保護法は、「第5章　情報公開と公衆参加」という章を新たに設け、公衆参加に関する規定をおいている。具体的には、市民、法人およびその他の組織が、環境情報を取得する権利、環境保護に参加し監督する権利、各級人民政府および関連部門の環境情報公開・公衆参加手続の改善義務、環境公益訴訟などが規定された。

しかし、具体的な参加手続、権利保障規定が明確でなく、公衆参加が徹底されていない。また、情報公開につき、国家機密に関するものは適用除外となっていて、その解釈いかんによっては情報公開の範囲が人為的に狭められるおそれがあり、透明性に欠けるという問題が残されている。上記の問題点を解決し、広範な公衆参加を実現することが急務となっている。

（5）**損害責任負担原則**　この原則は、「環境および資源の利用により環境汚染または破壊をもたらし、自然資源に損害をもたらした者は、相応の法的義務と責任を負わなければならない」というものである。これには、従来から議論されてきた①汚染者の費用負担原則、②利用者の補償原則、③開発者の保護原則、④破壊者の回復原則などが含まれる。①とは、環境汚染により生じた損害および汚染処理費用は汚染者が負担すべきであって、国および社会に転嫁してはならないことをいう。②は、環境資源の開発利用者に、国の関連規定にもとづく経済的補償を求めるものであり、その目的は、環境資源の有償利用と生態環境回復のための経済的補償メカニズムの樹立・強化にある。③は、環境資源の開発利用権を有する組織および個人に、環境資源の保護義務を課している。④は、環境資源の破壊をもたらした組織および個人に、破壊された環境資源を回復し整備する法的責任を課している。

しかし、①〜④は、責任主体、損害類型や責任負担方法が特定のものに限定されているため、環境保護法は、損害責任負担原則という用語を採用した。

2　環境法のおもな制度

（1）**環境影響評価制度**　1979年公布の環境保護法（試行）においては

じめて環境影響評価制度が確立されて以来、海洋環境保護法、水汚染防止法等の個別立法において具体化され、2002年には専門の法律として、環境影響評価法が採択公布された。

中国の環境アセスメントは、長期計画アセス（いわゆる戦略的アセス）と建設プロジェクトアセス（いわゆる事業アセス）に分かれる。前者はさらに、①土地の利用計画および区域・流域・海域の建設・開発利用計画を含む総合的計画と、②工業・農業・畜産業・林業・エネルギー・水利・交通・都市建設・観光等の特定項目計画、とに分かれる。その編成機関と承認機関は同じ行政機関であり、その規模に応じて、それぞれ、国務院（中央人民政府）の関係部門、区を設けた市級以上の地方人民政府および関係部門となっている。環境影響報告書における結論および関係部門の代表と専門家からなる審査グループの審査意見が、アセス合否の重要な判断基準となる。これに対し、建設プロジェクトアセスの実施主体は、当該プロジェクトを行おうとする建設組織（建設事業を行う主体の総称であり、政府機関、事業体、企業、開発業者などが含まれる）であり、その審査承認機関は、各級の地方人民政府における環境保護行政主管部門であるが、当該建設プロジェクトに業界主管部門がある場合は、その事前審査が義務づけられる。なお、建設組織は、国務院の環境保護行政主管部門の審査を経て関連資格を取得した機構に、環境アセスの実施を委託できる。

長期計画アセスのうち、環境に悪影響を与え、かつ、公衆の環境上の権利利益に直接関わりうる特定項目の計画に限って、その編成機関は論証会、聴聞会等の開催、関係組織・専門家・公衆向けのパブリック・コメントの実施を求められる。一方、環境に一定以上の影響を及ぼしうる建設プロジェクトに対しては、環境アセスが義務づけられ、影響の程度に応じて、異なる処理が行われる。まず、環境に重大な影響を及ぼしうるものに対し、環境影響報告書の編成および当該アセスへの公衆参加を義務づける。つぎに、軽度の影響に対しては、環境影響報告表の編成を義務づける。さらに、非常に軽微な影響に対しては、環境アセスを求めず、環境影響登記表への記載のみを義務づける。後二者に対して、公衆参加は義務づけられていない。

すべての環境アセスには、代替プランの提示が義務づけられておらず、事後の環境アセスが認められている。環境アセスのうち、長期計画アセスの実施例は少なく、いまだ全面的に展開されておらず、アセスを経ずに審査をパ

スしたケースが多い。建設プロジェクトには承認を経ないまま違法に建築操業されるケースがあとを絶たない。また、公衆参加が徹底されておらず、環境アセスが形式的になりがちであり、環境アセス能力の向上が急務となっている。

（2）「三同時」制度　「三同時」制度*は、建設プロジェクトのすべての過程にわたるものであり、異なる段階に応じて異なる対応を求めている。すなわち、設計段階において、建設組織は環境保護行政主管部門に設計中の環境保護プランを提出し、その審査承認を経てはじめて、建設計画に組み入れることができる。これを欠く場合、建設主管部門およびその他の関係部門は施工免許を与えず、物資供給部門は原材料、設備を提供しないことになっている。施工段階においては、施工現場周辺の環境を保護し、自然環境の破壊を防止し、粉塵、騒音、振動等による周辺生活居住区域への汚染と危害を防止または軽減しなければならない。使用段階において、建設組織は、許認可を与える環境保護部門に環境保護施設竣工検査報告書を提出し、その引取り検査に通らなければ、当該施設を使用できなくなる。なお、環境保護部門の検査前に、当該施設に対する建設主管部門の事前審査が義務づけられる。

「三同時」制度の実施主体は企業となっている。しかし、同制度に従って環境保護施設を稼動させることより、同制度を守らず環境保護部門の罰金を受けることの方が安上がりとなっているため、多くの企業には同制度を執行するインセンティブが欠けている。また、環境保護部門における人員、経費不足等により、監督管理が徹底されておらず、再三にわたる悪質な違法排出行為などが多発している。

（3）環境行政許可制度　環境行政許可は、その性質によって、一般許可型、特別許可型、認可、審査承認事項、登記事項に分類され、その内容によって大きく、環境影響評価許可、環境保護施設の許可、汚染物質許可、放射性物質許可、自然保護区に関する許可、非行政許可型環境審査承認事項に分類される。

環境行政許可の実施主体には、環境行政許可権を有する行政機関のほかに、中国環境保護産業協会等のように、法律法規による授権により環境管理職能を有する組織、委託を受けたその他の機関が含まれる。近年、環境行政許可手続のなかに聴聞制度が新たに導入されており、行政許可法（2003 年）、環境影響評価法、環境保護行政許可聴聞暫定弁法（2004 年）等に関連規定がお

かれた。

（4）**環境基準および期限付きガバナンス制度**　環境基準は、国の環境行政管理に欠かせないものである。1973 年に中国初の環境基準である「"工業三廃"（排水、排ガス、固形廃棄物をさす）排出試行基準」が公布されて以来、中国の環境基準制度はしだいに整備され、すでに比較的完備された環境基準体系が樹立されている。

職権の範囲、内容により、中国の環境基準はいくつかの類型に分類できる。まず、職権範囲によって、国家環境基準、環境保護部基準（その前身である国家環境保護総局の基準を含む。なお、2018 年の国務院（中央人民政府）機構改革により、生態環境部に再編された。以下、同じ）、地方環境基準に分かれる。前二者が全国で適用されるのに対し、後者は当該基準が公布された地域においてのみ適用される。つぎに、その内容によって、環境基準、汚染物質排出基準、環境監視測定方法基準、環境標準サンプル基準、環境基礎基準に分かれる。前二者には、それぞれ、国家環境基準、環境保護部基準、地方環境基準があり、それ以外のものには地方環境基準が存在しない。

環境基準の策定機関は環境保護部となっているが、技術的制約により、その多くは各大学・研究機関等に起草を委託することになる。しかし、後者が企業等から融資を受けていることが多く、真に環境の現状に適合した厳しい環境基準を制定するには制度的な制約を受けることになる。また、環境管理を行ううえで要となる環境基準の起草制定過程が公開されておらず、公衆参加の手続的保障が不十分である。

通常、関連の環境基準に達しなかったものが**期限付きガバナンス制度**[*]の規制対象となるため、同制度は、環境基準制度の延長線上のものといえる。期限付きガバナンス制度の目標は、汚染源によって異なる。まず、具体的な汚染源にあっては、排出基準に達せしめることである。つぎに、産業汚染にあっては、いくつかの期間とグループに分けて、順次すべての汚染源が排出基準に達することが目指される。さらに、一定区域内の環境汚染にあっては、当該区域に適用される環境基準をクリアさせなければならない。具体的に、同制度の規制対象となるのは、特別保護区域内における基準超過排出汚染源と、重大汚染源である。期限内未了の場合は、基準超過汚染排出費を徴収するほか、生じた結果に応じて罰金、操業停止、閉鎖等の措置が課される。

期限付きガバナンスを命じる主体は、各法律によって異なっている。操業

停止、閉鎖を命じうるのは現地の地方人民政府であって、環境保護部門には
そのような権限がない。また、同制度についての監督機関、後続検査措置、
引取り検査方法等の手続規定があいまいであるため、統一した運用がむずか
しくなっている。現実には、期限付きガバナンスにおける期限が明確でなく、
「無期限」になってしまうケースが多々みられる。

　なお、改正環境保護法では期限付きガバナンス制度に関する規定が削除さ
れた。それに代わって、①違法に汚染物質を排出し、②過料の処罰と改善命
令［責令改正］を受け、かつ、③改善命令に従わない企業事業組織とその他
の生産経営者（以下「汚染排出者」という）に対し、環境保護主管部門が下し
た「違法行為改善命令決定書」が汚染排出者に送達された翌日から、（秘密
裏の）再検査のときに汚染物質の違法排出行為を検認した日までの期間内に、
当初の過料金額にその日数を乗じて処罰する［按日計罰］制度が導入された
（同法 59 条、「環境保護主管部門による日ごとの連続処罰実施弁法」17 条参照）。

　（5）クリーン生産および再生可能エネルギーの開発利用制度　　現在、中国
においても持続可能な発展が目指されており、2008 年には、生産、流通、
消費等の過程における減量化、再利用および資源化の促進を目指した循環経
済促進法が制定された。**クリーン生産**と再生可能エネルギーの開発利用は、
循環経済の重要な内容をなすものである。

　クリーン生産促進法（2002 年）によると、クリーン生産の規律範囲は、あ
らゆる生産およびサービス分野にわたっており、中国国内で上記事業に従事
する事業体には同法にもとづくクリーン生産の実施が義務づけられている。
国務院（中央人民政府）および県級以上の地方人民政府は、クリーン生産を
国民経済および社会発展計画、年度計画ならびに環境保護、資源利用、産業
発展、地域開発等の長期計画のなかに組み入れなければならず、国は、これ
らに関する科学研究、技術開発と国際協力の展開を促進し、宣伝活動を行い、
クリーン生産に関する知識を普及し、クリーン生産技術を推進するとともに、
社会団体および公衆によるクリーン生産の宣伝、教育、推進、実施、監督へ
の参加を促進する。クリーン生産の主管部門はそれぞれ、国務院クリーン生
産総合調整部門（国家発展・改革委員会）と県級以上の地方人民政府が設ける
クリーン生産総合調整部門からなっている。各級政府のおもな職責には、ク
リーン生産に資する各種政策およびクリーン推進計画の策定、省エネ・節
水・リサイクル製品等の環境配慮型製品の購入と使用などがあげられている。

クリーン生産の促進措置として、クリーン生産表彰奨励制度、資金援助、税制優遇措置などの経済的奨励制度が用意されている。

再生可能エネルギーの開発利用については、再生可能エネルギー法（2005年）が規律する。再生可能エネルギーとは、風力、太陽光、水力、バイオマス、地熱、海洋エネルギー等の非化石燃料エネルギーをいう。同制度を推進するため、再生可能エネルギー法は、国務院エネルギー主管部門による全国再生可能エネルギー資源の調査およびその技術規範の制定・全国再生可能エネルギー開発利用中長期総量目標の制定・再生可能エネルギー産業発展指導目録の制定公布、国務院標準化主管部門による再生可能エネルギー技術および製品に関する国家基準の制定公布、再生可能エネルギーによる発電所建設の許可、再生可能エネルギー発電についての全額保障購入制度、再生可能エネルギー発展基金の設立、税財政優遇措置などを定めている。

（6）汚染排出費の徴収制度　　これは、環境保護行政主管部門が法律の規定にもとづいて汚染排出者に対して一定の費用を徴収するものであり、汚染者負担原則の具体的適用である。なお、環境保護税法（2016年）の公布により、将来的には環境保護税の納付へと切り替わることになる。

汚染排出費の徴収に関するおもな法規は、国務院（中央人民政府）が2003年に制定した汚染排出費徴収使用管理条例である。同条例によると、徴収の対象は、直接環境に汚染物質を排出する組織および個人経済組織（以下「排出者」という）であり、工業固形廃棄物の貯蔵・処分設備等を備え、かつ、関連の環境保護基準に達した排出者等は、汚染排出費の納付が免除される。汚染排出費の国家徴収基準は、国務院の価格主管部門、財政部門、環境保護主管部門および経済貿易主管部門（現在は国家発展・改革委員会）が共同で定めており、基準の定めがないものについては、省、自治区、直轄市政府が地方の汚染排出費徴収基準を制定できる。徴収項目は、汚水、排ガス、基準超えの騒音、固形廃棄物、危険廃棄物の5種類であり、汚染物質の種類、危害の程度、排出濃度および数量に照らして徴収費用が定まる仕組みになっている。

汚染排出費は、排出者が環境保護主管部門へ排出量等を申告し、環境保護部門が発する費用納付通知書にもとづき所定の期間内に指定の金融機関へ納付することになる。期限内未納の場合は、遅延金徴収のほかに、罰金（過料）を課し、人民法院に強制執行を請求できる。徴収された汚染排出費は、一律

に所在地政府の財政に上納し、同政府の財政予算に組み入れ、環境保護専門項目資金として使用管理しなければならない。しかし、とりわけ、経済発展が遅れている内陸部にあっては、汚染排出費が地方人民政府または環境保護局（現在は生態環境局。以下、同じ）によって流用されることが多く、汚染排出費をおもな収入源とする環境保護局が少なからず存在しており、それはまた、汚職・腐敗の原因にもなっている。

（7）環境事故報告制度　　中国ではじめて環境事故報告制度を定めたのは、1982 年制定の海洋環境保護法であり、2006 年には国務院（中央人民政府）が「国家突発環境事件応急事前対策」を公布して、同制度の充実化をはかった。なお、環境事故に限らずより広範な事故を対象とする法律として、突発事件対処法（2007 年）がある。

突発環境事件は、事件の重大さおよび緊急の度合いに応じて、特別重大環境事件（Ⅰ級）、重大環境事件（Ⅱ級）、比較的大きい環境事件（Ⅲ級）、一般環境事件（Ⅳ級）に分類される。

突発環境事件が発生した場合、関連責任者は 1 時間以内に所在地の県級以上の地方人民政府に報告すると同時に、1 級上の関係専門主管部門に報告し、かつ、すみやかに現場検証を行わなければならない。重大環境事件（Ⅱ級）と認めた認定機関は、1 時間以内に省級の関係専門主管部門に報告し、特別重大環境事件（Ⅰ級）の場合はただちに国務院の関係専門主管部門に報告すると同時に、その他の関係部門に通報しなければならない。地方人民政府は、報告を受けてから 1 時間以内に 1 級上の人民政府に報告し、省級の地方人民政府は、報告を受けてから 1 時間以内に国務院および国務院の関係部門に報告しなければならない。重大（Ⅱ級）、特別重大（Ⅰ級）突発環境事件につき、国務院の関係部門はただちに国務院に報告しなければならない。そして、報告の形式には、事件発生後 1 時間以内に行う初報、事件の状況が基本的に判明した後に行われる続報、事件処理完了後に行われる処理結果報告の 3 種類がある。

Ⅲ　クローズアップ

中国において、数多くの環境法規が制定され、環境法体系も一応の完成をみたが、なぜ環境問題は解決されず、ますます深刻化しているのだろうか。

さまざまな理由が考えられるが、とりわけ、以下の問題点を指摘しておきたい。

1 経済発展が優先され、環境投資が環境保護の需要を満たしていない

既述のとおり、中国は環境保護と経済・社会の調和的発展政策を実施してきたが、現実には経済発展が優先されてきた。一方、環境保護には厖大な費用がかかり、十分な資金的保障が必要であるが、満足な環境投資が行われていないのが現状である。なお、改正環境保護法は、環境保護優先原則を新たに導入したが、それが果たしてどれぐらいの実効性をともないうるかは、いまだ不透明なままである。

広大な国土を誇る中国だが、各地の経済発展には大きなばらつきがある。沿海地域においては経済発展が著しく地方財政が潤っているのに対し、内陸部にある地方人民政府の財政状況は芳しくなく、企業誘致（たとえ、それが汚染事業を対象とする企業であったとしても）を通じて財政収入の向上を目指す地方人民政府が多くみられる。また、1993年から中央と地方財政の分離政策（分税制改革）が実施されるとともに、経済発展を重要な指標とする地方幹部の人事考課制度が行われてきた。そのため、各地において、環境保護は二の次となり、いわゆる「GDP競争」が勃発した。他方、環境政策の要ともなる環境保護計画は、他の関係部門との妥協の産物となり、その実施を保障する監督メカニズム等の関連制度が確立されていない。「国民経済および社会発展計画」における環境予算は独立採算とはなっておらず、具体的な出資項目が明確でなく、実際の投資額もまた予算額を満たしていないといわれている。

2 環境保護における政府の責任が明確になっていない

中国において、環境保護を含む関連政策は、従来から政府主導で行われてきた。そのため、環境保護における政府責任の明確化が求められるが、実際には、各級地方人民政府（とりわけ、その責任者）の法的責任が明確でなく、政府の不作為、不当関与等に対する問責制度が確立されていない。また、環境保護に対しておもな職責を負うのは、各級地方人民政府における環境保護部門であるが、実際には現地の地方人民政府に大部分の権限が集中し、人事、財政面において同政府から独立していないこともあって、環境保護部門によ

る活動はさまざまな制約を受けることになる。そして、他の関連部門はその職権範囲内において環境保護職能を行使することになっているが、その職権の範囲があいまいであり、各部門間の連携がうまくとれていない。なお、改正環境保護法は、①県級以上人民政府の同級人代または人代常務委員会への環境状況・環境保護目標達成状況などの報告義務を規定し、②環境保護目標達成状況を地方幹部の人事考課にあたっての重要な根拠とすべきことを定めるなど、一定の手当てを行ったが、その実際の効果については今後の推移を見守る必要がある。

3　司法による環境被害救済が実現できていない

　現行の82年憲法は、「人民法院は、法律の規定にもとづき独立して裁判権を行使し、行政機関、社会団体および個人の干渉を受けない」として、人民法院による裁判の独立を定める。しかし、環境保護部門同様、人民法院もまた人事・財政面において、現地の地方人民政府に大きく依存するところがあり、裁判の独立が制度的に保障されていない。

　現実には、環境汚染事件を含む集団的行政案件の受理を制限ないし拒否する状況がみられる。たとえば、「最高人民法院の集団的行政案件を適切に処理する問題に関する通知」、「山東省高級人民法院の新類型の、敏感な、疑義のある案件受理についての意見（試行）」などがそれである。また、民事事件においても、訴訟の受理がむずかしい［告状難］、審理しても判決を下さない［審而不判］、判決してもなかなか執行ができない［執行難］といった問題があり（➡第10章第1節Ⅳ2・Ⅴ1(2)）、近年、重大な環境事故が多発しているのに対し、実際に刑事罰が科された事例はごくわずかである。

　そのため、環境被害者の多くは、直接政府に訴える道を選択している。集団陳情（➡第10章第4節Ⅲ）が多発し、場合によっては暴動にまで発展することもあり、大きな社会問題となっている。

第8章　刑事法

　　本章は、刑罰という国家の物理的暴力が直接行使される領域を対象とする。その物理的暴力の行使を統制するのが刑法と刑事訴訟法の役目である。

　　しかし中国では、近代刑法の大原則たる罪刑法定主義が必ずしも自明の原則ではなかった。そもそも1949年の建国以後30年の長きにわたり刑法と呼べるほどのまとまった法は存在しなかった。1979年にようやく刑法典が制定されたが、そこでは何と類推適用が認められていた。この規定が姿を消すのは1997年の改正によってである。そして97年刑法ではじめて罪刑法定原則が採用され、明文化された。にもかかわらず、社会的危害性という法律外の実体的概念が依然として幅をきかせ、罪刑法定原則の貫徹を妨げている。また刑罰についても、執行延期付き死刑制度や政治的権利の剥奪といった中国特有の刑罰が存在している。

　　適正手続の観点からも課題は山積している。中国では、古くは収容審査という制度があり、検察の許可なしに長期にわたり被疑者の身柄を拘束して取調べを行っていたし、現在でも、公安機関は刑事訴訟法で定める被疑者の刑事拘留の期間を勝手に延長するなど、手を変え品を変えて法律の枠外で権力を行使している。また拷問による自白の強要といった違法な捜査もあとを絶たない。

　　本章ではまず第1節で刑法について、次に第2節で刑事訴訟法について、それぞれその歴史的背景、立法の変遷および基本的な内容を紹介し、中国刑法・刑事訴訟法の特質および問題点をクローズアップしてみたい。

第1節　刑法

I　概説——歴史と背景

　刑法とは、いかなる行為が犯罪に該当し、その犯罪にどの程度の刑罰を科すかを定めた法律のことである。その中心をなすのは刑法典である。しかし、ある行為が刑法に定める犯罪類型に該当するようにみえても、それでもってただちに有罪とされるわけではない。有罪とするためには厳格な法的手続をふむことが求められる。これは刑事訴訟法の役割である。刑事訴訟法につい

ては第2節で解説することとして、本節ではまず、刑法について説明していこう。

1　刑法制定の歴史的背景と立法の変遷

　中華人民共和国のもとでの刑法は1979年に制定された。つまり、中華人民共和国の成立以来、30年もの間、刑法は存在せず、その不備を補う単行の法規もほとんど存在しなかったのである。もっとも、刑法の草案や裁判例をもとに作られた模範案例等が存在し、おそらくそれらを参考にすることはあったと思われるが、それらはいずれも非公開で、被告人も弁護人も目にすることのできないものであった。法とは公知の準則であるとの原則からすると、非公開の法は法ではない。また、この時期、政策が法の代替としての役割を果たしたといわれている。しかし、政策は刑法規範のように要件と効果が明記されているものではなく、また予見可能性に乏しく、政策の名のもとに恣意的な刑罰権の行使をもたらした。さらに1957年の**反右派闘争**[*]以来、法は階級独裁を縛ることはできないといった類の粗暴なマルクス・レーニン主義理論が法学界においても支配的となった。さらに1966年以来、立法、行政、司法をつかさどる国家機能自身が**プロレタリア文化大革命**[*]（以下「文革」という）によって壊滅状態となり、凄惨な私刑の世界が出現した。したがって、文革の終焉をうけて1978年末に開かれた中国共産党第11期中央委員会第3回全体会議（11期3中全会）で法制の強化が焦眉の課題として提起され、他の法に先駆けて1979年に刑法と刑事訴訟法が作られたのは、中国現代史の必然であり、象徴であった。

　しかし、1979年に制定された最初の刑法は、短命に終わった。制定以来、わずか18年後の1997年に、修正刑法が制定されたのである。79年刑法が短命に終わった主要な理由は、ごく短期間に草卒に作られたことにある。個々の単行法規を作るのと違って、体系性をもった刑法典を作るとなると、それ相応の周到な準備作業を必要とするはずであり、その暇もなく制定されたということは、手元にあった出来合いの資料を参考にしたであろうことを容易に推測させる。つまり、1960年代前期に作られていた各種の刑法草案を下敷きにして79年刑法は作られたのである。しかし、**計画経済**[*]を前提とし、ソ連刑法に範をとった1960年代の刑法草案では市場経済化には対応できなかったし、現代世界の普遍的な刑法原則にもそぐわなかった。79年刑

法に存した類推適用容認規定等はその典型例である。

しかし、修正された97年刑法も確固としたものではなかった。その後9度にわたって修正が加えられ、したがって現行刑法とは2017年の第10回目の修正を経たものということになる。その修正、追加部分を概観すれば、以下のとおりである。

まず、刑法総則部分についていえば、刑の量定および執行に関する修正が大半である。もっとも軽い刑罰である［管制］（➡本節Ⅱ8）や、執行猶予、仮釈放の執行を従来の国家機関から地域社会［社区］の組織に委ねるとか、75歳以上の老人に死刑を原則的に適用しないとか、執行延期付き死刑の有期懲役への減刑を懲役20年から25年に引き上げるといったことがその例である。

各則部分についていえば、もっとも目につくのは、第3章の社会主義市場経済秩序を破壊する罪に関する修正がもっとも多いということである。もともとこの章は条文数が多い箇所ではあるが、その修正、追加は45か条に上り、それは全体の修正、追加の3分の1以上を占める。その背景には、経済犯罪、とくに金融犯罪への対処ということがあり、"経済犯罪は厳に従う"との政策のもと、罪名の増設、犯罪構成要件の弾力化がはかられた。

その他、注目すべき修正、追加として、非暴力犯罪における死刑数の減少とか、情報化時代に即応するため、インターネット［網絡］利用犯罪類型が増設されるとか、治安対策強化のため、テロリズム［恐怖主義］のほかに過激な思想・言動［極端主義］が犯罪類型化されたことなどがある。また、悪質な交通犯罪として、追い越し運転や飲酒運転行為が犯罪類型に加えられた。

Ⅱ　刑法の内容

ここからは現行刑法の内容について説明していく。その際、日本刑法との違いに留意しながら、刑法総則部分に即して、中国刑法の特質をよく表していると思われる点を中心に解説を進めることにしたい。

1　刑法の基本原則

中国刑法は第1章に刑法の基本原則を掲げているが、ここには中国刑法の特色がよく表れている。

（1）**罪刑法定原則と法の平等適用原則**　　第1に、**罪刑法定原則**を掲げる。その条文は「法律が明文でもって犯罪行為として規定しているものは、法律によって犯罪を認定し刑罰を科す。法律が明文でもって犯罪行為として規定していないものは、犯罪を認定し刑罰を科すことができない」となっている。

　この規定で奇異な印象を抱かせるのは、前段の規定である。通常、罪刑法定原則とは、"法律なければ刑罰なし"（ベッカリーア）に尽きるのである。前段の規定は、法律の規定に該当すれば、その規定どおりに処断すべきであるとの趣旨であるが、日本では、被疑者の利益になる方向に向かっての解釈は、罪刑法定主義の要請とは無関係であると説かれてきた。一方で中国刑法では前段のような規定が設けられたが、その背景は何なのか、これは検討すべき課題である。しかも、前段のほうが後段よりも重要な原則であると主張する学者すら存在するのである。

　第2に、**法の平等適用原則**を掲げる。その条文は「いかなる者の犯罪も法の適用上一律平等である。いかなる者も法を超える特権を有することを認めない」と規定するが、このようなことは、わざわざ法律に規定するまでもない自明の原理である。そうした自明の原理を明記しなければならないところに中国の社会と権力の病根があるともいえる（➡本節Ⅲ3）。

　（2）**罪刑対応原則**　　第3に、**罪刑対応原則**を掲げる。これも、中国刑法の性格を認識するうえで見逃せない規定である。犯罪と刑罰を対応させなければならないとの主旨はそのとおりであろうが、問題は、この罪刑対応原則を上述の罪刑法定原則から切り離して規定しているところにある。このことがもっとも問題になるのは、当該犯罪行為に関する刑法の規定と刑の量定との間で乖離があると思われる場合である。たとえば、79年刑法時代において、なぜ、公務員の収賄行為に収賄罪ではなく［貪汚罪］（公共財物横領罪）を適用すべきであるとの司法解釈が出されたのか。また、森林窃盗行為に関する規定があるのに、なぜ森林窃盗行為に一般窃盗罪が適用されるのか。罪刑対応原則の別条化はこうした問題と深く関わってくるし、この問題を解こうとすると、犯罪の構成要件より刑の量定を重視した帝政中国時代の刑法観念にまでさかのぼらなければならない。

2　刑法の適用範囲

　中国刑法はその適用につき、属地主義、属人主義、保護主義、普遍主義の

4原則を掲げる。日本人の中国での犯罪に中国法を適用するというのが属地主義、中国人の日本での犯罪に中国法を適用するというのが属人主義、中国人が日本で犯罪にあった場合、その犯罪が中国刑法で懲役3年以上に相当するときは中国法を適用するというのが保護主義、A国人aがB国で犯罪を実行し、aが中国に入国したとき中国法を適用するというのが普遍主義である（この原則は中国がA国、B国と条約を結んでいる場合に適用される）。日本刑法ではこの最後の普遍主義は明文化されていない。刑法適用諸原則のなかで注意しなければならないのは、属人主義についてである。79年刑法では、中国では犯罪に該当する行為でも、当該国では合法とされている場合、中国刑法の適用は否定されていたが、97年刑法では、当該国で合法でも中国刑法が適用されることとなった。その実例も存する。

3 犯罪概念

　中国刑法においてもっとも理解しにくいのが、この犯罪概念の問題である。しかし、この犯罪概念は中国における犯罪論の要をなし、しかもその特異性をよく表している。

　日本刑法では犯罪とは何かにつき、刑法の条文でもって定義することはない。ところが中国刑法は明文で犯罪概念を定義している。その条文は、国家主権の侵害以下各種の社会・個人に対する侵害を列挙した後に、「社会に危害を加える行為で、法律に従い、刑罰による制裁を受けなければならないものは、すべて犯罪である。ただし、情節が明らかに軽微で危害が大でないものは、犯罪としない」と規定している。この文言のなかから、（イ）**社会的危害性**（➡本節Ⅲ2）、（ロ）「**違法性**[*]」（これは日本刑法の違法性とは異なる）、（ハ）刑事制裁を受けるべき行為、（ニ）ただし書き部分、の4つの要素を抽出し、それらを相互に関係づけたものが犯罪概念の内容となる。ところで、この文言はかつての79年刑法でも同様であり、このことが犯罪概念の理解を困難にしている。なぜなら、類推適用を認めていた79年刑法と罪刑法定を明記した97年刑法とでは、犯罪概念が根本的に転換したはずなのに、それを規定する文言自身は不変だからである。この（イ）〜（ニ）の関係、とくに（イ）の位置づけをめぐっては、現在の刑法学界でも百家争鳴の状態にある。この問題については、本節Ⅲ2で後述する。

4 刑事責任

刑事責任とは刑法上の効果、すなわち刑罰のことであり、どのような場合に刑罰が減免されるかが対象となる。不可抗力、16歳未満（ただし殺人、傷害致死、強姦等特定の犯罪の場合は14歳未満）、心神喪失状態にあった者、正当防衛、緊急避難については刑事責任を負わない。注意しなければならないのは過失の位置づけで、中国刑法は過失も犯罪に該当するが、刑罰は免除することがあると説く。これは、犯罪とは故意を原則とするという日本刑法とは異なる。なお、現行刑法は、人身の安全に危害を及ぼす暴力的犯罪行為に対する防衛の場合、それが過剰に及んでも過剰防衛として処罰しないとする。

5 未完成犯罪

中国刑法は犯罪の予備、未遂、中止を一括して［未完成犯罪］と称する。日本刑法は原則として予備を処罰の対象としないが、中国刑法はどの犯罪についても予備段階から犯罪の成立を認める。予備とは、罪を犯すために道具を準備し、犯罪の条件を創造する段階での行為のことである。中国刑法が予備段階から犯罪の成立を認めるのは、日本刑法のように行為主義刑法ではなく、行為者の犯意を重くみる主観主義刑法の性格を強くもつためである。そのことは、犯罪結果が発生することのない不能犯のとらえ方にもよく反映されている。中国刑法は未遂を［能犯未遂］と［不能犯未遂］に分け、呪殺のような迷信犯を除き、不能犯を一律に未遂犯として処断する。

6 共犯

中国刑法は**共犯**について「共同犯罪とは、2人以上共同しての故意による犯罪」と規定し、過失による共犯を認めない。また、「被教唆者が教唆された罪を犯さなかったときは、教唆犯について軽きに従い処罰」することができると規定する。こういう考え方を共犯独立性説と称し、共犯従属性説を通説とする日本刑法と異なる。こういう点にも中国刑法の主観主義刑法的な性格がよく表れている。

中国の共犯論が日本刑法のそれと大きく異なるのは、共犯を実行行為の有無によって正犯と狭義の共犯（教唆犯、幇助犯）とに区別する考え方を採用せず、犯罪全体において誰が主要な役割［作用］を果たしたかによって区別する点にある。通常、教唆者は主犯として処断される。殺人の教唆であれば、

殺人罪の主犯となり、殺人の教唆犯ではない。教唆犯が独自に存在する可能性があるのは、被教唆者が罪を犯さなかった場合のみであるが、その場合でも、通説は教唆者を殺人の未遂犯としてとらえるので、通説によるかぎり、実際には教唆犯という独自のカテゴリーが成立する余地はない。

中国刑法は、さらに恒常的犯罪集団による集団犯罪を共犯のなかで規定している。この場合、「犯罪集団を組織、指導した首要分子」は主犯として位置づけられているが、集団犯罪についての首要分子の具体的指導の立証ができなくても主犯として処断できるのか、学説は一定していない。

7　単位犯罪

日本では通常、法人犯罪と称されるが、中国刑法は［単位犯罪］と称する。つまり、［単位*］を主体とする犯罪である。単位として認定されるためには、（イ）独自の経費、名称、場所、組織機構を有し、（ロ）国家機関の命令、承認にもとづき、（ハ）権利を取得し、義務を負担できるだけの独立性を有することが必要である。単位犯罪の認定で理論的にもっとも問題となるのは、「利益を謀る」、つまり謀利の故意を必要とするのかという点についてであり、97年刑法の草案段階では単位全体のために利益を謀ることを要件として掲げていた。しかし、97年およびそれ以降の刑法にはその種の文言はなく、実際には、少数であるが、過失の単位犯罪も存在する。単位犯罪が認定されると、組織としての単位と、「直接責任を負う主管人員」および「その他の直接の責任者」とが処罰される。ただ、単位犯罪の適用例は多くはないといわれている。

8　刑罰

中国の刑罰は主刑と付加刑からなる。主刑は［管制］、［拘役］、有期懲役、無期懲役、死刑からなり、付加刑は罰金、政治権利剥奪、財産没収、国外追放からなる。管制は短期の自由刑で、3か月以上2年以下の範囲で地域社会［社区］において矯正が実行される。従来は公安*機関が監視したが、第8次の刑法改正で地域社会［社区］の組織の監視下におかれることとなった。拘役も1か月以上6か月以下の短期自由刑で、監獄ではなく公安機関の設置した拘役所で執行される。有期懲役の刑期は原則6か月以上15年以下であるが、執行延期つき死刑で減刑措置が講じられる際、当該犯罪者に重大な功績

（たとえば犯罪者の告発等）が認定されれば25年の有期懲役に減刑される。従来は20年まで減刑されたが、第8次の改正で減刑の幅が縮小された。**死刑**は執行延期のつかない死刑［立即執行］と執行延期付きの死刑からなる。死刑の執行方法は銃殺と注射である。執行延期付き死刑判決が下されると、2年間執行が延期され、その間に故意の犯罪を犯さないかぎり無期懲役に減刑される。

　付加刑のうち、罰金には必ず主刑が科されるとは限らない。罰金刑単独の場合もある。**政治権利剥奪**は刑期終了後に1年以上5年の範囲で政治的権利（選挙権、表現活動、国家機関への就職等）が剥奪される刑であるが、無期懲役や死刑の場合にも科される。当該犯罪者が反体制者であることを刻印づけるところにこの刑の特色がある。国家安全危害罪（79年刑法でいう反革命罪）犯には必ずこの刑が付加される。財産没収については、79年刑法では全財産の没収が可能であったが、97年刑法では、犯罪者個人およびその扶養家族の生活必需部分は残すことが義務づけられた。

III　クローズアップ

1　死刑の多さ

　刑法については、まず死刑数の多さが目につく。中国で死刑を定める犯罪類型の数および執行数は世界的にみて群を抜いており、常に批判の対象となってきた。それを受けて漸次刑法改正において減少がはかられてきた。すなわち、79年刑法のもとでは72種類あった死刑罪名が97年刑法で68種類に減り、それが2011年の第8次の改正で、経済性、非暴力性犯罪に関わる13種類の死刑が廃止された。しかし、それにしても種類、執行数ともに異常な多さといわなければならない。

2　犯罪成立の客観的基準を満たしていなくても犯罪は成立する

　つぎに問題となるのは、中国の犯罪概念についてである。中国も1997年以来罪刑法定原則を採用するようになったが、中国の**罪刑法定原則**の最大の問題点は、明確性の原則に欠けることである。その原則の貫徹を妨げているもっとも大きな要因が刑法の犯罪概念（➡前述II 3）に登場してくる「社会的危害性」である。中国の通説的理解によれば、有罪・無罪を判断する際に

は、犯罪成立の要件をなす犯罪の客体、客観、主観、主体といった各要件を"総合的に"判断しなければならず、したがって、そのなかの客観的要件が欠けていても、行為者の主観的悪意が大であれば、犯罪は成立すると説く。そして、各要件を"総合的に"判断して有罪無罪を決定づける基準となるのが社会的危害性の程度である。この社会的危害性というのは、およそ形式になじまない実体概念であり、これにもとづいて有罪・無罪を判断するとなると、罪刑法定原則の主柱をなす明確性の原則に反することになる。ちなみに、中国法でいう犯罪の構成要件とは、犯罪成立要件の入り口で論ずる、きわめて形式的な日本刑法の構成要件論とはまったく異なり、犯罪を成立させる客体、客観、主体、主観を総合したものであり、ある論者によれば、日本刑法でいう構成要件、実質的違法性、実質的有責性のすべてを含むものであるという。

3　奇異な罪刑法定原則

　ところで、中国刑法には奇異な規定が存する。Ⅱ 1（1）に前述した罪刑法定原則を定める規定、および刑法の平等適用を定める規定がそれである。前者の、法律に該当するかぎり法律どおりに処断せよという旨の規定について、これを積極的罪刑法定原則として高く評価する説もあるが、こうした説に対しては、この規定は司法に対する不信任を表明したものであるとの痛烈な批判が浴びせられている。中国共産党（以下「党」という）や政府の特権幹部およびその子弟の犯罪に手加減を加える不平等な法の取り扱いがあればこそ、こうした規定が必然化するというわけである。そう理解すれば、後者の規定でなぜわざわざ法の適用の平等をうたっているのかについての疑問も氷解する。このような自明の原則をわざわざ明文化しなければならないところに中国刑法、ひいては司法の不公正さの深刻な状況がある。これは刑事訴訟法上の問題であるが、近年中国では［異地管轄］という制度がとられている。これは、地方の特権幹部による干渉から逃れるために、犯罪行為地でない別の人民法院で裁判を行うというもので（➡第10章第1節Ⅳ 2（1））、これも中国における司法の不公正さという現実のなせる業である。

第2節　刑事訴訟法

I　概説——歴史と背景

1　グローバル・スタンダードへの道

　刑法に劣らず、否それ以上に重要なのが刑事訴訟法であるが、1979年に至るまでは、逮捕拘留条例のような一部の規定はあったものの、刑事訴訟法と呼べるような法律は無きに等しかった。実体法のない裁判はありえても、手続法抜きの裁判はありえないのであって、その意味では1979年まで中国には裁判なるものは存在しなかったといえる。それがいかなる事態をもたらしたかは、前述したとおりである。文革での死者は1000万人にのぼるといわれているが、劉少奇の獄死の例をあげるまでもなく、その相当部分が裁判手続なしに命を落としていった。法の歯止めのなくなった時の中国の権力者の、そして民衆の暴力の凄まじさには慄然とさせられるものがある。

　文革の終焉とともに、刑事訴訟法の制定は焦眉の課題となり、1979年に、刑法と並んで、刑事訴訟法が制定された。しかし、79年刑法と同様、79年刑事訴訟法も短命に終わった。その理由も刑法の場合と同じである。刑事訴訟法も、その制定が意図されてから1年弱で体系的な法典を作ろうとしたわけであるが、それはどだい無理な話で、当代の世界の立法動向を十分参照する暇もなく、結局、刑法と同様、1960年代の刑事訴訟法草案を下敷きにせざるをえなかった。ソ連の刑事訴訟法の影響を受けたこの79年刑事訴訟法は被疑者、被告人の権利保障の面で欠けるところが多く、20世紀末のグローバル・スタンダードからずいぶんとかけ離れたものであった。WTO加盟へ向けて外向き思考が相対的に強かった1990年代にあって、グローバル・スタンダードと乖離した79年刑事訴訟法の改正は必然であった。

2　被告人の権利保障へ

　その後、1996年、2012年、2018年と、3度にわたって修正が行われたが、そのなかで前2者の改正は曲がりなりにも被疑者、被告人の権利保障の方向での改正であった。その一端を示せば、1996年の改正に際して、法律によることなしに嫌疑者の身柄を拘束できた収容審査制が廃止され、また弁護人の選任につき、公判開始のわずか1週間前にはじめてその選任が認められて

いたのが、人民検察院への移送の段階から選任が認められるようになったことが挙げられる。さらに2012年の改正によって、弁護士が弁護を目的として捜査段階から関与できるようになり、また、それまでほとんど空白のままであった証明責任や証明力といった証拠に関する基本的ルールが登場し、有罪の証明責任は検察官が負うというあまりにも自明の原則が中国刑事訴訟法においてようやく採用された。

3 2018年改正による「暗転」

　ところが、2018年を境にして、こうした刑事訴訟法の流れの潮目が変わった。まず、刑事訴訟法自体についていえば、それまでのような被疑者、被告人の権利保障に資するような改正は影を潜め、逆に、法廷調査や法廷弁論なしに判決が下される即決［速裁］手続が新設された。しかし、何よりも重大なのは、**監察法**の制定である。ここでいう監察とは、公権力を行使する公務員、党員、基層大衆組織幹部などの人員［公職人員］の横領、収賄、職権乱用、職務懈怠、権力の市場介入による不当利得、利益の提供、私情による法の悪用、国家財政の浪費等、職務違法・犯罪行為に対する監督、調査、処置のことをさし、この監察権を行使する監察委員会は既存の行政機関の干渉を受けず、しかも裁判機関および検察機関から独立した機関であり、上記の各犯罪被疑者の捜査については、刑事訴訟法は適用されない。たとえば、被疑者に対する強制措置の1つとして居住監視があり、これは被疑者をその住所にとどめ置いて逃亡を防ぐ措置であるが、2012年の改正で、国家安全危害罪、テロ犯罪、とくに重大な賄賂犯罪については、被疑者の住所ではなく、**公安**[*]指定の居所で身柄拘束されることになった。そして、2018年の刑事訴訟法改正では、上記3種類の犯罪のうち、とくに重大な賄賂罪については、刑事訴訟法から外されて同年制定の監察法が適用されることになった。その結果、被疑者は監察委員会の指定する施設に3か月あるいは6か月の期間、［留置］されることになり、それまで刑事訴訟法では認められていた捜査に対する弁護士の関与も一切遮断されることになる。

　さらに注目しなければならないのは、党が久方ぶりに法の前面に登場してきたということである（「監察法の制定は党内監督と国家監察の有機的統一」という立法趣旨説明）。これが何を意味するかといえば、監察委員会の調査結論に対して、人民検察院および人民法院が異を唱えることは事実上不可能となる

であろうということである。そして、極めつけは、1979年以来、刑事法の総則では周到に排除されてきた「毛沢東思想」という文言が登場してきたことである（監察法2条「中国共産党の国家監察工作に対する指導を堅持し……毛沢東思想……を指導とする」）。まことに暗転というほかない。

Ⅱ　刑事訴訟法の内容

　刑事訴訟法の内容に関して、以下1〜7で事件の発生から執行までの各段階について、また8〜12で中国特有の規定・問題について概観してみたい。

1　立案

　刑事手続は事件の発生を前提とし、捜査、起訴、公判、判決、執行へと進んでいくが、この刑事手続上の正式の捜査の起点をなすのが［立案］という手続である。これは告訴、告発、自首を契機として通常は公安が決定するが、公共財物横領罪［貪汚罪］、賄賂罪、公務員の瀆職罪等については従来は人民検察院が立案してきた。しかし、2018年以後は監察委員会が立案することになった。

　中国では公訴とは別に自訴を認めているので、自訴案件については、人民法院も立案の決定権限を有している。

2　捜査

　立案にもとづき正式に捜査が開始される。捜査の原文は［偵査］で、中国語の［捜査］は犯罪証拠および犯罪者の捜索のことである。捜査段階の尋問については、2012年の改正で、録音または録画をすることが規定され、無期懲役以上の刑に処せられる可能性のある嫌疑者に対してはそれが義務づけられることになった。

　捜査には任意捜査と強制捜査があるが、後者について中国刑事訴訟法は強制出頭［拘伝］、保証人・保証金の義務づけ［取保候審］、居住監視［監視居住］、短期の身柄拘束［拘留］、勾留［逮捕］を定めている。このなかで強制措置の度合いがもっとも強いのが勾留［逮捕］である。これは、日本の逮捕と異なり、最短でも捜査段階だけで2か月、検察段階で1か月、裁判段階で1か月

拘束される。つまり中国の［逮捕］は日本の勾留に近く、あるいは日本の通常逮捕と勾留を一体化したようなものである。令状は検察が発給する。勾留［逮捕］期間が終了しても、しばしば居住監視等に切り替えられる。注意を要するのは、勾留［逮捕］の要件が79年刑事訴訟法と96年刑事訴訟法とでは異なるということである。79年刑事訴訟法では「主要な犯罪事実がすでに調査によって明らか」であることが要件とされていたが、96年刑事訴訟法では「主要な」の文言が削除され、要件が緩和された。これは、旧法時代に存在した上記の収容審査制度（公安機関が法律によることなしに、また検察の承認を経ることなしに最長3か月——実際にはもっと長く、1年を超える場合もあった——にわたって身柄を拘束できる制度）の廃止と関係している。

　なお、公権力を行使する公職人員による横領罪等の捜査の場合は、刑事訴訟法上の捜査手続ではなく、監察委員会による［調査］が行われ、強制措置としては［留置］の措置がとられる。

3　弁護活動

　2012年の改正により、捜査段階から弁護活動を目的として弁護士が関与できるようになった。刑事事件においては弁護人、とりわけ弁護士の役割が決定的に重要である。犯罪嫌疑者、被告人が無期懲役以上の刑に処せられる可能性がある場合、および盲人、聾唖者、心神耗弱者に対しては弁護士を付けなければならない。中国における**弁護活動**については、1979年、1996年、2012年と変遷を経てきた。79年刑事訴訟法では、弁護人は公判開始のわずか1週間前からようやく弁護活動を開始できたのが、96年刑事訴訟法では嫌疑者が検察に移送された段階から可能となり、また弁護活動とは別に嫌疑者に対する法律扶助活動が捜査段階から可能となった。しかし、弁護活動と法律扶助活動の区別は実際には困難で、2012年の修正を経て、犯罪嫌疑者が捜査機関により尋問を受けた段階から弁護活動を開始できることになった。

　弁護士の活動のなかで接見交通権は重要であるが、96年刑事訴訟法では、接見について捜査機関が「案件の状況と必要」にもとづいて現場に立ち会うことができると規定され、そのため事実上、接見が妨害されてきた。しかし、2012年の改正でこの規定が削除され、捜査人員の立会いなしに接見できることになった。ただし、嫌疑の罪名が国家安全危害罪、テロ活動犯罪の場合は、接見につき捜査機関の許可が義務づけられている。そして国家安全危害

罪等と並記されていた「とくに重大な賄賂犯罪」は2018年以降は監察委員会での調査に移され、弁護士による接見交通は認められない。

4　起訴

　公安機関による捜査を経て、嫌疑者が人民検察院に移送されてくると、人民検察院は1か月以内（重大、複雑な案件は1か月半以内）に公訴を提起するかどうかを決定しなければならない。移送されてきた案件について人民検察院は補充捜査を命ずることができる。補充捜査は2回を限度とする。ただし、監察委員会からの移送の場合は、人民検察院は必要と判断すれば監察委員会に対して補充調査を命ずることになる。それでも証拠不十分と判断したら、検察は不起訴の決定をしなければならない。そのような場合、監察委員会は1級上の人民検察院に再審査を申請することになるが、そもそも監察委員会の調査結果につき不起訴処分をすることは事実上ありえないであろう。

5　裁判管轄と裁判組織

　起訴がなされると公判が開始される。中国の裁判は4級2審制を採用しており（➡第10章第1節Ⅱ2（1））、そのため案件の管轄（事物管轄）が複雑となる。通常は基層人民法院が第1審であるが、国家安全危害罪、テロ活動案件および無期懲役以上の刑に処せられる可能性のある案件は中級人民法院を第1審とする。それ以外に、省、自治区、直轄市全体に関わる案件は高級人民法院を、全国に関わる重大案件は最高人民法院を第1審（したがって終審）とする。なお、事物管轄とは別に地域管轄の問題があり、基本は犯罪発生地の人民法院が審理するが、近年、裁判の公正さを担保する目的で当事者の影響の及ばない［異地管轄］が導入されている。中国ならではの規定である（➡本章第1節Ⅲ3、第10章第1節Ⅳ2（1））。

　基層人民法院および中級人民法院を第1審とする裁判は裁判員3名または裁判員と陪審員合わせて3名または7名の、高級人民法院を第1審とする場合は裁判員3～7名または裁判員と陪審員あわせて3名または7名の合議廷で行う。最高人民法院を第1審とする場合は、裁判員3名～7名の合議廷で行う。上訴および検察による抗訴案件の場合は、3名または5名の合議廷で行う。簡易手続による場合（たとえば懲役3年以下の事件で被告が嫌疑事実を認めているような場合）は裁判官1人で行う。合議廷が重大、複雑な案件と判断

したら、合議廷から院長への申請を経由して裁判委員会で議され、決定が下される。

6 第1審手続

（1）**公判準備手続**　79年刑事訴訟法では、この準備手続が重要な意味をもった。すなわち、検察の提起した公訴の主要な事実が明確でない場合、人民法院は人民検察院に差し戻して補充捜査を命じた。しかも、その補充捜査に回数の制限はなく、主要な事実が明確になるまで続けられた。その結果、この準備手続段階で裁判官の有罪の心象が形成されることになり、**公判**の形骸化をもたらした。これを［先判後審］（あらかじめ結論が出された後で審理をする）と称する。1996年の改正で、この段階での実質的審査は廃止されることになった。

（2）**第1審公判**　法廷での審理は公開を原則とするが、国家秘密、プライバシーに関わる案件は非公開が義務づけられ、また商業秘密に関わる案件であれば、当事者の申請にもとづき非公開とすることができる。公判は起訴状の朗読に始まり、被告人、被害者の陳述、公訴人および裁判員の被告人尋問、証人および鑑定人尋問と続く。この一連の段階を法廷調査と称する。法廷調査の後、法廷弁論（公訴人、被告人・弁護人の間での弁論）が規定上は予定されているが、実際は法廷調査で終始するといわれている。法廷調査が終わると、被告人の最終陳述を経て判決が下される。この判決に至る過程のなかで79年刑事訴訟法と96年刑事訴訟法とで決定的に異なったのは、検察側の証拠不十分の場合の扱いで、旧法は再度人民検察院に補充捜査を命じたのに対して、96年刑事訴訟法は証拠不十分を理由として無罪とすることが義務づけられたことである。

（3）**自訴案件および簡易手続**　中国法は検察官の公訴だけでなく、被害者およびその関係者の側からの自訴を認めている。自訴案件は、告訴をまってはじめて審理の対象となる案件、軽微な刑事案件、公安や人民検察院が刑事責任を追及しなかった案件からなる。自訴案件の特色は、調停や和解が奨励されるということである。簡易手続は案件の事実が明確で、被告人が被疑事実を認めている案件についてとられる手続で、この場合は法廷調査手続が著しく短縮される。

7 第2審手続

(1) 覆審制　　中国の上訴審は**覆審制**をとる。覆審制とは、原審の事実認定等にとらわれることなく、一から審理を始めるやり方のことである。覆審制を採用しているため、たとえば共同犯罪案件において上訴していない被告についても審理が行われ、原審の事実認定、法の適用、刑の量定等に誤りがあると判断されると、原審判決は取り消されることになる。その結果、原審に服した被告人について、上訴審でより重い刑が科されるということが起こりうる。そうした場合は、上訴不加重刑原則で調整がはかられる。

第2審手続に関して、96年刑事訴訟法と2012年改正刑事訴訟法とで重要な変更が見いだされるのは、差戻審の制限についてである。従来は原判決の事実不明、証拠不十分の場合、繰り返し差し戻すことが可能であったが、2012年の改正で、差戻し後の上訴審は1回に限られ、なおそこで証拠不十分と判断すると、証拠不十分を理由として無罪判決が下されることになった。これによって、前述した第1審における証拠不十分を理由とする無罪判決の義務づけとの整合化がはかられることになった。

(2) 上訴不加重刑の原則　　**上訴不加重刑の原則**とは、被告人の上訴を奨励する趣旨で、被告人側からのみ上訴した場合、原審より重い刑を科してはならないとする原則である。覆審制のもとでは、上記のように、上訴しなかった被告が原審より重い刑を科されるという事態が生じうる。こうした不都合は上訴不加重刑原則によって漸次解消されてきた。

8 証拠

裁判は証拠がすべてである。**劉涌事件**[*]にみられるように、自白の強要といった違法な捜査が常態化していた中国で、証拠に関するルールが本格的に整備されるのは2010年の「死刑案件の処理につき証拠を審査判断するうえでの若干の問題に関する規定」および「刑事案件の処理につき違法証拠を排除するうえでの若干の問題に関する規定」という2つの司法解釈を契機としてであり、これらの規定をふまえて、2012年の刑事訴訟法改正において証拠法関係の立法化がはかられた。2012年に新たに設けられた重要なルールとして、(イ) 裁判員、検察人員、捜査人員は何人に対しても、自己の有罪を証明することを強要してはならない、(ロ) 有罪の挙証責任は検察が負う、(ハ) 証拠が確実、十分であるといえるためには、無罪の可能性があるので

はとの合理的疑いを排除できるものでなければならない、(二) 証拠収集の合法性について検察は証明しなければならない、といったものがある。

9　付帯民事訴訟

　殺人や傷害等の場合、刑事事件と同時に民事の損害賠償の問題が発生する。民事については、被害者またはその親族が原告、刑事被告人または被告人の監護人あるいは遺産相続人が被告となる。日本では、刑事と民事は分離して別々の裁判官のもとで裁判が行われるが、中国では同一の裁判官が両者を一体として審理する。2012 年の改正法では、調停を認める文言が追加された。この**付帯民事訴訟**のもとでは、民事面で被告が積極的に賠償に応じれば、それが刑の量定に反映される。

10　裁判監督手続

　裁判監督手続は再審制度に類似する制度である。日本の再審制度では、刑事事件において、被告人に不利な方向での再審は認められていない。また、被告人の側からの再審請求も容易には認められていない。それに対して、中国法では被告人に不利となる方向でも再審が行われ、また、被告、検察いずれの側からの再審請求がなくても、人民法院みずからが再審請求をすることができる。被告人、被害者の側からの再審請求のことを［申訴］と称し、人民検察院および人民法院みずからの再審請求手続のことを裁判監督手続と称する。再審請求については、刑事に関しては 2 審終審制のような回数制限はなく、理論的には、無限に再審請求の道が開かれている。

11　死刑審査承認手続

　中国の**死刑**には、執行延期のつかない死刑と執行延期のつく死刑の 2 種類が存在し、この 2 種類の死刑についてそれぞれ審査承認の手続が定められている。とくに執行延期のつかない死刑については、必ず最高人民法院による審査承認手続を経ることが義務づけられている。従来、一時期において公共安全危害罪や殺人罪等の特定の死刑案件については高級人民法院に審査承認手続が授権されていたが、2005 年、最高人民法院はその授権制度を廃止し、すべての死刑案件についてその第 3 刑事廷で審査承認手続が行われることになった。

12 特別手続

2012年の改正法で特別手続という編が新設された。そのなかには、（イ）未成年者に対する手続、（ロ）和解手続、（ハ）違法財産没収手続、（ニ）精神病者に対する強制医療手続が含まれる。（イ）は教育を主とし、刑罰を補助とする趣旨による。（ハ）は犯罪嫌疑者、被告人が逃亡、死亡した場合のその違法所得没収の手続の適用範囲、申請、差押え、凍結等に関するものである。（ニ）は暴力行為、公共安全危害または市民の人身の安全に重大な危害を加えるも、鑑定により刑事責任を問えないと判断された被告人に対する強制医療措置に関するものである（なお、（ロ）については➡本節Ⅲ4）。

Ⅲ クローズアップ

1 無罪推定原則は働いているか

2012年の刑事訴訟法改正の柱の1つは証拠法の充実にあった。しかし、こうした改革にもかかわらず、問題は残る。捜査当局は嫌疑者に対して自己の有罪を証明することを強要してはならないことが規定され、それは一見すると嫌疑者、被告人の黙秘権を保障し、無罪推定を認めているかのような印象を与える。しかし、刑事訴訟法は別途、嫌疑者は「事実をありのままに回答する」ことを依然として義務づけている。また、有罪とするには、無罪となることの可能性＝合理的疑いを排除できるまでに証明がなされていなければならないとの証明責任が明文化されたことは、中国の刑事訴訟法の歴史に照らせば画期的なことである。しかし、もし仮に**OJシンプソン事件**[*]のような事件が発生した場合、民衆の憤り［民憤］が強く作用する中国社会で、証拠不十分として無罪判決を出せるか、きわめて疑問である。ひるがえって、中国では実務慣行として"疑わしきは軽きに従う"という考え方が採用されてきた。これを［疑罪］と呼ぶが、これは帝制中国時代の法（唐律）にまでさかのぼることができる。とくにこの手法がとられるのは、死刑に関わる案件においてであり、有罪を立証する証拠が拷問による自白の強要によるものであることを否定しきれないとか、自白以外に証拠がないといった事件について、裁判官は被告人を無罪とはせず、しかし、ただちに執行される死刑の代わりに軽きに従って、執行延期つきの死刑とか、無期懲役や長期の有期懲役に処するといった刑法の適用がなされている。このような「疑罪」観念が

存在するかぎり、2012年の刑事訴訟法改正で導入された、「〔有罪とするためには〕認定した事実について合理的疑いを排除できるものでなければならない」といったルールは機能しないだろう。

2　強大な公安権力

中国刑事訴訟法には捜査段階での強制措置について、なお問題が存在する。その1つは、居住地での監視についてである。これは、従来は自宅に拘束して監視するというものであったが、2012年の改正で、国家安全危害罪、テロ犯罪、重大な賄賂罪等の特定の犯罪嫌疑者に対しては公安機関が居所を指定するというように変わった。これは姿を変えた身柄拘束であり、嫌疑者の権利保障の見地からすると後退であるといわなければならない。しかも、これに追い打ちをかけるように、重大な賄賂罪については2018年の監察法により、監察委員会による〔調査〕に付され、同委員会指定の〔留置〕場所にて身柄拘束がなされることになった。

また、刑事拘留に関して、これは本来短期の身柄拘束のはずであるのに、公安部は独自に規定〔規章〕を設けて、その独自の判断で拘留期限を延長できることにしている。これは刑事訴訟法にもとづいておらず、明らかに違法である。ところで、収容審査制度は廃止されたが、本来は行政処罰の一種である労働矯正が収容審査の代用物として用いられてきた。2013年に、この労働矯正制度は廃止されたが、公安部や、監察委員会といった強大な機関を人民検察院や人民法院が統制できるかは疑問であり、引き続き被疑者の権利保障については、推移を見守っていく必要がある。

同様のことは、拷問等の違法な捜査による自白の強要の問題についてもいえる。数次にわたる刑事訴訟法改正を通じて改善が施されてきているが、違法証拠の排除ルールが裁判の場でどこまで貫徹されるのか、また死刑案件等の重罪案件について義務づけられることになった捜査段階での録音、録画がどこまで適正に実行されるのか、今後の推移を見守っていかなければならない。

3　弁護士の受難

刑事事件においては、嫌疑者・被告人の相手方は公安・検察といった国家権力である。こうした国家権力を相手に対等に渡り合うことは至難の業であ

り、弁護士の役割が決定的に重要である。ところが、この弁護士の身分保障が中国では深刻な問題をかかえている。それというのも、実は、刑法そのものが人権抑圧機能を果たしているのである。刑法の「弁護人、訴訟代理人による証拠隠滅偽造証言妨害罪」がそれである。この条文中の「証人を誘引して……証言を変更させた」を乱用し、公安や検察が弁護士自身を逮捕、起訴する現象があとを絶たない。その結果、弁護士が弁護を辞退するといった深刻な事態が生じている。

4　金持ちは刑事罰を免れる

2012年の法改正で特別手続という制度が設けられたことは前述した。このなかでとくに問題があると思われるのは**刑事和解手続**である。この制度は2001年に登場し、2012年に正式に刑事訴訟法に組み入れられたもので、証拠不十分の案件とか、法律適用が困難な案件に適用され、本来であれば証拠不十分として無罪とすべきところを、刑事和解で処理するという機能を果たし続ける可能性がある。また、さらに問題なのは、刑事和解の可否が被告の側からの損害賠償額の多寡に左右され、金持ちだけが刑事罰から免れる（"銭をもって刑を買う"）という事態をまねく可能性があるということである。

5　中国の裁判は司法か行政か

中国刑事訴訟法の特異性を表すと同時に問題点をなすのが、中国の再審制度のあり方である。中国の再審制度（➡本節Ⅱ10）は被告人に不利な方向でも作用し、その数も少なくない。それは、中国の司法の、どこまでも真実を追究せんとする実体的真実発見主義の強さに由来する。帝政中国二千年の歴史を通じて、判決の確定力という観念は存在しなかったといわれるが、現代中国の司法にもそれが貫徹されている。この点で興味深いのは行政上の決定には確定力が存在しないことである。

また、裁判所（人民法院）みずからが再審請求できるという特異な制度も、中国の裁判がはたして司法といえるのか疑問を抱かせるものである。訴えなければ裁判なしとの原則になじんだ我々の眼からすると、訴えがないのに裁判所がしゃしゃり出てきて裁判をするというのは、司法としては理解しがたい。しかし、人民法院も行政機関であると考えれば、人民法院が主導的に事件に関与することがあっても決して不思議ではない。

さらに、中国の裁判の最大の問題は、裁判権を公判廷の裁判官が一元的に行使しているわけではなく、また事件を受理した人民法院が一元的に行使するわけでもないということである。中国では、中国共産党や国家にとって重大と思われる刑事事件では、人民法院は蚊帳の外である。これは法治の根幹に関わる問題である。当該事件に関する判決形成の過程をみていくと、事件が重大・複雑であればあるほど、合議廷以外の、人民法院の廷長、副院長、院長、裁判委員会、そして上級の人民法院、とくに最高人民法院、そして党組織といった各機関、主体が連鎖的に関与するかたちで結論が形成されていく。このような決定形成のあり方は司法的というよりは行政的といわなければならない。なぜなら、決定が連鎖的に形成されるのは行政に固有の特徴だからである。ちなみにマックス・ウエーバーは、司法と行政の関係をめぐって、司法が行政に解消された国の典型として中国をあげている。そこでの中国とは帝政中国のことであるが、行政権力の集権化という点では帝政中国に劣ることのない現代中国で、司法の自立を展望することは容易でない。

第9章　情報法

中国は、欧州流のプライバシー重視の情報通信政策とも、米国流の表現の自由重視の情報通信政策のいずれにも与しない、独自の情報通信政策を展開してきた。1990年代初頭における無線通信技術の利用の発達をきっかけに、中国は無線通信技術に関する立法を始めたが、電信業務に関する基本法は長らく制定されてこなかった。1995年、中国はWTO加盟交渉を始め、WTO基本電気通信交渉の合意の履行のため、電信業務に関する基本法制定に先立ち、電信業界の改革を推し進めた。そしてその後、2000年に電信条例が、2016年にサイバーセキュリティ法が制定されるに至った。このように電信業務、情報・データ等に関する中国の法体系が段階的に確立されたのである。本章では以上を念頭に、中国の情報通信政策を概説する。

I　概観——歴史と背景

1　1990年代までの情報通信政策

かつての中国においては、政府機関である旧**郵電部**が電気通信サービスを提供していた。1990年代初頭の段階では、各種電信業務はそこまで発達していなかったものの、すでに中国における無線通信技術を利用する業務の国防や人々の生活等の面における重要性から、無線通信技術を対象とした包括的な法令を制定し、その運営等を管理することが必要となった。このため、1993年に無線電管理条例が制定され、さらに1994年に旧郵電部の一部局として**中国郵電電信総局**が設置され、同局は無線電管理条例にもとづく管理当局として、中国全土の公用電信業務の経営管理、ネットワーク運営および建設業務を担当することとなった。

さらに1995年4月、中国郵電電信総局は企業法人登録登記を行った。このときから、中国郵電電信総局は政府機関と企業の2つの性質をあわせもつようになり、企業として広報・宣伝を行う際に、「中国電信（CHINA TELECOM）」との呼称を使用するようになった（本章では以下、この呼称を用いる）。

なおこれに先立つ1994年7月には、国務院（中央人民政府）の**認可**[*]を経て、当時の電子部、電力工業部、鉄道部の共同出資により中国連合通信有限責任

会社（中国語の正式名称では「有限公司」であるが、本書では「（有限責任）**会社**[*]」との表記を用いている。以下同じ）が設立されており、中国における CDMA ネットワークの建設、経営および管理を一手に引き受けることとなった。

1995 年、中国は WTO 加盟交渉を始め、WTO 基本電気通信交渉の合意にもとづき、電信市場における外資規制を段階的に撤廃し、独占を排除し、公正競争の奨励およびそれらの実現のための関連法令制定を推進することを誓約した。

2 2000年代までの情報通信政策

上記の WTO 加盟時の誓約の履行のため、中国電信は 2000 年頃から、固定電話（中国電信集団会社）、無線呼出（中国連合通信有限責任会社）、携帯電話（中国移動通信集団会社）および衛星通信（中国衛星通信集団会社の前身）の 4 事業分野に分割され、各事業会社が新設された。これにより、中国電信が政府の機能と企業の身分をあわせもち、実質的独占を構成するという状況から、4 社による分野ごとのサービス提供体制へと変化した。

このような WTO 加盟時の誓約を法システムの面でも実現するため、2000 年 9 月には**電信条例**が制定された。電信条例では、政府機関と企業の分離、独占の排除、競争の推奨という原則がとられた。

2001 年、中国は WTO の加盟国となった。

WTO 加盟時の誓約履行のさらなる確保および電信条例施行の徹底のため、2002 年には中国電信集団会社の南北分割により、同社の中国北部 10 省の業務を担当する部署が中国網絡通信（持株）有限責任会社、吉通通信有限責任会社と合併して中国網絡通信集団会社となった。これに加え、2000 年に免許を取得した鉄道通信有限責任会社は 2004 年に鉄道部から独立して中国鉄通集団有限責任会社となっていた。このような統合整理の結果、この頃、電気通信事業は、中国電信集団会社、中国網絡通信集団会社、中国移動通信集団会社、中国連合通信有限責任会社の 4 大通信事業者に、中国鉄通集団有限責任会社、2001 年 12 月に設立された中国衛星通信集団会社を加えた計 6 事業者体制となった。

2008 年に電気通信管理当局は郵電部から中華人民共和国工業情報化部（MIIT、以下「**工信部**」という）となり、同年の「電気通信体制改革を深めるための通告」により、中国鉄通集団有限責任会社と中国衛星通信集団会社の

基礎電信業務がそれぞれ中国移動通信集団会社と中国電信集団会社に吸収され、中国連合通信有限責任会社と中国網絡通信集団会社が中国連合網絡通信集団有限責任会社に再編された。これにより、電気通信事業は3事業者体制となり、また、1つの事業者が固定通信と移動体通信の双方を運営することが可能となった。

3 2010年代の情報通信政策

2010年代には、民間資本の電信業界参入が奨励されるようになった。

電信条例の実施により、電信業務は**基礎電信業務**すなわち公共ネットワークインフラ施設、公共データ伝送および基本音声通信サービスを提供する業務と、**付加価値電信業務**すなわち公共ネットワークインフラ設備を利用して電信および情報サービスを提供する業務に分けられていたが、2010年代には、それぞれにおいて民間資本の参入奨励のための施策が講じられた。

まず、基礎電信業務について国務院（中央人民政府）は2010年、「民間投資の健全発展の奨励・誘導に関する若干の意見」（国発［2010］13号）を施行し、国有企業が独占してきた分野への民間による投資規制を緩和した（これ以外にも、国家発展・改革委員会が2011年に公表した「戦略的新興産業への民間企業参入を奨励・指導する意見」、工信部が2012年に公表した「民間資本の通信市場へのさらなる参入を奨励・誘導する実施意見」等も参照）。これをふまえ、工信部は2012年に「インターネットデータセンター（IDC）業務とインターネット接続サービス（ISP）業務の参入許可作業の規範化に関する実施方案」を発出した。これに引き続いて、2013年には「移動体通信再販売業務（MVNO）試行の展開に関する通告」を公表してISPおよびMVNOを民間に大幅に開放し、2014年には「ブロードバンドアクセス網市場の民間資本への開放に関する通告」の実施により、ブロードバンドアクセスについても民間に門戸を開いた。

つぎに、付加価値電信業務については、前出の国発［2010］13号においても、民間資本による付加価値電信業務の展開を支持するとし、工信部は2012年4月および5月に「ソフトウェア及び情報技術サービス業第12次5カ年計画＊および「通信業第12次5カ年発展計画」を公布し、デジタルインタラクティブエンタテインメント、デジタルメディア等、ネットワークを基盤とする情報サービスを推進し、発展させる政策を講じた。

2013 年、国務院は「中国（上海）自由貿易試験区全体方案」を公布し、試験区における付加価値電信業務の取扱いやゲーム機器の製造・販売関連の規制緩和措置の導入を発表した。続いて、工信部および上海市人民政府は2014 年に、「中国（上海）自由貿易試験区での付加価値電信業務の対外開放をさらに進める意見」を共同で公表し、この分野におけるさらなる開放を認めた。

とはいえ、「開放」とは異なる方向性とみなされうるものもある。そのようなものとして、2016 年のサイバーセキュリティ法［網絡安全法］を挙げることができるだろう。後述のとおり、このサイバーセキュリティ法はむしろ国による規制を強めるものである。

Ⅱ　おもな法律等

1　電信業務の分類による出資規制

前述のように、電信業務は基礎電信業務と付加価値電信業務に分けられる。

どのような業務が基礎電信業務、付加価値電信業務に該当するかは、工信部が公布した「電信業務分類目録（2019 年改訂）」を参照しなければならない。

基礎電信業務および付加価値電信業務については、それぞれ異なる外資出資規制が設けられている。外商投資参入特別管理措置（ネガティブリスト）（2019 年版）の規定によると、付加価値電信業務については、電子商取引、国内多者間通信、ストアアンドフォワード（中継設備を介して実施する電気通信につき、情報を中継設備でいったん蓄積したうえで、その後目的地または別の中継設備に転送する方式のこと）およびコールセンター業務を除き、外資の出資比率は 50％を超えてはならないとされている。一方で、基礎電信業務については、すべて中国側の出資比率は 51％を下回ってはならないとされている。

2　サイバーセキュリティ法

（1）概要　　中国は 2016 年に**サイバーセキュリティ法**（インターネット安全法、ネットワーク安全法等多様な訳語がある。ここではサイバーセキュリティ法の語を使用する）が制定・施行された。その内容は、中国に進出している日本企業をはじめとするさまざまな企業に大きな影響を与えるものである反面、その内容が施行後 3 年以上が経過しようとする現在であっても十分に明らか

となっていないことが、重大な問題となっている。

（2）**主要概念**　サイバーセキュリティ法にはさまざまな内容が含まれているが、キーとなる概念は、「**情報ネットワーク運営者**」、「**重要情報インフラ運営者**」および「**ネットワーク製品およびサービス提供者**」であり、これらの主体ごとに異なる義務が規定されている。

（a）**情報ネットワーク運営者**　「情報ネットワーク運営者」とは、「ネットワークの所有者、管理者およびネットサービス提供者」をいう。社内でデータ通信ネットワークを構築しているあらゆる企業、およびホームページ等を開設する一般企業も、情報ネットワーク運営者に該当する。大企業において、通常は社内 LAN 等が存在することから、現代においては情報ネットワーク運営者に該当しない大企業の方がむしろ少ないだろう。情報ネットワーク運営者の負う義務としては、法律、行政法規の遵守、社会道徳の尊重、商業道徳、誠実信用の遵守義務、インターネットの安全保護義務の履行義務、政府と社会の監督を受け入れ社会責任を負う義務、および国家の実施するインターネット安全等級保護制度において同制度の要求に基づき安全保護義務を履行し、インターネットが干渉を受け、破壊され、不正アクセスをされないことを保証し、インターネット上のデータが漏えいし、盗取され、改ざんされることを防止する義務、ユーザーの実名情報の取得義務、インターネット安全事件対応手順の制定義務、**公安***機関や国家安全機関等の国家安全および犯罪捜査活動に対する技術的支持と協力義務、ユーザーの情報に対する義務、人民政府の要求により措置を講じ、是正を行い、潜在的危険を排除する義務等が挙げられる。

（b）**重要情報インフラ運営者**　「重要情報インフラ運営者」は、公共通信・情報サービス、エネルギー、交通、水資源、金融、公共サービス、電子行政といった重要分野、および「破壊された場合、機能を喪失した場合、またはデータの漏えいが発生した場合に、国の安全、人民の生活、公共利益に重大な危険をもたらす可能性がある」分野における重要な情報インフラの運営者であると定義されている。つまり、(a)で述べた情報ネットワーク運営者のうち、一定の要件を満たす者は、「重要情報インフラ運営者」に分類され、通常の情報ネットワーク運営者よりも厳しい義務を課せられる。

重要情報インフラ運営者に課せられる具体的な義務としては（社内の情報セキュリティ対策部門等の）安全管理機構および安全管理責任者の設置義務、

定期的に従業員に対してサイバーセキュリティ教育を行う義務、重要システムとデータベースについて災害対策を行う義務、サイバーセキュリティ事件に対する応急措置の手引きを制定し、定期的に予行演習を行う義務、法律および行政法規の規定するその他の義務を履行する義務、ネットワーク製品やサービスを購入する場合で国家安全に影響しうる際の国家安全審査を受ける義務、ネットワーク製品およびサービスの提供者と安全守秘契約を結ぶ義務、リスクに対する評価を行う義務等が挙げられるが、もっとも重要なのは、個人情報・重要データの国外持ち出し規制（国内保存義務）であり、そのようなデータを国外に持ち出す際には安全評価を受ける必要がある。

　すなわち、特定の事業者が重要情報インフラ運営者に該当する場合は、中国で収集した「個人情報および重要データ」について、中国の安全保障の観点から、中国国内保存義務等が課せられるというものである。たしかに、外国のプラットフォーマーが中国人民の個人情報その他の重要データを持ち出し、中国の国内法の適用が困難な外国のサーバーで管理するという状況は中国の安全保障等の観点から問題があり、これを規制することが必要だということはまったく理解できないわけではない。とはいえ、このような国内データ保存義務は少なくとも多くの欧米諸国が採用するところではないことから、日本企業を含む外国企業から困惑の声が表明された。

　ここで、中国に進出している外国企業にとって関心が高いのは、取引先情報（当該情報の中には個人情報も含まれる）を保有する顧客管理システムや、中国子会社の従業員名簿（とりわけ幹部従業員であればグローバルな配置が想定される）に国内保存義務がかかるかどうかであろう。もっとも上記定義によれば、重要情報インフラ運営者とは、公共通信・情報サービス・エネルギー・交通・水資源・金融・公共サービス・電子行政に関わる、「破壊されたり機能を喪失した場合、またはデータの漏えいが発生した場合に、国の安全・人民の生活および公共利益に重大な危険をもたらす可能性がある事業の主催者」である。上記のような重要分野に関係する企業や、中国における電気通信系ビジネスで大きなシェアをもっておりそれが停止すると中国の一般市民の生活に大きな影響を与える場合であれば、重要情報インフラ運営者となる可能性が高い。しかし、単純なBtoB企業等はこれに該当しない可能性が高い。そうすると、この点はいまだに不透明なところがあるものの、中国に進出している多くの日系BtoB企業は、重要情報インフラ運営者の定義に該当しな

い以上、その取引先情報や従業員名簿について国内保存義務は課せられない
というのが、サイバーセキュリティ法の自然な解釈である。

このようにサイバーセキュリティ法の文言上は、重要情報インフラ運営者
のみが個人情報・重要データの国内保管義務および国外に持ち出す際の安全
評価の義務を負うと読めるものの、2017年に公布された「個人情報及び重
要データ国外持ち出し安全評価弁法」の意見募集稿において、本規制の対象
が重要情報インフラ運営者からネットワーク運営者に拡大されている。つま
り、今後制定される各細則の内容次第では、重要情報インフラ運営者に該当
しない者にも本規制が適用されることとなる可能性があるということであり、
中国において事業を展開する企業であれば、内資・外資を問わず対策が必要
となる可能性がある。

なお、この点については相当の質疑や議論が発生したためか、2019年に
公布された「データ安全管理弁法」の意見募集稿および「個人情報国外持ち
出し安全評価弁法」の意見募集稿では、関連表現が削除された。本章執筆時
点ではいまだにこれら2つの規定は施行されておらず、引き続き、将来の動
向に注目が必要である。

(c) **ネットワーク製品およびサービス提供者**　「ネットワーク製品および
サービス提供者」には、ネットワークに関連する設備またはソフト等を生
産・販売する企業、クラウドコンピューティングサービス、データの処理お
よび保存サービス、インターネット通信サービス等を提供する事業者が該当
する。ネットワーク製品およびサービス提供者に対しては、マルウェアの設
置の禁止、安全上の欠陥や瑕疵等のリスクを発見した際に、ただちに修補措
置を講じ、規定に従い告知するとともに主管部門に報告する義務、製品およ
びサービスについて安全維持を提供し続け、規定された期限内または当事者
間で合意された期限内において安全保護を終了させない義務等が課せられて
いる。

3 電子商取引法

電子商取引法［電子商務法］は、2018年に全国人民代表大会（全人代）常務
委員会で可決され、翌2019年より施行された。

（1）**主要概念**　電子商取引法におけるキー概念は、電子商取引プラッ
トフォーム経営者およびプラットフォーム内経営者、電子商取引経営者であ

る。

　まず、**電子商取引プラットフォーム経営者**［電子商務平台経営者］は電子商取引において、取引の両当事者またはそれ以上の当事者に対し、ネットワークの運営場所や取引マッチング、情報発信などのサービスを提供する法人や非法人組織をさす。たとえば、TMall を運営する阿里巴巴傘下の天猫等は、典型的な電子商取引プラットフォーム経営者である。

　つぎに、**プラットフォーム内経営者**［平台内経営者］は、電子商取引プラットフォームを通じ、商品の販売やサービスの提供を行う運営者をさす。たとえば、TMall 等のネットモール内に出店する企業はこれに該当する。

　最後に、**電子商取引経営者**はインターネットなどの情報ネットワークを通じ、商品の販売やサービスの提供を運営する自然人、法人、非法人組織をさす。要するに、上記の電子商取引プラットフォーム経営者やプラットフォーム内経営者、および自身で立ち上げたサイトやそのほかのネットワークサービスを通じ商品販売やサービス提供を行う運営者も含む広い概念である。

　（2）登録義務　　これまで、日本等の外国に旅行等する中国人が紙おむつ、粉ミルク等を大量に購入して中国に輸入するといういわゆる「爆買い」については、報道等で記憶に新しいところである。このような「爆買い」の重要な原因とされてきたのが、プラットフォーム上に個人や会社で出店して、代理で購入（［代購］といわれる）した商品を販売するビジネスモデルである。

　今回の電子商取引法では、これらの業者すなわちプラットフォーム内経営者は「市場主体登記」（営業登録）をする義務を負うとされている（ただし、個人による個別の少額取引（実務上、私用中古品の転売がこれに該当すると理解される）には登録義務が課せられていない）。これまで、「代購」業者は登録をしていないことも少なくなかった。このため、新聞記事によると、電子商取引法施行後、プラットフォームである淘宝に出店する業者が減り、一部の業者は在庫処分のため、商品へのリンクを直接閑魚といった中古品取引プラットフォームに張り付け、私用の中古品と称して販売するようになった（このような扱いが適法かはさらに議論が必要であるが、一般論としては中古品取引プラットフォーム上で私用の中古品と称しても、実態がプラットフォーム内経営者である以上、市場主体登記義務を回避することはできないだろう）。

　（3）納税義務　　同法では、プラットフォーム上の個人的売買で収入を得る者（プラットフォーム内経営者）についても納税義務が明記されている。

新聞記事によると、これまで納税をしていなかった業者が商品代金に税金分を上乗せすることで、一部の商品の価格が上がることになったという。

（4）プラットフォーマーの責任　　電子商取引法は、プラットフォーマーの責任を強調しており、同法により、電子商取引プラットフォーム経営者がプラットフォーム内経営者の資質や資格について審査を尽くさず、あるいは消費者に対する安全確保の義務を怠ったことで消費者に損害を与えた場合は、電子商取引プラットフォーム経営者が法律に従い相応の責任を負うこととなる。プラットフォーマー対策は日本をはじめとする各国で問題となっており、これは、日本の立法の際に参考になるだろう（内閣府「オンラインプラットフォームにおける取引の在り方に関する専門調査会」の報告書は、同法を念頭におく法令の1つとして「EU、中国及び韓国のように、新たな法律を策定し、明確な規律を設けることも考えられる」としている）。

その他、合理的な理由のない保証金返還拒否の禁止、ユーザーの個人情報保護、ネットワークの安全性確保、プラットフォームのサービスや取引に関するルールの整備・公開、商品・サービスや取引に関する情報の3年保存等、消費者保護をさらに一歩推し進めている。

4　個人情報保護制度

中国において、「個人情報保護法」という名のつく法典はたしかに存在しない。しかし、法典が存在しないからといってこの分野に法律が存在しないわけでは決してない。実は中国にも、個人情報保護についてさまざまな法令が存在するのである。そこで以下、中国におけるおもな個人情報保護法令を説明していきたい（個人情報保護法典の起草状況については、Ⅲで取り上げる）。

（1）さまざまな法律におけるさまざまな個人情報保護規定　　(a) 憲法　　憲法38条は人格の尊厳を不可侵と定めており、このことから、プライバシー等については中国の憲法上も重要性が認められると理解される。

　　(b) 刑法　　刑法では、次の個人情報に関連する法益を侵害する犯罪が規定されている。

・公民個人情報侵害罪
・コンピューター・情報システムへの不正侵入罪
・コンピューター・情報システムデータの不正取得罪

・コンピュータシステムへの不正侵入、不正制御に用いるプログラム・
ツール提供罪
・コンピュータ情報システム破壊罪

　(c) 民法　　民法通則（1986年）の101条は、公民の人格の尊厳は法律
によって保護されるとしている（最高人民法院の意見によれば、この人格の尊厳
にはプライバシーが含まれるという）。その後2017年に制定された民法総則は、
自然人の個人情報は法律の保護を受けるとし、いかなる組織および個人も、
他人の個人情報が必要な場合は法によりこれを取得し、かつ情報の安全性を
確保しなければならず、他人の個人情報を不法に収集、利用、加工、伝送、
売買、提供、公開してはならないとしている。
　本章執筆時点（2019年9月）では、民法典各論編はいまだに決定されてい
ないが、そのドラフトである民法典各論編意見募集稿811条1項はプライバ
シー権侵害等の禁止を定め、2項で「本法では秘密性のある私的空間、私的
活動および私的情報等をプライバシーと呼ぶ」とし、813条2項で「本法に
おける個人情報は、電子的またはその他の方法で記録された単独でまたはそ
の他の情報と結合して自然人個人の身分を識別できる各種情報であり、自然
人の姓名、生年月日、身分証明書番号、個人生物識別情報、住所、電話番号
等を含む」とし、814条で個人情報の収集、使用等の合法性、正当性、必要
性等の原則の遵守や同意、プライバシーポリシー公開、利用目的等の明示、
法令や契約の遵守等を求め、815条で自らの情報の公開、削除等に関する本
人の権利、816条で適法に個人情報を収集・使用・公開することができる状
況、817条で第三者提供の制限や安全措置等について定めている。
　(d) 消費者権益保護法　　消費者は個人情報の保護を受ける権利を享有
し、事業者は個人情報を収集・使用する際に、合法・正当・必要の原則に従
い、目的等を明示し、消費者の同意を取得し、プライバシーポリシーを公開
する必要があり、事業者は収集した個人情報の秘密を保持し、漏えいや販売
等をしてはならない。さらに、同意なくしてダイレクトメール等を送っては
ならない（その他、ネットワーク取引管理弁法等も参照）。
　(e) インターネット上の個人情報保護　　インターネット上の個人情報の収集
については、たとえば「電信及びインターネットユーザー個人情報保護規
定」により、インターネット情報サービス提供の過程においてユーザーの個

人情報を収集または使用する場合には、収集および使用について合法・正当・必要の原則に従い、プライバシーポリシーを公示し、同意を得てはじめて収集・使用を行い、収集・使用の目的等を告知し、不必要な個人情報を収集してはならず、ユーザーが利用を終えた後は収集・使用を中止し、厳格に秘密を保持し漏えいや不当な提供を行ってはならない。

その他、サイバーセキュリティ法に関連して「個人情報安全規範」が国家規格として制定されており、これは参考規格ではあるものの、実務では重要な役割を果たしている（モデルプライバシーポリシー等が添付されており、当該モデルプライバシーポリシーをもとに自社のプライバシーポリシーを策定する企業もある。なお、現在改正中である）。

Ⅲ　クローズアップ

1　個人情報保護に関する統一法典の制定に向けた動き

2003 年には、国務院（中央人民政府）が中国社会科学院法学研究所の専門家に委託し、個人情報保護法の専門家提案稿を起草させていた。専門家提案稿は 2005 年に完成し、国務院に提出された。このように、個人情報保護法典の立法手続はすでに開始されている。それにもかかわらず、現時点まで個人情報保護法は成立しておらず、一刻も早く個人情報保護法を制定すべきだという声は、両会（全人代および中国人民政治協商会議）のたびに聞かれる。

個人情報保護法典の起草が遅れている理由は、起草の過程で公務員の私財に関する情報等を個人情報として保護すべきか、どの範囲で公開等を義務づけるか等の難題にぶつかっているから等といわれることがあるが、明確な理由は不明である。しかし、2019 年 3 月の第 13 期全人代第 2 次会議の記者会見において、個人情報保護法が第 13 期全人代常務委員会立法計画に組み入れられたことが報道官により明かされた。

2　電信業務と情報をめぐる今後の方向性

（1）電信業務のさらなる開放　　外商投資参入特別管理措置（ネガティブリスト）（2019 年版）からは、電信業務のさらなる対外開放を推し進めようとする中国政府の姿勢がうかがえる。

2019 年 1 月、イギリス・ロンドンに本社をおく大手電気通信事業者であ

るBTグループ（英：BT Group plc）の傘下企業の英電通訊信息諮詢（上海）有限責任会社が中国全国範囲のIP-VPNライセンスおよびインターネットサービスプロバイダ（ISP）ライセンスを取得し、中国国内ユーザーにインターネット接続サービスを提供できるようになったことが発表された。国外電信事業者として中国工信部発行の全国範囲電信業務ライセンスを取得したのはBTグループがはじめてであり、実務上重要な影響があるといえる。

（2）情報保護の強化　　電信業務のさらなる開放と同時に、関係機関はネットワークセキュリティ、国益に関係するデータや個人情報の管理にも力を入れ始めている。一部の学者は、2019年は情報保護に関する立法の年になると語っている。2019年には、前述のとおり立法機関である全人代が個人情報保護法を制定する予定であることを表明しており、国家インターネット情報弁公室による主導のもと、サイバーセキュリティ法の各種付属規定が続々と制定されている。2019年8月現在までに、「クラウドコンピューティングサービス安全評価弁法」、「科学データ管理弁法」等複数の規定が公表され、「個人情報国外持ち出し安全評価弁法」、「児童個人情報ネットワーク保護規定」、「データ安全管理弁法」等についてパブリックコメントが実施され、「児童個人情報ネットワーク保護規定」は2019年8月22日に公布され、10月1日から施行されており、中国の情報・データ関連法体系が確立されつつあることがわかる。

　　＊本章とりわけⅠの執筆にあたっては、総務省「世界情報通信事情 中華人民共和国」（http://www.soumu.go.jp/g-ict/country/china/pdf/086.pdf）を参考にした。また、本章の執筆にあたっては、Global法律事務所パートナーである鮑栄振および同事務所アソシエイトである史筱唯弁護士の助力を得た。おふたりに感謝したい。

第10章　紛争解決制度

　　紛争解決制度に関わる法分野は、中国法のなかでももっとも異質な部分である。とりわけ裁判制度には、「中国共産党による指導」という原則に起因する、日本など近代的法治国家の常識では理解できない数多くの問題が内在している。

　　その一方で1990年代以降は、中国経済の市場経済化、グローバル化の影響を受けて、近代法的諸原則が少しずつ浸透するようになっており、その変化にあわせて法改正が繰り返されている。ただし、習近平政権の2期目が始まった2017年以降は、党による集中的統一指導が強調されるなかで、司法制度改革の方針が根本から転換され、それまでの改革・開放時期とはまったく異なった裁判制度が指向されている。そのような意味でも、現時点における制度の内容を正しく理解するには、現行法の内容にとどまらず、中国政治を含めた幅広い関連領域についての学習が必要である。

　　本章では、裁判、調停、仲裁についての法制度を、国内紛争（第1節～第3節）と渉外紛争（第5節）とに分けて説明していく。また、これら紛争解決制度とは異なる系統に属する陳情制度についても、あわせて説明を付した（第4節）。

第1節　裁判

I　概説——歴史と背景

　　中国の裁判制度は、1954年の憲法制定にあわせて整備されたが、**プロレタリア文化大革命**[*]（以下「文革」という）の混乱に巻き込まれていったん崩壊した。文革時期に混乱した制度のもとで、大量の冤罪が生み出されたため、改革・開放のはじめには、これらの冤罪を見直し、制度を再建する目的で、刑事司法の分野から法整備が始められた（➡第8章第1節 I 1）。1979年には建国以来はじめてとなる刑法、刑事訴訟法が制定され、人民法院組織法、人民検察院組織法が改正された。1980年には弁護士暫定条例も制定された。

　　その後は1982年に民事訴訟法（試行）に続いて、1989年に行政訴訟法が制定されたことにより、裁判制度の法整備はひとまず達成された。

第10章　紛争解決制度

230

しかしこれらの法律は、裁判制度の再建という目的のために急ごしらえで対応した面があり、多くの問題をかかえていた。さらに刑事司法については、1983年に**犯罪撲滅［厳打］闘争**が展開されたことをきっかけに、刑法と刑事訴訟法の一部が手直しされ、過剰な厳罰化と被告人の権利を制限する内容の修正が行われた。

1990年代になると経済改革の進展にあわせて、民事裁判分野の改革が進んだ。国営企業間の紛争は仲裁で解決し、市民間の紛争は裁判で解決するという、**計画経済**時代の二元的な制度が統一され、民事紛争は基本的に裁判または仲裁、調停で解決するという一元的な制度へと転換した。この改革にあわせて民事訴訟法が改正され（1991年）、経済契約仲裁条例（1983年）が、仲裁法（1994年）に改められた。

刑事裁判の分野でも犯罪撲滅闘争が一段落したことを受け、刑事訴訟法（1996年）と刑法（1997年）が改正されて（➡第8章第1節Ⅰ、同第2節Ⅰ）、被告人の権利保護が強化され、厳罰化した刑の軽減が実施された。

また、裁判官、検察官、弁護士の専門職化を進めるために資格制度が導入され、資格試験が実施されるようになった。これにあわせて、法官法、検察官法（いずれも1995年）、弁護士法（1996年）が制定された。

以上の立法によって、司法制度を支える基本的な法律は1990年代までに整備されたが、その後、2000年代になってすべて改正されている。以下に説明する現行の制度は、それらの新しい法律によって定められているものである（ただし、刑事訴訟法については➡第8章第2節）。

Ⅱ　組織と活動原則

1　司法機関

中国では裁判機関を人民法院といい、検察機関を人民検察院という。日本では検察機関は行政官庁である法務省に属しているが、中国の検察機関は人民法院と同じく独立した国家機関と位置づけられている（➡第1章第2節**図表2**）。

中央集権体制をとる**社会主義**国家では、国家機関と公務員による違法行為をチェックする唯一の機関として、検察機関に高い独立性を与えていた。しかし同時に党・国家体制（➡第1章第2節Ⅰ1）のもとでは、人民検察院、人

民法院ともに、中国共産党（以下「党」という）の指導下におかれているため、そうした検察本来の機能が容易に働かず、また人民法院の独立性にも問題をかかえている。

2　基本原則

人民法院における裁判については、以下のような原則が採用されている。

（1）**4級2審制**　　人民法院は、最高人民法院以下、高級（省級）—中級（地区級）—基層（県級）の地方各級人民法院によって構成されている（➡本節V1(3)）。人民検察院も同じであるが、高級、中級などとは呼ばない。

裁判は2審制である。刑事裁判で下された即時執行の死刑判決については、最高人民法院で判決の妥当性を審査する制度があり（➡第8章第2節Ⅱ11）、2審制の不足を補う配慮が加えられている。

（2）**民主集中制**　　中国の裁判制度では、国家原則と同じく、民主集中制（中央集権的民主主義制度）にもとづく集団指導制が採用されており、各人民法院には**裁判委員会**と称する指導機関が設けられている。裁判委員会を構成するのは、院長ほか、副院長、廷長などである。

人民法院組織法は裁判委員会の任務として、裁判活動の総括ほか、重大事件、疑義のある事件、複雑な事件および再審の可否について討議する、と規定している。

2018年の法改正で中級以上の法院は必要な場合、裁判委員会に刑事、民事、行政などに分けた専門委員会を設けることができることになった。判決事前審査制度（➡後述3）との関係でいえば、裁判委員会の役割を補強するものといえよう。一方で定員制（➡本節Ⅲ3(2)）の導入が、法官の地位向上により合議廷の権限を強化し、合議廷が独立して判決を下せるように改革することを目指すもの、という説明との間には、矛盾があるように感じられる。

（3）**裁判の独立**　　憲法、人民法院組織法などには、「人民法院は独立して裁判権を行使する」という規定があり、中国ではこれを「裁判の独立」と称しているが、その内容は日本などとは大きく異なっている。民主集中制と裁判の独立については、3でその具体的な内容を説明する。

（4）**裁判の公開**　　裁判は公開して行うのが原則であるが、国家の機密またはプライバシーに関する事件、満14歳以上16歳未満の犯罪事件は除かれる。また、満16歳以上18歳未満の犯罪事件、および当事者が申請した商

業秘密に関する事件、離婚などは、人民法院が認めれば非公開とすることができる。判決の宣告はすべて公開される。

2012年以降、地方の法院でインターネットを利用し、公判を中継する取り組みが始まり、2016年からは最高人民法院が新たにウェブサイトを立ち上げ、公判中継、過去の公判の資料映像を公開している。2019年時点で、最高人民法院ほか全国500あまりの法院がこれに参加しており、毎日2万件あまりの公判が中継されている。

（5）**参審制**　裁判は、軽微な刑事事件や簡単な民事案件についての第1審事件が単独の裁判官によって審理される以外、すべて複数の裁判要員（裁判官、および場合によって人民参審員）による合議廷によって行われる。参審員は裁判官と同等の権利をもつ。

改革・開放以前の中国の裁判では、基本的にすべての第1審事件には**参審員**が参加するとされていたが、1982年の民事訴訟法（試行）の制定を機に、参審員が参加しない法廷も認められるようになった。長い歴史をもつ参審制度ではあるが、これについての法律は存在しないまま運用され、2018年にようやく人民参審員法が制定された。

同法によれば、参審員の条件は満28歳（以前は23歳）以上、原則として高卒以上であり、公務員、司法関係者、犯罪歴のある者、公職を解任された者などは除かれる。参審員は1つの法院につき、当該法院の裁判官数の3倍以上が地域住民から抽選により選任され、名簿に記載される。任期は5年で、再任はない。参審員が参加する裁判は、大衆、社会の利益に関わり、社会の注目を集め、影響が大きな事案、事情が複雑など参審員を必要とする条件のある事案である。被告人は参審員の参加を申請できるが、決定権は法院にある。

参審員の参加する裁判は、刑事、民事、行政の第1審で、事案の重要度に応じて3人または7人の合議廷で行う。前者の場合は参審員が2名、後者は4名となる。参審員は名簿のなかから抽選で選ばれる。裁判に参加した参審員には交通費、手当が支給される。

人民参審員法の成立後、参審員の選任方法について定めた人民参審員選任弁法が司法部によって同年制定された。司法部が公表している数字によれば、2019年には全国で12万人近い参審員が選任されている。

3　判決の事前審査制度

　前述した民主集中の原則にもとづいて、裁判委員会は個々の裁判について
も指導を行うが、実際には院長、廷長、もしくは当該人民法院所在地の各級
地方党委員会も、同様の指導を行っている。つまり、個々の裁判を担当する
合議廷に判決の決定まで委ねられている場合を除いては、担当裁判官に判決
の決定権はなく、上級機関の指導に従わなければならない。このような仕組
みを評して、「判決を下す者は審理せず、審理する者は判決を下さず」という。

　中国法が規定する「**裁判の独立**」とは、裁判官個人の独立を意味するので
はなく、人民法院の独立を指している。人民法院の内部では裁判委員会など
による集団指導体制が採用されているため、裁判官が独立して裁判を行うこ
とは否定されている。

　合議廷は判決の原案を作成し、上級機関に提出して事前審査を受け、その
決定に従って判決を言い渡すが、どの機関が審査をするかについては特定の
基準があるわけではなく、事件の性格、重要度に応じて院長などが判断して
決定している。

　（1）**院長・廷長審査制度**　　人民法院の内部組織は、院長、裁判委員会以
下、刑事、民事などいくつかの裁判廷によって構成されており、各裁判廷の
責任者が廷長である。院長・廷長審査制度とは、判決の内容を院長または廷
長がチェックするシステムをいうが、とくに法的な根拠はなく、慣行として
実施されている。院長・廷長審査制度の対象となるのは重要な事件に限られ
るとされるが、中級以下の人民法院などでは、裁判官の業務水準が低いとい
う理由で、すべての案件が審査対象とされている場合も少なくない。

　（2）**裁判委員会審査制度**　　実際に運用されている判決の事前審査制度の
うち、唯一、人民法院組織法に規定されている制度である。同法は、重大な
事件または疑義のある事件については、「合議廷が必要と認めれば」、判決の
決定前に裁判委員会の討議にかける、と規定しているが、実態としては院長
などが判断しているケースの方が一般的とみられている。

　（3）**党委員会審査制度**　　党委員会審査制度とは、人民法院と同級の地方
党委員会が、重要な事件を中心に必要とみなされた範囲の案件の判決につい
て、審査と承認をする制度である。もともとは反革命罪などの政治的な事件
の裁判を指導する制度であったが、現在は必要に応じて党が直接裁判活動に
介入する根拠となっている。

ただし、党による判決への介入については、正式の手続を踏んで機関決定する場合から、口頭による間接的な介入まで、さまざまなケースがあり、本節Vに後述する**地方保護主義**や**司法腐敗**を生み出す要因と指摘され、司法改革のもっとも重要な課題とされてきた。

党委員会審査制度は、前述（1）、（2）の審査制度とは異なり、人民法院外部からの介入ということになるので、「人民法院の独立」を侵害していることになる。しかし中国の政治体制はそもそも「党による指導」を基本原則としているので、「人民法院の独立」そのものの前提に「党による指導」の原則がおかれている。とはいえ、個々の裁判に対する党機関の介入が裁判の独立を損なっているという問題は、しばしば論争を引き起こしており、両者の関係がすっきりした制度として確立しているわけではない。

III おもな法律

1 人民法院組織法

人民法院の組織は、人民法院組織法によって規定されている。人民法院組織法は1954年に制定された後、1979年に全面改正され、その後数回改正されている。

最高人民法院を頂点として、地方各級人民法院と専門人民法院とに大きく分かれる。地方各級人民法院は上から高級、中級、基層の3級に分かれ、最高人民法院を含めて4級制をとっている。全国に32の高級人民法院（1つの軍事法院を含む）、409の中級人民法院、3,117の基層人民法院がある。

基層人民法院の一部には、巡回法廷である人民法廷が全国に9,880設けられている。また基層人民法院は、地域住民による人民調停委員会の活動を指導する（➡本章第2節）。

人民法院の内部は紛争の分野ごとに刑事、民事、経済などいくつかの裁判廷に分かれている。従来の組織法にはこれらが明記されていたが、近年は細分化が進み、裁判廷の数が増えたため、現行法では必要に応じて設置することが認められている。上記のほか、行政、知的財産権、環境保護、再審などを設けている法院が多い。

専門人民法院には軍事法院のほか、海事、知的財産権、金融の専門法院がある。

最高人民法院の院長は全国人民代表大会（以下「全人代」という）が選挙し、副院長、廷長、副廷長、裁判員は全人代常務委員会が任免する。地方各級人民法院の構成員も同様に、同級の地方人民代表大会（人代）および同常務委員会が選挙（中級人民法院は任免）、任免する。したがって院長の任期は各人代の任期に等しい。

以上は、人民法院組織法による規定であるが、実際の人事は［党管幹部］の原則（➡第1章第2節I 2（1））にもとづいて、最高人民法院院長は、党中央委員会が管理し、高級人民法院以下の地方各級人民法院院長は、省級以下の地方党委員会がそれぞれ管理している。この手続を定めているのは「党政指導幹部選抜任用工作条例」という党内法規であるが、2019年に2014年の旧規定が改められている。

2　人民検察院組織法

人民検察院の組織について規定している人民検察院組織法も、立法、改正の経緯は人民法院組織法と同じである。

人民検察院には検察委員会が設けられ、裁判委員会と同じく民主集中制を実行し、検察長の主宰のもとで、重大事件、疑義のある事件、複雑な事件およびその他の重大な問題を討議し、決定する。裁判委員会と異なるのは多数決原理をとらないことで、検察長は重大な問題で多数者の決定に同意しない場合、1級上の検察院または同級の人代常務委員会に報告して、その決定を求めることができるとされ、それだけ検察長の指導性が強められている。

最高人民検察院以下、地方各級人民検察院検察長を同級の人代が選挙および罷免するのは、人民法院院長と同じである。ただし、副検察長、検察委員会委員、検察員は、検察長の申請により同級の人代常務委員会が任免することになっており、人事面においては人民検察院検察長の方が人民法院院長よりも強い権限をもたされている。

人民検察院の組織は、最高人民検察院を頂点として地方各級人民検察院と専門人民検察院とに分かれるが、これらの組織の配置はいずれも人民法院に対応するものとなっている。2018年に監察委員会が設置されたことにより、［**合署弁公***］体制が強化されたため、職権の一部が事実上規制され、党機関への従属性が高まって独立性が失われるなど、組織としての存在基盤が崩れつつある（➡第2章第2節Ⅳ 1）。

3　法官法、検察官法

（1）**実現しなかった目標**　　1995 年に制定された法官法は、裁判官［法官］の資格について規定することにより、専門職としての条件を厳格化した。それ以前の「裁判員」という呼称に代えて「法官」と改めたのは、高級専門職であることを明示するためであり、これ以後、裁判官、検察官は法廷で制服、制帽を身に着けるようになった。同法はそもそも、裁判官の人事権を党委員会から最高人民法院に委譲する改革を実施しようとしたが、この改革は認められなかった。同法はまた、裁判官の給与を公務員の体系から切り離して、高額化することも試みたが、この面でも十分な成果を得られなかった。弁護士に比して裁判官の給与が著しく低く、その差が大きいことが、裁判官の腐敗を生む一因となっているという指摘もある。法官法は数回の改正を経た後、2019 年に前年の人民法院組織法の改正にあわせて改正された。

なお、法官法と同時に、検察官法も制定、改正されているが、内容はほぼ共通しているので、説明を省略した。

（2）**定員制の採用**　　2014 年から一部地域で始まった法官と検察官の定員制が、2017 年に全面的に採用され、全国で 21 万人いた法官は半分近い 12 万人にまで減らされた。訴訟件数が増加し、法官の負担が過重になっていると指摘されている状況に逆行するような措置であるが、選抜を強化することにより法官の数を制限し、レベルアップをはかることが目的である。法官を減らす代償として、法官 1 人に少なくとも 2 人の助手［法官補佐］を配置することで、業務の効率化と水準の向上を実現すると説明されている。

同時に法官の報酬を引き上げ、優秀な人材を集めることも目指されているが、国の給与体系の枠組みのなかでは限界もあり、民間の弁護士とでは比較にならない。むしろ近年は中途で離職する法官の増加が深刻な問題となっているため、それへの対応策としての側面もあると考えられる。ただし離職の原因は報酬よりも、裁判に対する周囲の関与、介入、とりわけ党による政治的な干渉にあると指摘されており、はたして定員制が法官のレベルアップにつながるのか、注目される。

4　弁護士法

（1）**非公務員化**　　中国の弁護士制度は、1980 年に弁護士暫定条例が制定されたことにより再建されたが、当初は非常に数が少なかったため、司法

部に属する公務員という身分が与えられ、育成がはかられた。弁護士事務所も国営企業と同じように、国によって運営された。1980年代後半になると、弁護士の数が急増したことを受け、非公務員化が急速に進んだ。

　1996年に司法改革の一環として弁護士法が制定されたが、すべての弁護士が自由業化することはなく、公務員とそうではない弁護士が共存することになった。経済発展が遅れた農村部には弁護士が少なかったため、国の責任で配置するほかなかったのである。弁護士法は2001年に、統一司法試験の実施に向けて一部修正されたのち、2007年に全面改正され2012年にも一部改正された。

　（2）**弁護士の資格**　　暫定条例において「国家の法律工作者」とされていた弁護士の地位は大きく変化したが、それでも「社会主義法制の建設における役割」を発揮することが求められている。

　弁護士となるには、資格試験に合格したうえで、1年間弁護士事務所で実習経験を積み、就業証明書を取得することが基本的なルートである。

　弁護士法には受験資格は定められていないが、中国国籍、選挙権および被選挙権、大学本科卒業などが条件とされている。手続は異なるが、香港、澳門（マカオ）、台湾の住民にも受験資格が認められており、近年は少数ながら毎年合格者を出している。

　（3）**弁護士事務所**　　弁護士事務所には、以下の3つの形態が認められている。

　　ⅰ）パートナーシップ制事務所
　　ⅱ）個人事務所
　　ⅲ）国が出資する事務所

　現状では、パートナーシップ制事務所が大半を占めており、2017年の統計では全体の3分の2を占め、個人事務所が3割、国の出資する事務所が5％弱という割合になっている。国が出資する事務所は、基本的には主要な都市には存在せず、地方の都市や農村などに設置されている。

　近年、弁護士数は毎年2万人程度のペースで増加していたが、2015年以降は急増するようになり、2018年にはついに増加数が5万人を超えた。これは司法部が同年から始めた増員計画によるもので、2022年の目標が62万

人とされている。

図表 11　弁護士の状況

	2000 年	2010 年	2017 年
事務所数	9,541	17,230	28,382
弁護士数（兼業を含む）	117,260	195,170	357,193

出所：『中国統計年鑑』

　（4）**弁護士協会**　　中華全国弁護士協会は弁護士によって組織される、法人格をもつ社会団体である。全国弁護士協会のもとに、各省級の弁護士協会が所属している。弁護士と弁護士事務所は、所在地にある地方弁護士協会に加入しなければならず、加入した弁護士と弁護士事務所は全国弁護士協会の会員となる。

　弁護士協会は「自律的な組織」とされるが、一方で司法行政機関の管理に属しており、弁護士の自治が認められているわけではない。2016 年には全国すべての弁護士協会に党組織が設置された。弁護士および弁護士事務所に違法行為があった場合の処分などは、司法行政機関が決定する。

5　国家統一法律職業資格試験実施弁法

　司法制度が再建されたばかりの 1980 年代は、大学の法学部卒業生も極端に少なかったため、裁判官などはとくに資格を審査せず、公務員、国有企業の職員、軍人などから転職を奨励して採用していた。弁護士については 1986 年から弁護士資格試験が隔年に実施されるようになったが、裁判官、検察官について資格試験が実施されるようになったのは 1995 年で、以後 1997 年と 1999 年の計 3 回実施された。弁護士資格試験は 1993 年から、毎年実施されるようになった。

　2002 年からは、日本と同じような統一司法試験が実施されるようになり、毎年 30 〜 40 万人程度が受験してきた。2018 年には資格の枠が拡大され、裁判官、検察官、弁護士だけでなく、公証人、法律顧問、仲裁人などの資格を含む国家統一法律職業資格試験として実施されることになった。試験の実施について司法部が定めたのが本法である。

第 1 節　裁判

Ⅳ　訴訟手続

　ここでは、刑事訴訟法を除く、民事訴訟法と行政訴訟法について説明する（刑事訴訟については➡第8章第2節）。

1　民事訴訟法

　市場経済化にあわせて大きく改正された民事訴訟法は、職権主義を基本としつつも、法改正のたびに当事者主義的な要素を取り入れる方向で改革を進めてきた。2007年に再審手続などについての改正を経たのち、2012年にはふたたび大きな改正を施されたが、この改正ではそれ以前の傾向とは異なり、中国独自の制度創設という新しい特徴が示された。2017年改正では、公益訴訟についての規定が追加された。

　以下、2012年の法改正を経た民事訴訟手続の、基本的な特徴と問題を説明する。

　（1）**調停前置の原則**　　建国後の民事訴訟では、調停優先原則が重視され、民事訴訟の大半は調停によって解決されていた。しかし1990年代以降は、市場経済に見合った法制度の整備が進んだことに対応して、紛争解決にもスピードが求められるようになった。そこで1991年の改正では調停優先の原則を放棄し、調停は当事者の自由意思のもとに行うことを明記した。

　しかし今世紀に入ると、裁判実務のなかでふたたび調停が重視されるようになってきた。2009年に最高人民法院が人民法院第3次5年改革綱要を定め、「多元化された紛争解決システム」の確立を提唱してからは、民事紛争における調停重視が顕著となり、現在は「調停優先、調停と判決の結合」が、民事紛争解決の原則とされている。

　調停復活の要因の1つには、市場経済化にあわせて急速に法整備が行われたため、法体系が複雑化、緻密化したことに、司法の現場が十分に対応できなくなっている状況がある。もう1つは、深刻化する司法腐敗を反映したもので、裁判官が賄賂を取りやすくするため、あえて判決を出さなくなっている、という問題も指摘されている。

　（2）**公益訴訟制度**　　個人の権利よりも社会全体の利益を重視する社会主義法のもとでは、民事不介入の原則は否定されており、現在もこの点について大きな変化はない。民事訴訟法は、「当事者は法律に規定された範囲内

でみずからの民事上および訴訟上の権利を処分する権利を有する」と規定しているが、同時に人民検察院が裁判監督を行うことも規定している。

1954年の人民検察院組織法は、人民検察院に民事訴訟を提起する権限を与えていたが、1979年の法改正で削除された。しかしその権限の一部は裁判監督権として留保され、確定判決に対しては抗訴（再審請求）を提起し、あるいは人民法院に対して意見を提出することができるものとされている。

また2012年の改正で、環境汚染や多数の消費者の権益を侵害するような社会公共の利益を害する行為に対しては、一定範囲の第三者に訴訟を提起する権利が与えられたが、この「一定範囲の第三者」については、「法律が規定する機関および関連組織」とのみ規定されたため、その具体的な範囲が問題となった。2017年の改正は、環境破壊、資源保護、食品・薬品の安全について消費者の権益が侵害された場合、これらの機関、関連組織が訴えないときは、人民検察院が訴えることができるという規定を補充した。この点は同時に行政訴訟法にも規定された。

（3）少額紛争制度　比較的小規模で簡単な民事紛争については、簡易手続が用意されており、口頭での訴訟の提起や、起訴当日の裁判といった簡便な手続が可能とされている。これらに加えて少額紛争の場合には、1審終審が適用されることになった。

少額紛争の定義については、草案段階では5000元、あるいは1万元以下とするなどの案が検討されたが、正文では「各省、自治区、直轄市の前年度平均年収の30％以下」と規定された。これは地方によって物価水準に格差があることと、物価の上昇が比較的早いことに配慮したものである。ちなみに2017年の都市部全国平均年収は約7万4000元（改正当時の2011年は約4万2000元）である。

2　行政訴訟法

行政訴訟については、1982年の民事訴訟法（試行）が、「行政案件については本法を適用する」と規定していたが、行政法そのものが未整備であったため、ほとんど利用されなかった。1988年に最高人民法院に行政裁判廷が設置されたことをきっかけにして、全国の人民法院にも行政裁判廷が普及したが、実際に行政訴訟が利用されるようになったのは、1989年に行政訴訟法が制定されてからのことである。

その後、国家賠償法（1994年）、行政処罰法（1996年）、行政再審査法（1999年）、行政許可法（2003年）、行政強制法（2011年）などの関連法が制定され、これにあわせて行政訴訟も増加の一途をたどっている。とはいえ2000年頃には年に10万件以下だった受理件数が、近年ようやく20万件を超えるようになった程度で、行政上の紛争の大半は訴訟以外の手段に持ち込まれている。原告の勝訴率は2000年頃は30％程度であったが、近年は10％以下まで下降し、同時に上訴率が急上昇している。

　行政訴訟における最大の問題は、被告となる行政機関が、実態として同時に党機関でもあり、人民法院を指導する立場にもあるという点にある。本来なら行政不服審査を申し立てる場合とは異なり、行政訴訟には外部チェックという優位性が存在しなければならないのだが、中国の場合にはそのような仕組みにならないところが問題である。そのため行政訴訟の場合には、司法の中立性、公正性の問題だけでなく、［**告状難**］（訴訟の受理がむずかしいこと）という問題も深刻で、上記の勝訴率には数字以上の価値があるといわなければならない。

　この問題を解決するため、近年新しく採用されている制度に、［異地管轄］制度と行政首長出廷制度がある。

　（1）**異地管轄制度**　　異地管轄とは、本来の管轄権とは異なる人民法院に裁判を移送する制度である。これは被告となる地元行政機関が、党機関を通して人民法院に圧力をかけることが常態化している現状に対抗するため、そのような党機関による圧力が及ばない地方の人民法院に管轄を移すことによって、裁判への干渉を排除しようとするものである。2000年以降の司法改革のなかで試験的に導入され、2014年の行政訴訟法改正により明文化された。

　同様の制度は、公務員などによる地位利用、汚職、収賄などについての刑事訴訟でも採用されるようになっているが、まだ明記されていない。

　（2）**行政首長出廷制度**　　行政訴訟の場合には、上記のような人民法院の問題に加えて、被告となる行政機関にも多くの問題が指摘されている。実際に被告席に座るのは弁護士などの代理人で、行政機関自身が訴訟に関心をもたないことが、判決後の［**執行難**］（判決の執行がむずかしいこと➡本節Ⅴ1（2））に結びついているという指摘もある。そこで、公判には行政機関の責任者が出廷することを義務づけようとするのが、この制度である。

首長がすべての行政訴訟に対応できるかという問題点も指摘されているが、中国では公判が多くの場合、1回か2回程度なので、一定の条件を設ければ可能であるとみられている。最高人民法院は2016年の通知に続いて、2018年には「行政訴訟法の適用についての解釈」を出し、制度の普及をはかっている。

V クローズアップ

1 裁判の独立と党の指導

（1）**原則と実態**　憲法上、裁判権は人民法院が独立して行使すると規定されているが、同時に、党の指導に服するものともされている。

1979年に刑法と刑事訴訟法が公布された直後、党は「刑法・刑事訴訟法の適切な実施を断固保障するについての指示」を出したが、これには刑事裁判に党が直接介入することを禁止する内容が含まれていた。しかしそのことは同時に、党が刑事裁判に指導的な役割を果たすことを否定するものではなかった。すなわちこの指示は、［党政分離］（党と国家との分離）の原則を確立するため、裁判官が訴訟手続において党の指示を受けることを法律上の義務とすることを廃止し、以後は党員として党の指導を受けるよう求めたのである。要するにそれは、国の法律と党の規則を使い分ける必要性を指摘したものにすぎなかったのである。

この問題が示すように、中国の裁判制度は、法律上は裁判の独立を保障する一方で、実態として人民法院は党の指導に従うことが求められている。

（2）**地方保護主義**　人民法院に対する党の指導は、地方党委員会による分権的な指導体制（➡後述（3））によって、**地方保護主義**と呼ばれる独特の問題を引き起こしている。

たとえば、A市の企業がB市の企業を債務不履行で訴えた場合、裁判は通常B市の人民法院で行われる。このような裁判では、B市の人民法院が事実関係を無視して地元企業に有利な判決を下す傾向がある。極端な場合には、提訴しても人民法院がこれを受理せず、裁判にすることもできないという例も少なくない。

B市の企業がB市に所属する国有企業であれば、その経営に責任を負っているのは、B市の党委員会である。その企業が責任を追及され、多額の賠

償を求められそうになるなどした場合に、しばしば党委員会がその裁判に介入して、みずからに都合のよい判決を要求するケースが頻発しているのである。

これと同種の問題に［執行難］という現象がある。これは民事事件で勝訴しても、その判決を容易に執行しえない現実を指摘したものである。前記の例でいえば、仮に運よく公平な裁判が行われてＡ市の企業が勝訴したとしても、Ｂ市の人民法院が強制執行に消極的なため、判決を執行できないという問題である。Ａ市の人民法院が地元企業の勝訴を判決し、Ｂ市の人民法院にＢ市の企業に対する強制執行の協力を求めても、無視されてしまうというような例が代表的である。その原因が地方保護主義と同根であることはいうまでもない。

（3）政法委員会　　人民検察院、人民法院および行政機関である公安[*]、国家安全、司法行政機関などをまとめて「政法機関」と呼ぶ。これらの政法機関を指導しているのが、党の政法委員会である。政法委員会は中央委員会ほか各級地方党委員会に設置されている。

行政機関に対する党の指導は、部門ごとの「上から下へ」の指導が原則となっているが、政法機関については各地方ごとの水平指導、すなわち同級地方党委員会による指導が原則となっていた。

人代および人民政府の地方組織が、省―県―郷に設置されているのに対し、人民検察院および人民法院の地方組織は、省―地区―県に設置されているが、これは各級地方党委員会が省―地区―県に設置されていることに対応したものである（➡第１章第２節図表２）。このように、地方の国家機構に組織上のズレが生じているのは、政法機関における党による指導のシステムが、他の国家機関とは異なっていることに由来したものである。

中国の刑事司法システムが、公安機関、人民検察院、人民法院の３機関によるチェック・アンド・バランスを基本的な関係として設定しながら、それがうまく機能しない根本的な原因は政法委員会の存在にあるとされ、司法改革のなかではその廃止を求める意見も少なからずあった。しかし党による集中的統一指導を掲げる習近平政権は、2019年に党の規則として政法工作条例（➡後述3）を定め、国の司法関係部門に対する党の指導を「絶対的」と規定した。これによって憲法が定める裁判の独立も事実上否定され、現状での裁判は党の指導に完全に服するものとなっている。

2　打黒闘争と司法腐敗

（1）**大公安体制**　WTO加盟に向けた市場経済化の促進は、法治主義の強化と紛争解決制度の整備を促し、1990年代には司法改革が一定の成果をあげた。しかし2002年に成立した胡錦濤政権は、［和諧社会］の実現を標榜して、社会秩序の維持を最優先課題としたことにより、公安機関主導による社会管理体制の強化が目指されることになった。

改革・開放政策の開始以来、政法機関の間では、文革時期に形成された大公安体制（公安機関が人民検察院、人民法院などを統一的に指導する体制）から脱却し、公安、人民検察院、人民法院のバランスを回復して、相互のチェック機能が働くよう、肥大化した公安機関の権限を削減する措置がとられてきた。

しかし、胡錦濤政権はこの方針を変更して、公安機関の責任者が政法委員会書記を兼任する体制を普及させ、大公安体制の復活に道をひらいた。

（2）**打黒闘争**　その一方で経済発展にともない、中国では1990年代の末頃から、「黒社会」組織と呼ばれる集団犯罪組織が急速に広まっていった。黒社会組織は、表向きは一般の企業と変わらない経済活動を行いつつ、その裏側でさまざまな違法行為を行う組織である。また多くの場合、［保護傘］と呼ばれる官側の権力者とつながり、そこから情報提供や法的庇護を受けているところに特徴がある。

1990年代に民営企業は中国経済発展の原動力といわれるほど普及し、発展したが、［**打黒**］（黒社会取締り）**闘争**のなかでは多くの有力な民営企業が黒社会組織と断罪され、壊滅させられた。

しかし打黒闘争の中心的役割を果たした公安機関は、経済犯罪との関わりを深めるなか、みずから「保護傘」の役割を引き受けるなどして、腐敗にまみれていった。打黒の側と黒社会の側との境界があいまいになり、打黒は同時に［黒打］（闇の取締り）であるとも指摘されるようになっていった。

（3）**司法腐敗**　大公安体制のなかで、政法機関の中心に位置した公安機関が腐敗を深めていったことは、政法機関全体にも大きな影響を及ぼした。たとえば、裁判官は賄賂をとるのが当たり前という風潮を生み、親族に裁判官のいる弁護士は、そのことを宣伝材料にするようにもなった。

法官法などの規定は、裁判官の家族や親族が弁護士であるとき、その弁護士は、裁判官の所属する人民法院で訴訟代理や弁護をすることを禁じているが、2011年に最高人民法院が出した司法解釈は、人民法院の管轄区域内で

245

家族が弁護士をしている場合、裁判官は幹部職につくことはできないと規定
し、対策を強化した。しかし、この程度の対策で司法の腐敗を抑止できる状
況でないことはいうまでもない。

3 政法工作条例

2012 年に成立した習近平政権は当初、法治主義の強化や司法改革を進め
る姿勢を示していたが、2015 年に党中央による「集中的統一指導」という
原則が採用されてから、その姿勢は一変した。第 1 章第 2 節 III 2 で述べた
ように、集中的統一指導体制はそれまで反法治主義の政治体制とみなされて
いたからである。

2018 年の「党・国家機構改革深化計画」は集中的統一指導体制にもとづ
く党・国家体制の構築を目指したものであるが、2019 年にはこれを司法制
度のなかで運用するための政法工作条例が党中央によって公布された。同条
例は党の指導を「絶対的」なものとし、中央および地方各級の党委員会とそ
の内部組織である政法委員会が、国家の政法機関（法院、検察院、公安機関、
国家安全機関、司法行政機関）を直接指導し、重要事項については決定権をも
つと定めている。

2013 年 1 月の政法工作会議で、孟建柱中央政法委員会書記（当時）は、大
公安体制と打黒闘争によって生み出された冤罪のおもな原因は、政法委員会
が個別の事案に介入したことにあると指摘し、今後は介入を禁止すると述べ
た。改革・開放政策の時期には、党による指導を抑制し、裁判の独立性を高
める司法改革が求められており、孟書記の示した方針はたんなる冤罪防止策
というわけではなく、停滞していた司法改革の推進という意味をもつもので
あった。

したがって政法工作条例の制定は、そうした司法改革を根底から覆し、裁
判の独立を否定するものと指摘せざるをえない。習近平政権が文革体制の復
活と批判されるゆえんでもある。

2018 年に最高人民法院は、「社会主義の核心的価値観を司法解釈に全面的
に貫徹する活動計画（2018 ～ 2023）」を出し、この 5 年間で司法解釈を全面
的に見直す方針を明らかにしたが、この計画自体が政法工作条例に示された
党の指導を具体化するものにほかならない。今後は法律の解釈、運用も、す
べて党の指導に従うことが求められているのである。

4　人民内部の矛盾論

　政法工作条例が活動原則の１つに人民内部の矛盾論を加えたことは（6条）、中国法にとって衝撃的な出来事といえよう。なぜなら、人民内部の矛盾論は文革時期の反法治主義を象徴する理論だったからである。

　人民内部の矛盾論は、毛沢東が1957年に行った「人民内部の矛盾を正しく処理する問題について」と題する講話のなかで提示した理論で、社会主義という過渡期の社会にも矛盾は存在するとの前提に立ち、これを「敵と味方との間の矛盾」と「人民内部の矛盾」とに分け、それぞれを異なる方法で解決する、という考え方を示したものである。つまり前者は敵対的な性格をもっているので独裁的な方法により、後者は非敵対的な性格なので民主的な方法により解決しなければならない、というのである。この理論は文革中、毛沢東が主張した過渡期階級闘争論（社会主義段階でも階級闘争は継続する）を支える理論的な支柱となり、中国法の理論にも大きな影響を与えた。

　人民内部の矛盾論に従えば、犯罪は敵と味方との間の矛盾に属するため独裁的な方法（＝法による強制）で解決するが、民事紛争は人民内部の矛盾に属するため民主的な方法（＝説得、教育）によって解決しなければならない、とされた。したがって民事紛争は裁判ではなく、調停によって解決されなければならないのである。しかもこの調停は単に当事者間の和解による合意であってはならず、党による指導、政策にもとづく説得、教育から得られた合意でなければならない。

　このような法理論は、法を単に階級敵弾圧の道具とみなす結果となり、法治主義を否定し人治の台頭を招く要因になったとして、改革・開放以降は封印されてきたが、政法工作条例において人民内部の矛盾論が復活を遂げたことは、文革体制の復活を目指す習近平政権がその意図を象徴的に明示したものといえよう。現時点で政法工作条例のみを根拠に、その影響を見極めるのはむずかしいが、「社会主義の核心的価値観」と結びついて活動原則としての地位を確立することにでもなれば、現在の中国法理論は必然的に人治の復活に向けた修正を余儀なくされるに違いない。

　習近平政権は独裁的な権力の強化によってこの理論的な転換を実現しようと目論んでいるのかもしれないが、それが生み出す混乱は文革時のように中国国内にはとどまらず、広く国外にも深刻な影響をもたらさざるをえないであろう。

第2節　調停

I　概説——歴史と背景

1　人民調停委員会

　中国では、民事紛争の領域において調停［調解］はきわめて有力な解決手段である。人民法院による調停のほか、地域の民事紛争を解決するため、都市の住民委員会や農村の村民委員会（➡第2章第4節Ⅱ）には、人民調停委員会と称するボランティアの調停組織が設置され、日常的に活動している。1980年代には民事紛争の約8割を**人民調停**が解決してきた、といわれている。ただし人民調停が対象とするのは、おもに当該居住地内の住民間に生じた紛争であるため、民事訴訟との単純な数字の比較には、あまり意味がない。

　人民調停委員会については、1954年に人民調停委員会暫定組織通則が制定されていたが、1989年に人民調停委員会組織条例に改められた。2010年に制定された人民調停法は、同条例を改正したものだが、はじめて全人代レベルの法律となった。

　人民調停組織がもっとも普及したのは、1990年代半ばである。委員会の数は100万を、委員の数は1000万を超えていた。その理由としては、民事紛争の急増に各地方人民法院の整備が対応しきれず、人民調停委員会に依存する傾向が強かった点が指摘されている。その後は、民事訴訟のところで説明したように（➡本章第1節Ⅳ1（1））、調停よりも判決を求める傾向が強まり、人民調停の活動も低迷するようになった。

2　誰が調停員に？

　しかし、民事訴訟を調停で解決することが奨励されるようになった2010年頃から、人民調停も急速に処理件数を増やしている。**図表12**は、最近の人民調停委員会が取扱い件数を倍近くに増やす一方で、組織的には縮小傾向にあることを示している。これは、調停員に対して法的知識の習得が求められるようになった結果、調停員の供給が追いつかなくなった事情を反映しているものと推測される。

図表 12　人民調停委員会の活動状況（単位：万）

	2000 年	2010 年	2017 年
人民調停委員会数	96.4	81.8	75.9
調停員数	844.5	466.9	362.9
調停件数	503.1	841.8	874.1

出所：『中国統計年鑑』

　もともと調停員は無給のボランティアとされていたので、おもな担い手は退職者か専業主婦であった。法律が整備されておらず、社会的な一般常識や慣習などの範囲で紛争が解決されていた時代はそれでも対応できたが、民事法が整備された今日では、一定の法知識が必須の条件となっている。そこで近年は、調停員に一定の報酬を支給することが対策としてとられるようになっているが、調停員の減少に歯止めはかけられていない。

3　その他の調停制度

　私人間の紛争については、このほかさまざまな行政機関による調停が用意されている。まず、人民調停委員会による調停活動を補完するものとして、郷・鎮人民政府ないし街道弁事処（鎮人民政府の出先機関）、郷・鎮法律サービス事務所、これらに所属する司法補佐員などによる調停がある。また、公安機関は治安管理処罰条例に定める違法行為や交通事故について調停を行い、婚姻登記機関は婚姻関係をめぐる紛争について調停を行っている。

　その他の行政機関による調停は、基本的には次節で説明する行政仲裁機関により、仲裁の前段階として実施されている。そのうち一部の仲裁機関には、専門の調停機関を併設しているところがある。

Ⅱ　人民調停法

1　調停の対象

　人民調停が扱う紛争は、「民間紛争」と定義される。かつては軽微な刑事事件も含まれるとされていたが、治安管理処罰条例（1986 年）はこれを**公安**[*]機関の管轄に移した。人民調停法には直接の規定がないものの、司法部が定めた民間紛争処理弁法（1990 年）は民事紛争に限定しており、本法もこれに従うものと解されている。

2　組織

　人民調停委員会は、基本的には住民委員会および村民委員会（➡第2章第4節Ⅱ）の下部組織として設置されるが、企業、事業体、社会団体も必要があれば設置することができる。委員は3～9名を、住民会議、村民会議などを通じて選出する。任期は3年で、連任を妨げない（2018年に住民委員会および村民委員会の任期が5年に改められたので、近くこれに対応するものとみられる）。調停員には一定の文化、政策、法律に対する知識が求められている。原則として無報酬であるが、休業手当は支給される。

　各級地方人民政府の司法行政機関は当該地方における人民調停委員会の活動に対する指導に責任を負い、基層人民法院は調停活動そのものを指導する。

3　調停手続

　人民調停委員会は、当事者からの申請にもとづいて調停を行うが、みずから必要と認めた場合には、当事者の同意を得て調停を行うこともできる。調停は1名または数名の調停員を指名して行う。人民調停委員会が必要と認めたときは、親族、隣人、友人、専門家、経験者などを参加させることができる。調停費用は無料である。

　調停により合意が成立したときは合意書を作成するが、その必要がないときは口頭で合意し、調停員がその内容を記録する。この合意がもつ法的効力の問題についてはⅢ2で説明する。

Ⅲ　クローズアップ

1　調停の強制

　1954年に人民調停制度が発足するまでの調停制度は、すべて行政機関による調停に委ねられていた。人民調停は、建国後に住民自治を実施するために創設された住民委員会の、活動の一翼を担うものと位置づけられた。したがって、調停は紛争の自治的な解決でなければならず、当事者はその合意を自発的に遵守しなければならないものとされた。

　そうした理念の一方で、現実には人民法院の組織的整備が立ち遅れたため、人民法院側は民事紛争の解決に十分対応しきれず、その大半を人民調停に押しつける状況が続いていた。

このような状況は、司法制度が再建されたばかりの1980年代と共通していた。この時期に人民調停が民事紛争解決の主役となっていたのは、おもに人民法院側の事情によるものである。

2　調停の法的効力

調停は当事者の同意を前提に行われるものであるが、以上のような状況のもとでは、その前提を欠く調停も少なくなかった。そのような調停によって得られた合意は、しばしば当事者によって拒否され、履行されないという結果を生み出した。上述のように人民調停にはもともと法的効力が認められていなかったが、民事訴訟の増加を恐れる地方の人民法院が法的効力を認めるなど、混乱が生じるようになっていた。そこで最高人民法院は2002年に司法解釈を出し、人民調停による合意は民事契約と同等の効力を有する、と認めた。

人民調停に指摘される問題は、多くの調停員が法的知識をもたない高齢者などによって占められていることから、調停の合法性が確保できないリスクがある、という点に帰着する。とはいえ、大量の民事紛争が人民法院に持ち込まれると処理しきれないという現実があり、それがこの問題が長い間あいまいにされてきた理由でもある。2002年の最高人民法院による司法解釈も、民事紛争が急増するという背景のもとで、やむなく出されたものと指摘されている。

人民調停法は、調停の合意に法的効力を認め、ようやくこの問題を決着させた。ただし、合意の内容を強制執行するには、人民法院による合意内容の確認手続が必要とされており、いわば条件付きの法的効力となっている。

3　調停員のレベルアップ

人民調停法が合意に法的効力を認めたことによって、調停員には相応の法的知識が必須の条件として求められるようになった。この問題に対処するため2018年に中央政法委員会、最高人民法院、司法部などは合同で「人民調停員の組織建設を強化するについての意見」を出し、調停員の資格に一定の条件を課した。すなわち調停員は原則として高卒以上の学歴をもち、可能な場合は専業の調停員を1名以上配置することとした。住民委員会や村民委員会に設置される以外の人民調停委員会については、大卒や複数の専業調停員

などさらに条件が厳しくなっている。2017年時点で専業の調停員は約50万人なので、最低1名の条件も満たしていない。この条件をクリアするには財政的な裏付けも必要なため、いずれ調停の有料化が問題となるかもしれない。

調停員にふさわしい人材の確保は、地方農村の事情に配慮して義務化はされていないが、こうした条件を満たせない地域では、調停活動が実質的に困難になる可能性も否定できない。

第3節　仲裁

I　概説——歴史と背景

改革・開放時代に移行する以前の中国において、経済紛争の大部分は、仲裁によって解決されてきた。**計画経済**[*]体制のもとでは、私人間の紛争である民事紛争と、国営企業を一方の当事者とする経済紛争とは明確に区分され、基本的にすべての経済紛争は、行政仲裁機関による仲裁で解決されていた。

ただし当時の仲裁は、一般的な意味での仲裁とは少し違い、終局性がなく、不服申立てが認められていた。仲裁として1回の不服申立てが認められ、さらにこれにも不服な場合は、訴訟の提起も認められた。したがって最長の場合、2度の仲裁と2度の裁判を経なければ決着しないという、効率の悪さがあった。

改革・開放時代に移行すると、市場経済的色彩が強まるにつれ、経済契約と民事契約の差別化が意味を失い、1999年には経済契約と民事契約を統合した契約法（俗に統一契約法と呼ぶ）が成立した（→第3章第3節）。仲裁法はこれより早く、1994年に成立し、経済紛争も含めた民事紛争全体を対象とする仲裁制度を成立させた。また仲裁での解決にスピードが重視され、1回の仲裁で決着することになった。

仲裁法のもとでの仲裁制度がスタートした1995年に、全国に設立された11の仲裁委員会が受理した案件は、わずか100件あまりにすぎなかったが、その後は次頁の**図表13**のように急速に普及した。

当初は渉外案件を扱う国際商会所属の3つの仲裁委員会と、国内案件を対象とする仲裁機関とに分かれていたが、その後しだいに境界が解消され、前者は国内案件も扱うようになり、国内仲裁機関のうち60は渉外案件も扱う

ようになっている。

　また、2009 年から国際経済貿易仲裁委員会によって、インターネットを利用した仲裁が開始され、2017 年には 6 つの仲裁委員会が運用し、全体の 3 割を超える 8.5 万件あまりを扱った。

図表 13　全国仲裁委員会の活動状況

	2000 年	2012 年	2017 年
仲裁委員会数	160	219	253
受理件数	9,577	96,378	239,360

出所：『法制日報』など

II　仲裁法

　仲裁法にもとづく仲裁は、すべての契約、財産をめぐる紛争を対象としている。ただし、身分関係の紛争（婚姻、養子縁組、扶養、相続など）、法によって行政機関が処理すると定められている行政争議、および労働争議、農村請負土地契約紛争は、対象から除かれている。

　仲裁法にもとづいて設置された仲裁機関は、基本的に国内の紛争を対象としているが、一部大都市の仲裁機関には、前述のように渉外紛争も対象にしているところがある。また本章第 5 節 II で後述する渉外仲裁機関（CIETACなど）も、国内紛争を扱うことができる。

1　仲裁機関

　仲裁委員会は省級人民政府が所在する市およびその他一部の市に設置される。市の政府と［商会］（商工会議所）によって組織されるが、独立の機関とされ、国家機関に従属しているわけではない。また、各地の仲裁委員会相互の間には、いかなる従属関係もない。仲裁委員会は仲裁人を任命し、仲裁名簿に記載する。仲裁を申請する当事者は、この名簿のなかから仲裁人を指名する。

　全国の仲裁委員会を統合する上部組織として、中国仲裁協会が設置されている。協会は構成員である仲裁委員会とその委員、仲裁人に対して、規律について監督権をもつ。また、協会は民事訴訟法の関係規定にもとづいて、仲裁規則を定めることができる。

2 仲裁手続

仲裁を行うには両当事者の合意が必要である。裁判などのように法定の管轄はなく、両当事者は合意によって任意の仲裁委員会に仲裁による紛争解決を求めることができる。仲裁判断は1回のみの終局の裁決である。

仲裁廷は3名または1名の仲裁人で組織される。3名で組織される場合、両当事者はそれぞれ仲裁人1名を指名するか、仲裁委員会主任に指名を依頼することができる。第3仲裁人は当事者が共同で指名するか、合意により仲裁委員会主任に指名を依頼することができる。第3仲裁人が首席仲裁人となる。

両当事者が1名の仲裁廷によることを約定している場合、1名の仲裁人は当事者が共同で指名するか、合意により仲裁委員会主任に指名を依頼することができる。

仲裁は開廷して行うが、両当事者が開廷しないことに合意しているときは開廷せず、書面にもとづいて審理が行われる。開廷する場合は非公開が原則であるが、当事者が公開について合意しているときは、国家機密に関わるものを除いて、公開される。

3 その他の仲裁機関

仲裁法にもとづく仲裁機関のほか、農村請負土地契約紛争、労働紛争、渉外紛争については、それぞれ固有の仲裁機関が用意されている。

農村請負土地契約紛争の仲裁については、農村土地請負経営紛争調停仲裁法(2009年)が規定しているが、その説明は省略する。労働紛争の調停、仲裁については第6章で、渉外仲裁については本章第5節で説明している。

Ⅲ クローズアップ

仲裁の信頼性

計画経済時期の契約紛争はすべて仲裁によって解決すると定められていたが、そもそも紛争自体が表面化することは少なかったので、仲裁が活用されたという実績はなかった。

改革・開放以降、仲裁は調停、裁判と並ぶ紛争解決制度の選択肢の1つとなったが、仲裁案件そのものは急増しているものの、年間300万件を超える

契約関係の民事訴訟に比べれば、その数は圧倒的に少ない。この実態は、仲裁機関の中立性に対する信頼の欠如が、おもな原因と考えられる。

経済紛争の仲裁機関は、もともと行政機関のなかに設置されていたが、仲裁法はその中立性を確保するために、仲裁委員会を行政機関から独立した組織とした。形式的には独立した組織であるはずの仲裁委員会が、実態として独立した機関になりえていないところに問題があるといえるが、このような問題は仲裁機関にのみ指摘される問題ではない。加えて、司法腐敗（➡本章第1節Ⅴ2（3））と同様に、仲裁員に対する信頼性の欠如も指摘されており、仲裁には終局性があることも、この問題を増幅させている。

全体からみれば処理件数は少ないながらも、本来は渉外仲裁機関であるCIETAC（➡本章第5節Ⅱ）が国内仲裁でも利用されるようになっているのは、相対的に仲裁員の水準が高く、信頼性という点での評価が高いからであろう。

第4節　陳情

Ⅰ　概説——歴史と背景

前節までの紛争解決制度のほか、国家機関に対する不服申立制度として、**陳情**［信訪］という制度がある。これはもともと［人民来信来訪制度］（「来信」は投書、「来訪」は訪問の意味）と呼ばれたもので、各国家機関などには［人民接待室］と称する受付窓口が設置されていた。1989年に行政訴訟法が制定されて行政訴訟制度が発足するまでは、市民が行政機関を告発できる唯一の手段であった。

1995年に陳情条例［信訪条例］が制定されるまで、これについての法律は存在せず、とくにルールのないなかで、市民は自由にこの制度を利用してきたが、これを受け付ける国家機関の側の義務も明確でなかったため、制度の存在意義に疑問符がつけられていた。

陳情件数は2004年にピークに達し、その後は漸減傾向にある。ちなみに政府陳情部門の受理件数は2004年に1400万件に達したが、2010年には1000万件を割り込んでいる。近年は統計が公表されていないが、国家陳情局は毎年漸減傾向にあるとコメントしている。

インターネット上で対応するシステムも普及し、全国に約9万の拠点が設

けられている。スマートフォンやメール、ビデオチャットなどが利用でき、すでにネットを利用した陳情は全体の半数を超えているという。

II 陳情条例

　改革・開放政策による経済発展は、その一方で国家機関の腐敗現象を増幅させた。これにともなう違法行為、不当な決定などについての陳情が急増したことを受けて、国務院（中央人民政府）は陳情条例を制定し、2005年に改正している。同条例は行政機関（人民政府）が受け付ける陳情について規定したものであるが、人民代表大会、人民法院、人民検察院が受け付けるものについても、基本的な手続は同条例の規定による、と定めている。

　陳情には不服申立て、告発のほか、意見や提案も含まれている。該当する行政機関またはその1級上の行政機関に提出するのが基本であるが、場合によってはさらに上級の機関に直接提出することも認められている。受付窓口に直接提出するだけでなく、郵便、ファックス、電子メールなどによるものも認められており、上述のように近年はスマートフォンやネットを利用したものが中心となっている。窓口では書面だけでなく口頭での陳情も認められている。

　陳情を受け付けた機関は、受理した日から60日以内（複雑な案件は30日の延長可）に、いかに処理するかについての意見を決定しなければならない。陳情人はこの処理意見に不服がある場合、意見書を受け取ってから30日以内に、1級上の行政機関に再審査を申し立てることができる。この再審査にも不服なときは、さらに1級上の行政機関に再審査を求めることができる。要するに3級3審であるが、陳情を受け付けることができるのは県級人民政府以上とされているだけで、初審の管轄は具体的には定められていない。

III クローズアップ

問われる意義

　陳情についてよく知られているのは、中央の国家機関が北京市内に設けている受付窓口に、全国から多数の市民が陳情に訪れていることと、受付窓口の周辺に彼らが一時的に居住する、「陳情村」と呼ばれる地域が存在したこ

とである。こうした光景は、陳情制度が地方レベルでは十分に機能していな
かったことを示している。

　行政や裁判に対する不服を申し立てるのに、陳情は最後の救済手段とみな
されていて、実際に行き場を失った多くの陳情人が唯一の望みを託せる機会
となってはいるが、対応する側の能力の問題があり、なかなか受理してもら
えない、受理されてもなかなか処理してもらえない、という問題がある。そ
のため陳情村の住民も数か月から、時には 1 年を超えて居住している場合が
あった。また首尾よく受理されても、不服を認めてもらえるケースはほんの
数％にすぎないとの指摘もある。ただし、陳情人にとっては、ひとまず受付
の窓口が開かれているところに救いがある、ということなのであろう。

　2014 年に国家陳情局は規制を強化し、管轄権をもつ受付機関よりも上級
の機関に陳情することを原則として禁止した。これによって北京はじめ大都
市に存在した陳情村はすべて消滅することになった。陳情制度は、中国独自
の民主的な制度と公式には評価されてきたが、法制化が進んだのと同時に、
権利面での制約も厳しくなりつつあり、その存在意義が問われている。

第5節　渉外紛争解決制度

I　概説——歴史と背景

　計画経済[*]時代の中国の貿易は、**社会主義**[*]諸国によって形成された貿易圏内
において、国家独占体制のもとで行われたが、貿易紛争の際に国が被告人と
なることを避けるために、形式上は民間組織を設立して実施された。この組
織が 1952 年に設立された中国国際貿易促進委員会（CCPIT／China Council for
the Promotion of International Trade）で、仲裁機関はその下部組織として 1954
年に設置された。しかし、1960 年代以降は中ソ対立により鎖国状態が続い
たため、貿易そのものが長く休止状態に陥った。

　改革・開放によって貿易が再開されてからは、中国経済の飛躍的発展を支
える原動力として、対外経済交流が活発化した。とりわけ改革・開放政策が
外国資本の直接投資を受け入れたため、渉外紛争の解決制度が一段とその重
要性を増すなかで、仲裁制度も著しく発展し、変化してきた。

　以上の経緯を経て、現在では、国際仲裁やその承認・執行、あるいは準拠

法等の問題については、国際的な議論に則った制度が作られている。しかし、上記の背景を理解しておくことは、制度の運用上の問題を正しく理解するうえで、今もなお大変重要である。

なお、渉外紛争解決制度としては、仲裁ばかりでなく、裁判所（人民法院）による民事裁判も重要である。とくに、当事者間で仲裁合意が形成しがたい場合には、裁判所による裁判によることとなる。ただし、裁判制度の基本的な内容については本章第1節で説明したので、本節では、渉外民事訴訟の特則についてのみ概略を後述することとする（➡本節Ⅲ2(1)）。

Ⅱ　常設仲裁機関

1　組織と規則

常設仲裁機関としては、まず1950年代に、一般的な貿易、経済紛争を扱う中国国際経済貿易仲裁委員会（China International Economic & Trade Arbitration Commission（以下「CIETAC」という））と、海事紛争を扱う中国海事仲裁委員会（CMAC/China Maritime Arbitration Commission）の2つが設置された。その後、2012年にCIETACから独立した上海国際経済貿易仲裁委員会（上海国際仲裁センター、SHIAC）、華南国際経済貿易仲裁委員会（深圳国際仲裁センター、SCIA）も、現在は、常設国際仲裁機関として活発に利用されている。とはいえ、処理件数が圧倒的に多いのは現在もCIETACである。

CIETACの仲裁規則は、対外貿易仲裁委員会と称していた1956年に制定された暫定規則を経て、1988年にCIETACとして最初の規則が制定された。1994年にグローバル化に対応して改正されたが、直後に仲裁法が制定されたため、これにあわせた改正が1995年に実施された。その後もこの規則は、1998年、2000年、2005年、2012年、2014年（現行規則）と目まぐるしく改正を重ねてきた。

CIETACが扱う渉外仲裁案件は毎年500件前後である。国内の案件も扱っており、件数としては急速に増えて、渉外案件の5倍近くに達している。

2　仲裁人

常設仲裁機関はそれぞれ仲裁人名簿を備えており、仲裁人は多くの場合、この名簿のなかから当事者が指名して選任される。仲裁廷は原則として3名

の仲裁人によって構成されるが、簡易な紛争の場合には1名のみの仲裁廷により、簡易手続が適用される。

　CIETACの仲裁人名簿に登録されている仲裁人は約1400名であるが、その3割ほどが外国籍（香港、澳門（マカオ）を含む）である。

Ⅲ　おもな法律

1　準拠法

　（1）**準拠法の選択**　準拠法の問題とは、ある事象に対して、どこの国（正確には、法域）の法令を適用するか、という問題である。紛争解決制度そのもの問題ではないかもしれないが、渉外的要素を含む紛争において重要な意義を有するため、ここで扱う。準拠法については、たとえばPL責任（製造物責任）などのように、当事者間に通常契約関係等がない場合、法がいわゆる**連結点**を定めなければならないが、当事者間に契約関係が存在する場合にも一定の規律が必要とされる。その典型は、労働関係や消費者契約関係等であり、いわゆる弱者救済の観点から、当事者の自由な合意に委ねず、一定の連結点にもとづく準拠法決定を強制するのが通例である。

　（2）**準拠法に関する諸法令**　中国におけるジョイントベンチャーの基本法である中外合資経営企業法は1979年に制定されたものであるが、中外合資経営企業に関する合弁契約の準拠法は中国法であるべきことが定められている。その他、中外合作経営企業法や外資誘致に関する個別法のなかにも同様の規定がおかれている（ただし、中外合資経営企業法および中外合作経営企業法は、2019年に制定されたそれらを統合する外商投資法により、その施行日である同年12月1日に廃止されることとなった。外商投資法には合弁契約等の準拠法を強制する規定はおかれていない）。

　はじめて体系的に準拠法を定める規定が設けられたのは、1986年に制定された民法通則であろう。その第8章には、9か条にわたって準拠法を定める規定が設けられていた。また、法律だけではなく、いわゆる部門規則（いわば省令）にも準拠法を定める規定がみられた。これらは、微妙に重複しながら、やや不統一といわざるをえないかたちで規定されてきた。そのようななかで、2010年10月に渉外民事関係法律適用法は制定されたのである。

　（3）**渉外民事関係法律適用法**　渉外民事関係法律適用法は、全8章、

52か条からなり、婚姻や相続といった身分法に関する準拠法確定問題のほか、物権、債権について規定をおいている。債権については、契約にかかる一般原則のほか、消費者契約、労働契約、権利侵害（不法行為）責任、製造物責任、インターネットによる人格権侵害、不当利得および事務管理について個別の規定を有しているのが特徴である。

同法は、契約の準拠法に関し、「当事者は、契約に適用する法律を合意により選択することができる」と規定する。日本の「法の適用に関する通則法」が「法律行為の成立及び効力は、当事者は当該法律行為の当時に選択した地の法による」と規定しているのと、その限りでは同趣旨である。しかし、中国の渉外民事関係法律適用法は、総論として「その他の法律に渉外民事関係の法律の適用につき別段の特別規定がある場合には、その規定による」と規定し、消費者契約や労働契約などいわゆる弱者保護等の観点から準拠法を強制する規定に加えて、準拠法を特別法で強制する余地を残している。

2　民事訴訟法第4編

（1）**渉外民事訴訟**　　民事訴訟法第4編は、「渉外民事訴訟の特別規定」という見出しのもとで、渉外民事事件に関する特則をまとめて規定している。ここにいう渉外民事事件とは、当事者の一方もしくは双方が外国人、無国籍者、外国企業もしくは組織であり、当事者間の民事法律関係の成立、変更、終了の法的事実が外国で発生し、または訴訟目的物が外国にある民事事件をいう。したがって、たとえば日本企業の100％現地子会社と米国企業の100％現地子会社との事件は、渉外的要素をもちうるかもしれないが、渉外民事事件には該当しない。

この第4編では、条約との優劣、外交特権、言語および弁護士代理原則などの一般的事項のほか、管轄、送達と期間、仲裁および司法共助について定めている。

（2）**外国判決の承認および執行**　　渉外紛争解決における訴訟の有効性を考えるうえでもっとも重要な問題の1つが、**外国判決の承認・執行**の問題である。すなわち、日本の裁判所が言い渡した判決をもって中国で強制執行ができるか、あるいは、中国の裁判所（人民法院）が言い渡した判決をもって日本で強制執行ができるか、という問題である。

判決は国家機関である裁判所がその作用として作成するものであり、外国

判決の執行を受忍することは、本来主権の維持に直結する問題である。しか
し、合一確定の要請や訴訟経済の要請により、一定の範囲で外国判決の承
認・執行を認めようというのが国際的な趨勢といってよい。中国も日本も、
その意味では共通しており、それぞれの民事訴訟法において、一定の要件の
もとに外国判決の承認・執行を認めている。

しかし、結論としては、日本と中国の間では、双方の裁判所とも、他方の
国が作成した判決の承認・執行を認めない立場をとっていると理解されてい
る。いずれの国も、承認・執行の要件とされる「相互の保証」（おおむね同一
の条件下で、自国の判決が、当該相手国で承認・執行されうると期待できる状態）が
ないことを理由とする。中国では、1994年の大連中級人民法院判決で執行
を拒否したことについて、1995年に最高人民法院が、相互保証の欠如を理
由に執行を拒否したことを支持する司法解釈を行っており、一方日本では、
2003年に大阪高等裁判所が、かかる大連中級人民法院の判決および最高人
民法院の司法解釈を引用したうえで、日中間には、判決の承認・執行につき
相互の保証がないと判断した。

3　仲裁法

仲裁法は仲裁手続を定める基本法であり、渉外仲裁にも適用されるが、国
内仲裁に関する本章第3節で説明しているので、ここでは省略する。

Ⅳ　クローズアップ

1　裁判か仲裁か

仲裁合意条項は日中間の取引契約にはほとんどの場合規定されていると
いってよいほど普遍的な紛争解決方法である。それは、主として2つの理由
にもとづく。

1つは、前記の外国判決の承認・執行が困難であるという点に求められる。
たとえば、中国企業との契約紛争において、仲裁合意が存在せず、中国企業
が日本の裁判所に契約当事者である日本企業を相手方とする訴訟を提起して
きた際に、日本企業としてはむしろ自身こそ損害をこうむったとしてその訴
訟手続において反訴を提起し、結果として勝訴したとする。相手方たる中国
企業が日本に執行可能財産を保有していればよいが、多くの場合、中国国内

に財産は集中しており、中国国内での強制執行が有効であるが、それは認められない。日中間には「相互の保証」が認められないからである（➡本節Ⅲ2（2））。

これに対して、仲裁の場合は、「外国仲裁判断の承認及び執行に関する条約」（いわゆるニューヨーク条約）に日本も中国も加盟しているため、両国とも他方の国で作成された仲裁判断を、同条約に列記された拒否要件がないかぎり原則として承認・執行する義務を負っている。近時ニューヨーク条約の存在にもかかわらず、結果として執行が認められない仲裁判断も相当程度存在することが指摘されてきてはいるが、執行が認められる可能性は、それがほとんどゼロに等しい裁判所（人民法院）の判決の場合とは根本的に異なる。

もう1つの理由は、人民法院の公正さに対する根深い疑いが、とくに外国企業の間で共有されている点に求められる。地方保護主義（➡本章第1節Ⅴ1(2)）の弊害や腐敗のリスクは、人民法院による訴訟の方が仲裁より一般的に高いといわれている。

2　仲裁場所と仲裁機関

契約書を作成する際、必ず問題になるのが紛争解決条項である。まず、当該契約に関連する紛争の解決を訴訟に委ねるか、仲裁に委ねるかが問題となるが、この点は、日中間の契約に関するかぎり、仲裁に分がある。前記のとおりである。

では、紛争解決方法として仲裁を選択するとして、次に仲裁場所を選ばなければならない。選び方は大きく4つある。

(a)主たる執行財産の所在地である中国を仲裁地とする
(b)自身に近い場所（日本企業であれば、東京）を仲裁地とする
(c)仲裁の申立てを受ける側の当事者所在地を仲裁地とする
(d)両当事者から離れた第三国（地域）を仲裁地とする

(a)の場合、相手国で仲裁の申立てを行わなければならず、一見煩雑に思えるかもしれないが、勝訴を内容とする仲裁判断が得られれば、ニューヨーク条約などを介することなく、中国国内において強制執行手続がスムーズに行われうるというメリットがある。この場合、多くのケースでは、国際的な仲

裁手続を中国内でもっとも多く行っている、北京に本部のある CIETAC を仲裁機関として指定する。事件処理の経験が豊富でかつ仲裁人の候補者リストも充実しているといわれている。もっとも最近は、国際契約を締結する当事者が紛争解決方法として、前述の SHIAC や SCIA による仲裁によることを合意するケースも増えている。

(b)の場合、地元で仲裁を行うことができ、外国企業にとっては簡便であるというメリットはあるが、勝訴の仲裁判断を取得できても、それを中国で執行するためには、ニューヨーク条約にもとづく承認・執行手続をとる必要がある。また、この場合、日本商事仲裁協会（JCAA）を仲裁機関として指定することが多いが、JCAA は年間処理件数が 10 ～ 20 件ほどしかない、という点を問題視する意見もある。

(c)の場合、相互に濫訴を防止できるというメリットがあるため、よく使われているが、仲裁をいずれかの当事者が提起するまで、どこでどのルールにもとづいて紛争解決をすることになるかが決まらないことになるため、不安定性ないし不確実性を抱きながら、契約の履行を進めざるをえない点などを問題とする意見もある。

(d)の場合、最近は香港（香港国際仲裁センター、HKIAC）やシンガポール（シンガポール国際仲裁センター、SIAC）を仲裁地（仲裁機関）として選択するケースが増えている。国際的にも認知度が高く、水準も高いといわれているが、中国国内の手続上の問題も指摘されており、とくに、保全手続がとれなくなってしまう可能性が高いとされる。というのも、中国の民事訴訟法によれば、仲裁合意が存在する場合の保全手続は、仲裁機関を通じて行うことが原則となっている（仲裁機関が人民法院に書類を回付して人民法院において判断を出す）が、当事者が合意したのが外国の仲裁機関である場合は、このようなことが期待できないため、直接人民法院に保全の申立てをすることとならざるをえないが、その場合にかかる申立てを適法と判断するかどうかは、人民法院により解釈が分かれる可能性が高いとされる。日本や多くの国では、保全手続にあっては、仲裁合意が**妨訴抗弁**[*]にならないことのみを規定し、自由に裁判所で保全手続をとることができるようになっており、この点で大きく異なる。

このような第三国（地域）仲裁の場合の問題点に対しては、それを克服する試みがいくつか行われつつある。

1つは、最近 SIAC や HKIAC などで用いられるようになってきている緊急仲裁制度である。これは、仲裁機関が保全手続に準じる判断を行うものである。実は、CIETAC および SCIA の仲裁規則ならびに SHIAC の中国（上海）自由貿易試験区仲裁規則も最近改正され、緊急仲裁手続が規定されるに至ったが、それらの基礎となる仲裁法の改正がいまだなされておらず、現在のところ利用は事実上困難とされる。

　もう1つは、香港と中国内地との仲裁手続における保全手続に関する相互協定である。この協定では、香港における仲裁の当事者が中国内地で保全手続を申し立てる場合と中国内地における仲裁の当事者が香港で保全手続を申し立てる場合の手続等を定めている。ただし、同協定は 2019 年 4 月に締結されたものの、現段階ではいまだ発効していない。

用語解説

【あ行】

■**違法性**　中国刑法学界の多数説によれば、中国の違法性は、日本刑法でいう形式的違法性、実質的違法性および実質的責任をも含む総合的な概念である（こうした考えはソ連の刑法理論に由来する）。その結果、違法性の有無は、結局、超法規的な社会的危害性の有無に従う。　　　　　　　　　　〔小口〕

■**ウィーン売買条約**──**国連国際動産売買契約条約**（ウィーン売買条約）

■**OJシンプソン事件**　米国のプロフットボールの花形選手であったOJシンプソンが、1994年に妻殺しの嫌疑で起訴された事件。被告人は有名人であり、また彼が黒人で妻が白人であったという人種上の関心からも、世間の耳目を集めた。状況証拠から彼の犯罪を疑う国民も多かったが、陪審員は無罪の判決を下した。"疑わしきは被告人に有利に"との刑事手続法の原則が働いた結果とされる。中国の著書・論文でこの事件が引き合いに出されるのは、もし中国で同種の事件が発生した場合に、民衆の意向に左右されやすい中国の裁判所（人民法院）が無罪の判決を果たして下すだろうかという文脈においてである。ちなみに、シンプソンを被告とする民事の損害賠償請求事件では、彼の不法行為が認められ、損害賠償義務を負わされた。　　　　　〔小口〕

【か行】

■**会社**　建国前の会社は［公司］と呼ばれていたが、建国後の国営企業が中心だった時代には、基本的にはすべて企業と呼び、「公司」は使われなかった。1980年代の企業改革により国営企業が再編され、トラスト化された時に、連合企業を公司と呼ぶようになった。会社法はその対象企業を公司と規定したが、現在は一般的に企業を公司というようになっている。　　　　〔田中〕

■**家族請負経営制**　家族単位で土地を借り、農業生産を請け負う制度。当初は一定の生産目標を請け負っていたためこう呼ばれたが、現在はほぼ自主経営に委ねられている。この変化にあわせて、近年は土地請負経営制という方が一般的になっている。　　〔田中〕

■**株式会社**　中国で株式会社［股份公司］という場合には、会社法［公司法］に規定された会社を指す。したがってそこには株式有限会社［股份有限公司］だけでなく、有限責任会社［有限責任公司］も含まれている。本書ではこの区分に従っており、単に株式会社と記述している場合には両者を含む。〔田中〕

■**完全養子制度**　養子と養親との間に養親子関係が成立すると、養子と実親その他生来の血族との間の権利義務関係が消滅する制度。一方、養子と実親との間の権利義務関係を消滅させず、養親子関係と実親子関係を併存させる

制度を不完全養子制度という。〔國谷〕

■期限付きガバナンス制度　国の法定機関（中央および県級以上の地方人民政府における環境保護行政主管部門）が、汚染の著しいプロジェクト、産業および区域に対し、一定期間内の環境ガバナンスを行わせ、所定の環境基準を達成させる法律制度をいう。　　　　〔文〕

■近親婚　現行婚姻法は、近親婚として、直系血族および3代以内の傍系血族の間の婚姻を禁止している。このように中国法は、「親等」ではなく「代」を用いているが、直系血族では自分を1代、親を2代、祖父母を3代、あるいは子を2代、孫を3代とする。傍系血族では、共同の始祖までの世代数を数え上げる。3代以内の傍系血族とは、祖父母を共同の始祖とする傍系血族をいう。したがって、いとこ間の結婚は禁止されている。　　　〔國谷〕

■計画経済/5カ年計画　市場経済を否定する社会主義国家では、国が策定した計画にもとづいて生産と分配が行われた。ソ連で1930年代に確立し、中期計画としての5カ年計画をもとに、年度計画が実施された。中国もこれにならって1953年から第1次5カ年計画をスタートさせた。しかしその後の市場経済化にともない、計画指標の拘束性が大幅に緩和されたため、第11次5カ年計画から、[計画]に代えて[規画]と表現されるようになった。　〔小口〕

■継続契約　継続契約とは、一定期間または不定の期間中に契約当事者が継続して履行義務を負う内容の契約で、

この種の契約の場合は、一時的契約関係に比べて当事者間の信頼関係（信義則）が重視される。こうした関係のもとでは、継続的契約において信頼関係を害するような行為が一方の側に過去に存在した場合、先に履行すべき側が履行を拒んだり（不安抗弁権）、将来債権[未来債権]を担保として経済活動を行ったりすることが可能となる。〔小口〕

■厳打　改革・開放が開始された直後の1983年、社会治安の悪化と経済犯罪の増加に対処するために展開された犯罪撲滅闘争。[厳打]とは、「厳しく取り締まる」という意味。鄧小平がみずから指導して、1979年に制定されたばかりの刑法の関連規定、刑事訴訟法の被告人の権利に関する一部規定を改正したうえで実施された。死刑を含む重罰化と、弁護権の軽視が問題視されたが、1990年代の刑法、刑事訴訟法改正でほぼ原形を回復した。　〔田中〕

■現代企業制度　1999年に開催された中国共産党第15期中央委員会第4回全体会議は、「国有企業の改革と発展に関わるいくつかの重要問題についての決定」を採択し、「現代企業制度」を確立するため、「国有大・中型企業については、規範化された会社制への改革を実行する」とした。この決定により会社法は改革の目標として再評価され、普及に弾みがついた。　　　〔田中〕

■公安　一般に中国の警察は[公安]と呼ばれている、と説明されているが、それは公安機関に属する警察だけを指している。警察組織全体は下の

表が示すように、さらに大きく複雑な組織である。

	区　分	所属機関
人民警察	刑事警察 治安行政警察	公安機関
	国家安全警察	国家安全機関
	監獄警察	司法行政機関
	司法警察	人民法院 人民検察院
武装警察	辺防警察 消防警察その他	武装部隊

■合署弁公　党機関と国家機関とがそれぞれの名称を看板に掲げつつ、実態は1つの機関として業務を行うことをいう。恒常的に維持される場合もあれば、臨時に形成される場合もある。複数の党機関、国家機関が結びつく場合など、実際にはさまざまな事例がある。　　　　　　　　　　　　　〔田中〕

■5カ年計画──計画経済/5カ年計画

■国有株　国が所有し株主となっている株式を、国有株と呼ぶ。このうち、国またはその投資会社が直接保有する株を国家株と呼び、国有企業などを通じて保有する株を国有法人株と呼ぶが、法律上この区分がとくに問題となることはない。　　　　　　　　　　〔田中〕

■国連国際動産売買契約条約（ウィーン売買条約）　別名「国際物品売買契約に関する国際連合条約」とも呼ばれ、「ウィーン売買条約」と略称される。1980年に採択され、中国は1986年に批准した。中国契約法は本条約の影響を強く受けており、不可抗力により契約目的の実現が不可能となったときは契約解除を認めるとか、故意・過失等の帰責事由がなくても違約責任を認める等の規定は、その例である。〔小口〕

【さ行】

■「三同時」制度　環境に影響を及ぼしうるあらゆる建設プロジェクトにつき、その環境保護施設は、①主要工事と同時に設計し、②同時に施工し、③同時に生産に導入して使用しなければならないことをいう。　　　　〔文〕

■試行法　内容が不完全であるにもかかわらず、急いで立法する必要がある場合、「試行法」として制定される。法律の効力自体に差はない。当初から比較的短期間で改正することを予定しているが、とくに決まりはなく、長期間改正されなかった例もある。〔田中〕

■実質審査──初歩的審査/実質審査

■死亡賠償金──障害賠償金/死亡賠償金

■社会主義　生産手段の私有制を基礎とする資本主義社会に対し、公有制を基礎とする社会を社会主義社会という。マルクスは、資本主義における生産力と生産関係の矛盾を解決するには生産関係を公有化するほかないと結論づけ、歴史の発展段階として資本主義社会は必然的に社会主義社会に移行すると考えた。中国共産党はこの考えに従って1949年に中華人民共和国を建設したが、当時の中国社会は資本主義もまだ発展していない半封建・半植民地の段階にあるとみなし、建国直後は工業資本を国有化する一方で、農地は

農民の私有とした。しかし1953年に社会主義の計画経済が始まったことから、農業でも集団化が始まり、農地は農民による集団所有へと切り替わった。中国共産党は1956年に、所有制の社会主義的改造（＝公有化）が完了したとして、社会主義社会への移行を宣言した。ただし改革・開放以後は個人経営も部分的に容認され、中国経済の発展を支えるようになった。1987年に中国社会は社会主義の初級段階にあるとされ、以降は私有制を含む多元的な所有制が認められるようになっている。　〔田中〕

■宗族　共同の始祖と祭祀を有し、血統の表示として共同の姓を名のる父系の血族集団。とくに華南・華中地方では結束が強く、祖先を祀る祠堂＝宗祠、一族の費用を出す目的で同族が総有する［族田］、一族の系譜や伝記さらに家訓や族約を記録した［族譜］、の存在が知られる。　〔國谷〕

■障害賠償金／死亡賠償金　両者は、日本の損害賠償項目では逸失利益に相当するものであり、中国における運用には変遷があった。最高人民法院は2001年の「民事上の権利侵害による精神的損害賠償責任を確定する若干の問題に関する解釈」で、精神的損害賠償には、障害賠償金と死亡賠償金が含まれると規定したが、2003年の「人身損害賠償事件の審理において法律を適用する若干の問題に関する解釈」では、両者を区別して規定した。裁判実務において、障害賠償金と死亡賠償金は、都市戸籍と農村戸籍に分け、受訴人民法院所在地における前年度都市住民1人あたりの支配可能収入または農村住民1人あたりの純収入の20年分を基準に算定されている。なお、裁判実務では2006年より、人身損賠償事件において、被害者の常居所地が都市と農村のいずれかによってその算定基準が決まることになっており、3億人ともいわれる出稼ぎ労働者［農民工］にも、都市戸籍による賠償が一般的に行われるようになった。　〔文〕

■商標　商標は、商品または役務（サービス）の出所を表示する標章であり、商品やサービスの品質を保証し、これに生産者、経営者の信用を化体させることにより、生産者等や消費者の利益を保護する機能を有する。商標は、商品商標と役務商標に大別され、また特殊なものとして団体商標、証明商標、音声商標の制度がある。商標登録を希望する事業者は、細分化して定められている区分に従って、商標局に登録を出願し、その商標が公序良俗に反しないか、同一または類似の先願商標がないか等の実質審査を経たうえで、商標権として登録される。　〔中島〕

■情理　明清時代の民事裁判でのもっとも重要な判断基準。確立したルールに従って権利の有無を判断するのではなく、全面的視野から人間関係を調整することを特色とする。〔小口〕

■初歩的審査／実質審査　中国では、知的財産権のうち、発明、実用新案、意匠を「特許」と総称しているが、登録のための審査手続は発明と実用新案、

意匠とで大きく異なる。発明の特許出願に対しては、まず初歩的審査を行って適合したものを出願公開する。さらに、出願後3年以内に審査請求があったものだけを対象に実質審査を行い、拒否理由を発見しなかった場合に発明特許権を付与し、登録と公告を行う。他方、実用新案と意匠では初歩的審査のみを行い、拒否理由を発見しなかった場合に特許権を付与し、登録と公告を行う。初歩的審査の内容は、外国人、外国企業の権利能力、手続能力、公序良俗、不特許事由、先願や、実用新案における特許請求の範囲と明細書、図面の記載要件、意匠における図面の記載要件を満たすか否か等である。実用新案と意匠について、新規性、進歩性等の要件を充足するか否かは原則として審査されない。他方、発明特許出願における実質審査では、発明の定義、公序良俗、不特許事由、先願、特許請求の範囲と明細書の記載要件とともに、新規性、進歩性等の要件を充足するか否かが重要な審査対象となる。〔中島〕

■**所有制**　マルクス経済学では、生産手段を私有制とする社会を資本主義と定義し、公有制とする社会を社会主義と定義する。公有制には、国が所有主体となる国有（＝全人民所有）制と、集団が所有主体となる集団所有制とがある。集団所有は共有とは異なり、集団構成員の持分を認めていない。〔田中〕

■**人権白書**　国務院新聞弁公室は、1991年に「中国の人権状況」と題する白書を公表して以来、不定期に人権白書を公表している。表題は2番目の1995年から「中国人権事業の進展」に改められ、3番目からは「1996年中国人権事業の進展」と表記されるようになった。2000年、2003年、2004年、2009年、2012〜2014年の毎年の白書が、各々翌年に公表されている。2016年以降は毎年表題の異なる白書が複数公表されるようになった。〔田中〕

■**人肉捜索**　インターネット上において、一部のユーザーによってある事件における特定人物についての個人情報の収集が呼び掛けられ、それに複数のユーザーが呼応する形で（または自発的に）、人手による情報収集を通じて検索エンジンによっては知りえない当該人物の氏名、住所などの特定情報が集められ、ネット上に公開されること。それによって、腐敗汚職事件などの社会的問題が暴露され責任追及されることもあるが、それらとはまったく関係のない者が標的にされることが多々ある。さらに、個人情報が公開された当人は、嫌がらせ電話、侮辱などを受けることが多く、社会的に論議を呼ぶこととなった。〔文〕

■**人民公社**　1950年代の農業集団化は、農業生産［合作社］（協同組合）の組織化によって始められた。1958年に河南省の合作社を新しい「社会主義の公社（コミューン）」とする報告が認められ、毛沢東がこれを絶賛したことから、「人民公社」と名付けられ、全国的に普及した。人民公社は農業生産合作社とは異なり、行政機関と生産協同組合と

用語解説

269

が一体化した［政社合一］の組織となった。1つの郷人民政府に1つの合作社を設立する「一郷一社」を基本としたが、例外も少なくない。改革・開放政策によって集団農業から家族請負経営制への移行が進められた結果、人民公社は1985年に消滅した。〔田中〕

■**人民民主主義独裁／プロレタリアート独裁**　資本主義国家を支配するブルジョアジー（資本家階級）に対し、社会主義国家を支配する階級をプロレタリアート（無産階級）という。プロレタリアートは労働者および農民によって構成される。中国憲法は、「中華人民共和国は労働者階級が指導し、労農同盟を基礎とする人民民主主義の社会主義国家である」（1条）と規定している。中国革命は中国共産党のみならず、民族ブルジョアジーなどを含む民主諸党派と協力した人民民主主義統一戦線によって成就された。したがって建国当初の国家は人民民主主義国家とされ、その政治体制は人民民主主義独裁であるとされた。1956年に社会主義社会への移行が達成され、民族ブルジョアジーなども消滅したため、同年の中国共産党第8回大会は、人民民主主義独裁が実質的にプロレタリアート独裁に変化したと表明した。1975年と1978年の憲法は、いずれもプロレタリアート独裁と規定したが、1954年と1982年の憲法は人民民主主義独裁と規定している。82年憲法が54年憲法と同じ規定を採用したのは、公有制以外の私有制を含む多元的な所有制を容認した

ことによる。〔田中〕

【た行】

■**大躍進政策**　1957年にソ連共産党のフルシチョフ第一書記が、15年以内に工農業生産で米国を追い越すと宣言したのに対抗して、1958年に毛沢東国家主席は、15年で英国に追いつくと宣言した。大躍進政策は、これを機に始められた大増産運動を軸とする経済発展政策である。〔田中〕

■**単位**　基本的には「組織」を意味するが、個人の所属先を示すときに用いることが多い。計画経済期には国営企業等の職場を中心に社会生活を営む環境が形成され、「単位社会」と呼ばれた（第5章第1節I1も参照）。〔田中〕

■**懲罰的損害賠償**　懲罰的損害賠償（punitive damages）は、アメリカなどで不法行為の抑止や加害者に対する制裁を目的に、現実の損害を超える巨額の賠償を認めるものであり、大陸法系諸国では通常これを認めない。これに対し、中国では、消費者権益保護法（2013年改正法）と食品安全法（2009年、2015年改正）に具体的規定があり、英米法とは異なり、その賠償額には明確かつ厳格な制限があり、賠償基準としては、①価格賠償と②現実損害の一定倍数という2種類がある。具体的にいうと、両法にはそれぞれ、商品の価格または受けたサービスの3倍と実損害の2倍以下、購入代金の10倍と実損害の3倍という賠償基準が存在する。〔文〕

■**典**　典とは、不動産を担保として

債権者から金銭を借用した債務者が、それと引き換えに当該不動産を債権者に引き渡し、その使用・収益に供することを内容とする契約で、すでに唐代の文献に登場している。典は担保的機能と用益的機能の両面を有し、債務者の側から受け戻しの請求がないかぎり、たとえ契約期間が満了しても債権者が目的物を保持し続ける。その結果、所有関係の複雑化をまねき、歴代為政者を悩ませた。目的物は伝統中国では農地が中心であったが、現代中国では公有化された土地は対象とならず、家屋のみに限られているため、ほとんど例外的にしか利用されていない。〔小口〕

■**天安門事件**　1989年、政治の民主化を要求して天安門広場に集まっていた市民、学生などによる抗議活動が長期に及んだため、政府は5月19日に戒厳令を公布したが、市民らが広場から退去しなかったため、6月4日には武力による弾圧を実行し、解散させた事件。　　　　　　　　　　　〔田中〕

■**特許**　日本を含む多くの国では、特許権は新規で比較的高度の技術（発明）を開示したことの代償として付与されるが、中国の特許［専利］は、発明の特許だけではなく発明と実用新案、意匠の3種の知的財産権を一括した概念である。各々の特許要件や審査手続、保護範囲は異なり、発明の特許権は特許要件に対する実質審査を経て付与され、その保護期間は出願日から起算して20年であるのに対し、実用新案と意匠の特許権は初歩的審査（方式審査と一

部の実質的要件の審査）のみで付与され、その保護期間は出願日から10年（意匠については、特許法の第4次改正で15年とする予定）である。　　　　　　　　〔中島〕

【な行】
■**認可**　原文は［批准］。政府関係機関による承認、許可、認可などを広く含む用語である。当局にどの程度の裁量権があるかは具体的な手続により異なる。第5章第2節ではひとまず「総認可制」として説明している。〔森脇〕

■**根抵当権**　通常の抵当権の場合は、これによって担保される債権（被担保債権）は事前に特定されている。しかし、一定期間内に継続して発生する複数の債権を、一定の限度額（極度額）の範囲内で担保するという抵当権も認められている。これが根抵当権である。実務上ではこうした根抵当権の方が、通常の抵当権よりも重要な位置を占めている。　　　　　　　　　　　〔石本〕

■**農村集団経済組織**　農村部において、集団土地所有権等の権利行使の主体となる組織ないし権利主体。郷・鎮レベルの場合は郷鎮集団経済組織、村レベルの場合は村集団経済組織である。1つの村のなかに複数の農民集団があり、土地所有権がそれぞれの集団に帰属するとされる場合は、これに応じて村内に複数の集団経済組織が形成されることもある。いずれの場合も、当該集団を代表して集団土地所有権等の権利を行使する主体となる。農村集団経済組織は、民法総則で権利主体となる

「特別法人」の1つとして明記されてはいるものの各地で実態が異なり、混乱がみられる。なお、最近一部の先進的地域において法人としての登記証の発行が認められるなど、位置づけや権能の明確化が進められている。　〔石本〕

【は行】

■反右派闘争　社会主義への移行を宣言した中国共産党第8回全国代表大会（1956年）の後、中国共産党は言論の自由化を進めようと［百花斉放・百家争鳴］を呼びかけ党の政策に対する意見を求めた。ところが予想を超えた厳しい党批判に直面し、1957年には、一転して党批判を行った知識人などを［右派分子］として断罪する反右派闘争を開始した。多くの法曹関係者や法律研究者が巻き込まれ職を奪われた。　〔小口〕

■付従性　担保物権の存在は、原則として、これによって担保される債権（被担保債権）が存在することが前提となる。被担保債権の成立が無効であれば担保物権も無効であり（成立の付従性）、被担保債権が消滅すれば担保物権も消滅する（消滅の付従性）というのが原則である。　〔石本〕

■物権法違憲論　2005年に実施された物権法草案についてのパブリック・コメント募集において、鞏献田北京大学法学院教授が、草案は公有財産権を私有財産権に優位させる憲法の規定に違反しているとの、呉国邦全国人民代表大会常務委員会委員長あての公開書簡を、ネット上で公開した。これを契機に、全国的規模で物権法草案の違憲・合憲論が巻き起こり、公表された議論の数では違憲論が優勢であった。こうした状況に全国人民代表大会は物権法の採択を延期した。　〔田中〕

■物上代位性　担保期間中に、担保物が損傷し、滅失または収用等された場合、担保物権者は、得られた保険金、賠償金または補償金等について優先弁済を受けることができるとされる。これがいわゆる物上代位であり、担保物権の性質の1つとされる。　〔石本〕

■プロレタリア文化大革命（文革）大躍進政策の失敗から指導者の座を失った毛沢東が1966年に始めた奪権闘争。当時、指導的地位にあった劉少奇や鄧小平らが［走資派］（資本主義の道を歩む実権派）として標的にされた。［造反有理］のスローガンのもと、旧来の価値観を打破することが強調されたため、法は旧体制を維持する道具として批判され、法ニヒリズムの傾向が強まった。1976年に毛沢東が死去したのをきっかけに、彼を支えた「四人組」（江青＝毛沢東夫人、張春橋、姚文元、王洪文）も逮捕され、ようやく終息した。〔小口〕

■プロレタリアート独裁──人民民主主義独裁／プロレタリアート独裁

■法定代表人　中国会社法は1個の法人に1人の法定代表人のみをおく（単一性）。法人にはそのほかに総経理などの機関が存在するが、法定代表人による対外的民事行為とでは、その法的構成を異にする。総経理は法人の代

理人であり、ここでは法人と代理人という2個の法的主体が存在し、無権代理行為は法人には帰属しない。これに対して、法定代表人の場合は、法定代表人と法人は一個同一の主体をなし、法定代表人の行為は即法人の行為となる。法定代表人の対外的行為が定款〔章程〕に照らして越権行為であるとしても、取引の相手方である第三者が善意である（越権であることを知らない）ときは、法人みずからの行為として、法人が責任を負う。ここでは、表見代理のように、無権代理者に代理権の存在を推測させるような客観的事情があるかという議論は不要である。　〔小口〕

■**法輪功**　法輪功とは、道教と仏教を基礎とし、気功を用いた一種の健康法であるが、精神面の鍛錬も必要としており、その部分で新興宗教の一種ともなっている。1999年に中国共産党中央は、法輪功を「反人類、反社会、反科学の邪教組織」と認定し、厳しく取り締まっている。　　　　　　〔田中〕

■**妨訴抗弁**　仲裁の合意があるにもかかわらず裁判所に訴訟を提起してきた場合、その仲裁合意の存在を根拠に、その訴えを不適法なものとして却下するのが通常である。この場合、仲裁が存在している旨の訴訟上の主張を妨訴抗弁という。この妨訴抗弁の本質は、訴訟による解決を望んでいないという当事者の意思に求められる。　〔森脇〕

【ら行】

■**劉涌事件**　劉涌は、遼寧省瀋陽市の民営企業家であったが、2000年に〔黒社会〕組織犯罪集団の首謀者として逮捕され、起訴された。第1審人民法院は即時執行の死刑判決だったが、第2審の高級人民法院は拷問の疑惑を理由に、執行延期付きの死刑に減刑した。ところが、被告人も検察も再審請求をしないなかで、最高人民法院はみずから再審に乗り出し、即時執行の死刑判決を下し、ただちに執行した。この事件については、最高人民法院の対応をはじめ、さまざまな疑問が指摘されているが、とりわけ注目されるのは、拷問を証言したのが同じ権力側の武装警察の人物であったという点である。当時、遼寧省長だった薄熙来の関与も噂されており、権力闘争の臭いを感じさせる。　　　　　　　　　　〔小口〕

■**累積投票制度**　複数の董事を選挙する場合、株主1人につき董事数分の投票権を与える投票方式のこと。株主は候補を1人に絞って投票することができ、少数株主の権利保護に効果があるとする見方がある。　　〔田中〕

■**連結点**　準拠法の指定に際して当該法律関係の特定の地の法に結びつけるための媒介として利用される要素をいう。たとえば、権利侵害（不法行為）責任について、渉外民事関係法律適用法は、「権利侵害行為地の法律を適用する」と規定されているが、この「権利侵害行為地」がこの場合の連結点である。　　　　　　　　　　〔森脇〕

立法年表

年	法　律
1949 年	人民政治協商会議共同綱領
1950 年	《中華人民共和国成立》
	婚姻法、土地改革法、労働組合法
1951 年	反革命処罰条例
1952 年	民族区域自治実施綱要
1953 年	全国人民代表大会および地方各級人民代表大会選挙法
1954 年	憲法、全国人民代表大会組織法、国務院組織法、地方各級人民代表大会および地方各級人民委員会組織法、人民法院組織法、人民検察院組織法、都市住民委員会組織条例、公安派出所組織条例、労働改造条例、逮捕拘留条例、人民調停委員会暫定組織通則
1955 年	兵役法
1956 年	《百花斉放、百家争鳴》
1957 年	《反右派闘争》
	治安管理処罰条例、労働矯正問題についての決定
1958 年	戸籍登記条例
〜	《大躍進》
1961 年	《調整期》
〜	
1966 年	《文化大革命はじまる》
〜	
1972 年	《日中国交正常化》
〜	
1975 年	*憲法*
1976 年	《文化大革命おわる》
〜	
1978 年	*憲法*
	《改革・開放はじまる》
1979 年	刑法、刑事訴訟法、*地方各級人民代表大会および地方各級人民政府組織法*、*全国人民代表大会および地方各級人民代表大会選挙法*、*人民法院組織法*、*人民検察院組織法*、中外合資経営企業法、環境保護法（試行）、森林法（試行）、*逮捕拘留条例*
1980 年	*婚姻法*、国籍法、弁護士暫定条例
1981 年	経済契約法、国営工業企業従業員代表大会工作条例、逃亡または再犯した労働改造犯および労働矯正処分者の処理についての決定
1982 年	*憲法*、民事訴訟法（試行）、全国人民代表大会組織法、*国務院組織法*、重大刑事事犯の厳罰についての決定、商標法
1983 年	重大社会治安事犯のすみやかな裁判手続についての決定、重大社会治安事犯の厳罰についての決定、経済契約仲裁条例
1984 年	民族区域自治法、特許法、住民身分証試行条例
1985 年	相続法、渉外経済契約法、住民身分証条例
1986 年	民法通則、外資企業法、土地管理法、企業破産法（試行）、*治安管理処罰条例*、外国企業投資奨励規定、国営企業労働契約制実施暫定規定
	《社会主義初級段階に》

1987 年	技術契約法、村民委員会組織法（試行）、大気汚染防止法、国営企業労働争議処理暫定規定
1988 年	憲法修正、全人民所有制工業企業法、中外合作経営企業法、私営企業暫定条例
1989 年	行政訴訟法、環境保護法、都市住民委員会組織法、集会・行進・示威法、人民調停委員会組織条例、
1990 年	香港特別行政区基本法、著作権法、行政監察条例、行政再審査条例、農村集団所有制企業条例、都市国有土地使用権払下げおよび譲渡暫定条例
1991 年	民事訴訟法、養子縁組法、都市集団所有制企業条例

《社会主義市場経済体制に》

1992 年	*労働組合法*、婦女権益保護法
1993 年	憲法修正、会社法、経済契約法、不正競争防止法、消費者権益保護法、澳門（マカオ）特別行政区基本法、企業労働争議処理条例
1994 年	仲裁法、労働法、都市不動産管理法、監獄法、国家賠償法
1995 年	法官法、検察官法、担保法、保険法、手形・小切手法、外国投資株式有限会社設立のいくつかの問題についての暫定規定、食品衛生法
1996 年	*刑事訴訟法*、弁護士法、行政処罰法、郷鎮企業法、環境騒音汚染防止法、老齢者権利利益保障法
1997 年	*刑法*、行政監察法、組合企業法、エネルギー節約法
1998 年	村民委員会組織法、*土地管理法*
1999 年	憲法修正、契約法、証券法、行政再議法、外国企業による国有企業の買収についての暫定規定、個人独資企業法
2000 年	立法法、大気汚染防止法

《WTO 加盟》

2001 年	人口および計画出産法、労働組合法、就業促進法、都市家屋立退き管理条例
2002 年	農村土地請負法、保険法、環境アセスメント法
2003 年	住民身分証法、行政許可法、企業国有資産監督管理暫定条例、都市浮浪者救助管理弁法
2004 年	憲法修正、*全国人民代表大会および地方各級人民代表大会選挙法*、*土地管理法*
2005 年	*会社法*、*証券法*、治安管理処罰法、再生可能エネルギー法
2006 年	企業破産法
2007 年	労働紛争調停仲裁法、*弁護士法*、*民事訴訟法*、独占禁止法、*都市不動産管理法*、労働契約法
2008 年	*特許法*、企業国有資産法、循環経済促進法、物権法
2009 年	不法行為法、農村土地請負経営紛争調停仲裁法
2010 年	*全国人民代表大会および地方各級人民代表大会選挙法*、*土地管理法*、社会保険法、渉外民事関係法律適用法、*村民委員会組織法*、人民調停法、国家賠償法
2011 年	行政強制法、国有土地上家屋収用・補償条例
2012 年	*刑事訴訟法*、*民事訴訟法*、*弁護士法*、治安管理処罰法、未成年者保護法、*国家賠償法*、監獄法、*労働契約法*、高齢者人権保障法
2013 年	*商標法*、*消費者権益保護法*
2014 年	スパイ取締法、*行政訴訟法*、*環境保護法*
2015 年	国家安全法、テロ取締法、電子署名法、*人口と計画出産法*
2016 年	サイバーセキュリティ法、*外資企業法*、*中外合資経営企業法*、*中外合作経営企業法*
2017 年	民法総則、国家情報法、*反不正当競争法*
2018 年	*憲法*、電子商取引法、人民参審員法、*会社法*、*農村土地請負法*、監察法、*公務員法*
2019 年	*行政許可法*、*反不正当競争法*、*電子署名法*、外商投資法

＊斜字は改正法であることを示す。改正法は一部の重要なものに限ってある。

立法年表

参考文献

　以下の参考文献は、「現在の中国法を学ぶうえで参考となる基本図書」という条件で選択したものである。中国語の図書は実際に入手することがむずかしいため、除外した。また、「現在の中国法を学ぶ」という条件に照応させるため、2000年代以降の中国法を対象に記述しているものを選んでいる。

　さらに専門的な内容を学習したい場合には、これらの著作があげている参考文献を参照していただきたい。

●文元春編『中国不法行為法の研究——公平責任と補充責任を中心に』(成文堂・2019年)

●小口彦太編『中国契約法の研究——日中民事法学の対話』(成文堂・2017年)

●王利明著(小口彦太監訳)『中国契約法』(早稲田大学出版部・2017年)

●髙見澤磨＝鈴木賢＝宇田川幸則『現代中国法入門〔第7版〕』(有斐閣・2016年)

●田中信行『はじめての中国法』(有斐閣・2013年)

●小口彦太＝田中信行『現代中国法〔第2版〕』(成文堂・2012年)

●田中信行編『最新　中国ビジネス法の理論と実務』(弘文堂・2011年)

●田中信行＝渠涛編『中国物権法を考える』(商事法務・2008年)

●北川秀樹編『中国の環境問題と法・政策』(法律文化社・2008年)

●中島敏『日中対訳逐条解説中国特許全法令』(経済産業調査会・2006年)

事項・法令索引

【事項】

い

遺言相続…103
意思表示…48
意匠…113
　　　類似の――…114
意匠特許権…113-
　――の保護範囲…114
異地管轄…205, 210, 242
一元的指導体制…8, 28
1級企業…138, 141
一党独裁体制…8
一般条項…82, 83
違法性*…201
依法治国…23, 30
違約責任…77
医療保険…180
インターネット法院…124
院長・廷長審査制度…234
隠匿行為…72

う

ウィーン売買条約*…67, 77, 78

え

営利法人…47
役務商標…117
M＆A…151
冤罪…230

お

OJシンプソン事件*…214
汚染排出費…193
親子扶養制度…100
音声商標…117

か

改革・開放…1, 6, 20, 27, 33, 36,
　　39, 42, 64, 67, 85, 93, 95,
　　106, 126, 141, 143, 166, 178,
　　245-247, 252
外国仲裁判断の承認及び執行に

関する条約（ニューヨーク
　条約）…262
外国判決の承認・執行…260
外資企業…143, 145
外資系株式会社…145
外資系パートナーシップ…146
過失責任原則…82
家族請負経営制*…54
家族法…94-
株式会社*…127, 128
株式有限会社…128, 131
家父長制…94
株主会…130, 147
株主総会…132
カルテル…157, 161, 163
簡易届出制度（独占禁止法）…
　158
環境アセスメント…189
環境影響評価制度…187, 188
環境汚染…186
監察…33
監察委員会…34, 207-210, 215,
　236
監事会…130, 133
管制…199, 203
完全養子制度*…101

き

企業労働紛争調停委員会…174
期限付きガバナンス制度*…
　187, 191, 192
危険負担…75
帰責原理…82
基礎電信業務…220, 221
行政権…28
行政首長出廷制度…242
行政性法規…14
行政訴訟…107
行政独占…158, 162
行政法…27-
共同綱領…3
共同共有…58
脅迫…49, 68, 71, 160
共犯…202

虚偽表示…72
居住権…64
緊急仲裁制度…264
近親婚*…98
均等の技術特徴…114

く

クアルコム事件…157
区分所有…59, 63
クリーン生産…192
グリーンフィールド投資…151
グローバル化…7, 127
黒社会…245

け

計画経済*…3, 21, 35, 36, 67, 125,
　162, 165, 198, 252, 254, 257
計画出産…98, 104
経済格差…35, 36, 166
刑事責任…202
刑事和解手続…216
継続契約*…73
刑罰…203
契約…70
　――の効力…71
　――の終了…76
　――の譲渡…75
　――の変更…72, 75
契約自由…69
経理…130, 133
検察委員会…236
建設用地使用権…60
厳打→犯罪撲滅闘争
現代企業制度*…129
憲法…20
権利質…62
権力機関…10, 28

こ

郷…11, 37, 64, 174
公安*…203, 208, 215, 245
拘役…203
公益訴訟制度…240
後見…46

合資経営企業…143
工場長責任制…139
合署弁公*…33, 236
工信部…219
公知技術・公知意匠の抗弁…114
郷鎮企業…126, 135
高度危険責任…91
公判…211
公平原則…80
公平責任…83-, 93
公務員…32, 33
公有財産…55
勾留…208
5 カ年計画*…3, 35, 125, 185
胡錦濤…13, 245
国営企業…23, 125
国外追放…203
国際人権規約…24
告状難…196, 242
国進民退…7, 133, 142
国有株*…134
国有企業…23, 126
国有資産監督管理委員会…133
国有資産の保護…153
国有独資会社…128, 131
国有土地使用権…38
国連国際動産売買契約条約*
　　→ウィーン売買条約
個人情報（保護）…48, 223, 224, 226-228
戸籍制度…35-
国家工作人員…32
国家知識産権局…110
国家知的財産権戦略綱要…107
国家的所有権…57
固定期限労働契約…169-171
固定工…165
コーポレート・ガバナンス…139-
婚約…105

さ

罪刑法定原則…200, 204, 205
債権者代位権…74
債権者取消権…74
財産没収…203, 214
再審…216
裁判委員会…211, 217, 232
裁判委員会審査制度…234

裁判管轄…210
裁判監督手続…213
裁判の独立…232, 234
詐欺…49, 71, 160
錯誤…49, 71
三権分置…65
三資企業…142, 143, 145, 147
参審員…233
参審制…233
「三同時」制度*…187, 190

し

私営企業…126, 127, 136
私営経済…22
自願──→契約自由
事業者結合…157
事業単位…47
死刑…199, 203, 204, 213, 232
時効…51-
試行法*…40, 127
市場経済…21, 67, 127
市場支配的地位の濫用…156
事情変更の原則…74
私人所有権…58
自然人…46
自訴案件…211
CIETAC──→中国国際経済貿易
　　仲裁委員会
質権…62
失業保険…180
執行難…196, 242, 244
実質審査*…111
実用新案特許権…112-
指導性案例…17
司法改革…3, 238, 245
司法解釈…16, 72, 75, 102, 105,
　　110, 111, 114, 124, 200, 212,
　　245, 251, 261
司法行政機関…239
司法試験…239
死亡賠償金*…85
司法腐敗…235, 245, 255
CMAC──→中国海事仲裁委員
　　会
社会主義*…1, 4, 8, 83, 154, 161,
　　165, 257
　　──の核心的価値観…23, 45,
　　246, 247
　　──国家…1, 161, 172, 176

　　──市場経済…6, 22, 95, 127,
　　154, 160, 161, 166
　　──商品経済…22
社会的危険性…201, 204
社会保険…178
社会保障…177
社区…38, 46, 182, 199, 203
就業規則…171
習近平…13, 18, 23, 28-30, 42, 125,
　　141, 230, 246
私有財産…23, 55, 161
宗族*…94, 98
重大誤解…49, 68
集団契約…169, 171
集団所有（制／権）…53, 58, 64,
　　65
集団陳情…196, 256
集中的統一指導体制…13, 18,
　　33, 41, 140-142, 230, 246
住民委員会…39
住民身分証…36
収容審査（制度）…206, 215
出産保険…181
取得時効…51
準拠法…259
渉外 OEM 生産…120, 121
障害賠償金*…85
渉外民事事件…260
少額紛争制度…241
商業賄賂…159
証拠…212
使用者責任…87
少数民族…12
上訴不加重刑の原則…212
商標権…117-
　　──侵害行為の差止め…
　　119
商標登録取消請求…120
商品商標…117
証明商標…117
消滅時効…51
情理*…80
職権主義…240
初歩的審査*…111, 113, 118
所有権…57
所有制*…134
人格の尊厳…226
人権…23, 24-
人権白書*…20, 24

新三会 140
親族…94
人治…28, 247
人肉捜索*…88
信訪━▶陳情
人民検察院…231, 236
人民公社*…38, 59, 64, 135
人民参審員…233
人民政治協商会議…3, 178
人民調停…248
人民調停委員会…248
人民内部の矛盾論…247
人民法院…231, 235
人民民主主義…3

す

垂直的協議…156
ストライキ権…173, 176

せ

政策性破産…136
政治改革…12
政治権利剥奪…203, 204
政社合一…5
精神的損害賠償…85
製造物責任…89
生物多様性条約…107
政法委員会…9, 13, 244
世界貿易機関━▶WTO
接見交通…210
絶対新規性…107, 113
選挙権…25
先履行の抗弁権…73, 79

そ

相互の保証…261, 262
捜査…208
相続…94
相続法…95, 96
ソ連…1, 8, 28, 185, 198, 206
損害賠償…57, 77, 84, 114, 119, 123
村民委員会…40, 41, 47, 58, 65

た

大公安体制…245
対口指導…8, 9, 12
逮捕━▶勾留
大躍進政策*…5, 64, 95, 185

代理…49
宅地使用権…61
打黒闘争…142, 245, 246
WTO（世界貿易機関）…6, 7, 107, 127, 134, 206, 219
単位*…38, 46, 95, 125, 178, 203
単位犯罪…203
団体商標…117
担保物権…61-

ち

地役権…61
知的財産権…106-
知的財産権法院…115, 120
知的所有権の貿易関連の側面に関する協定━▶TRIPs協定
地方保護主義…29, 150, 159, 162, 235, 243, 262
中央企業…138
中外合作経営企業…144
中外合資経営企業…144, 259
中華ソビエト共和国…2
中国海事仲裁委員会（CMAC）…258
中国共産党…2, 8
中国国際経済貿易仲裁委員会（CIETAC）…258, 263, 264
中国製造2025…108, 109
中国電信…218
中国郵電電信総局…218
仲裁…252-
仲裁委員会…252, 255
仲裁前置主義…174
趙紫陽…13
調停…248-
調停前置の原則（調停前置主義）…99, 240
著作権…122, 123
　　──侵害行為の差止め…123
著作財産権…123
著作者人格権…123
著作物…122
懲罰的損害賠償*…50, 90, 160
直接選挙（村民委員会）…41
鎮…11, 37, 174
陳情…255-

て

定款…141

抵当権…61
データ保存義務…223
鉄飯椀…126, 165
典*…54
天安門事件*…12, 24, 29
典型契約…69
電子商取引プラットフォーム経営者…225

と

党委員会審査制度…234
統一民法典…43, 63, 68, 96, 102
　　──契約編「草案第2次審議稿」…70, 71, 73, 74, 76
党管幹部原則…19, 26
登記…56
党規国法…19
党・国家機構改革深化計画…13, 18, 32-34, 246
党・国家体制…8, 231
董事会…130, 133
当事者主義…240
鄧小平…12, 13, 34
同時履行の抗弁権…73
党内法規…17
登録商標不使用の抗弁…120
独占禁止法の域外適用…163
独占的協定…156
特別行政区…11
独立董事…141
都市戸籍…34, 37, 177
都市・農村一体化政策…37, 66
土地請負経営権…56, 59, 63, 64, 66
土地収用…23, 30
土地使用権…22, 56, 66
特許*…111
　　──の保護範囲…114
特許権侵害行為…114
　　──の差止め…114
特許法第4次改正…116, 117
特許無効宣言…112
取消し…72
TRIPs協定…107, 108

に

二元的社会構造…35, 37
二重負担（社会保険に関する）…183

二免三減…143
ニューヨーク条約──→外国仲裁判断の承認及び執行に関する条約
認可*…148, 152, 153

ね
ネガティブリスト…148, 150, 152, 221, 228
根抵当権*…62

の
農業生産合作社（協同組合）…5
農村戸籍…34, 37, 177
農村集団経済組織*…47, 58, 65

は
配給制度…25, 35, 85
派遣労働者…176
破産裁判廷…137
罰金…203
発明…111
発明特許権…111
パブリック・コメント…15, 29, 81, 116, 189, 229
反右派闘争*…5, 33, 198
判決の事前審査制度…234-
犯罪概念…201, 204
犯罪撲滅闘争…231
反担保…61
判例…17

ひ
非営利法人…47
一人っ子政策…46, 95, 182
一人有限責任会社…128, 131
秘密保持審査…107
表見代理…52

ふ
不安の抗弁権…73, 77
夫婦別姓…98
付加価値電信業務…220, 221
覆審制…212
付従性*…61
付帯民事訴訟…213
物権公示原則…56
物権的請求権…56

物権法違憲論*…15, 55
物権法定原則…55
物上代位性*…61
部門規則…14, 259
プラットフォーマー…223, 226
プロレタリア文化大革命*…1, 5, 20, 64, 95, 106, 165, 198, 230

へ
米中知的財産紛争…108, 109
弁護士…209, 215
弁護士事務所…238

ほ
法源…16
法人…46, 47
法人財産権…57, 58
妨訴抗弁*…263
法治主義…7, 12, 13, 18, 28, 29, 34, 245-247
法定相続…102
法定代表人*…68, 130, 148
法定夫婦財産制…98
法の下の平等…25
法律…14
法律解釈…16
法輪功…26
保護傘…245
保全手続（国際仲裁）…263

み
未完成犯罪…202
3つの代表論…23
民事責任…50
民事不介入の原則…240
民事法律行為…48
民主集中制…10, 232

む
無過失責任…82, 83, 87, 89-92
無期懲役…203
無権代理…50, 52
無効…49, 72
無固定期間労働契約…169
無罪推定…214

も
毛沢東（思想）…2, 5, 6, 13, 23, 208, 247, 270, 272
持分共有…58

や
約款…71

ゆ
有期懲役…203
有限責任会社…128, 130
郵電部…218

よ
用益物権…59-, 62
養子縁組…101
養老保険…179

り
離婚…99
立案…208
立法権…14-16, 28
リニエンシー（制度）…155, 156
劉少奇…5
留置権…54, 61, 63
劉涌事件*…212

る
類推適用（刑法）…199, 201
累積投票制度*…133

れ
連結点*…259

ろ
労災保険…180
労働矯正…215
労働組合…167, 172
労働契約…126, 168-, 260
労働者（階級）…164, 172
労働者派遣…87, 172, 176
労働紛争仲裁委員会…175
労働保険…178
労農同盟…3, 25

わ
和諧社会…83, 166, 245

【法令】

あ行

医療事故処理条例…90
沿海水域汚染防止暫定規定…186
汚染排出費徴収使用管理条例…193

か行

外国投資の方向を指導する規定…150
外国投資パートナーシップ企業登記管理規定…147
外国の企業又は個人による中国国内におけるパートナーシップ企業設立規則…147
外資企業法…143, 145
外資企業法実施細則…145
外資系株式会社設立に係る若干の問題に関する暫定規定…145
会社法…127, 128-, 136
外商投資企業設立及び変更届出管理暫定弁法…149
外商投資産業奨励目録…150
外商投資法…109, 144, 259
海洋環境保護法…186
科学データ管理弁法…229
核安全法…92
株式有限会社国有株管理暫定弁法…134
環境影響評価法…189, 190
環境騒音汚染防止法…186
環境保護法…91, 186-188, 192-196
環境保護行政許可聴聞暫定弁法…190
環境保護主管部門による日ごとの連続処罰実施弁法…192
監察法…207, 215
企業国有資産法…127, 133, 134
企業破産法…127, 136-, 170
企業破産法（試行）…136
技術契約法…67
技術輸出入管理条例…110
行政強制法…29, 242
行政許可法…29, 190, 242

行政再審査法…242
行政処罰法…29, 242
行政訴訟法…15, 230, 241, 242, 255
漁業法…187
組合企業法…127, 136
クラウドコンピューティングサービス安全評価弁法…229
クリーン生産促進法…192
経済契約仲裁条例…231
経済契約法…67
刑事訴訟法（1979年）…6, 206, 230
刑事訴訟法（1996年）…208-, 231
刑法（1979年）…6, 230
刑法（1997年）…199-, 231
契約法…50, 67-
検察官法…231, 237
憲法（1954年）…4, 15, 95, 186
憲法（1975年）…20, 95
憲法（1978年）…20, 95
憲法（1982年）…20, 24, 38, 54, 95, 178, 196
権利侵害責任法…43, 80-
鉱業暫定条例…186
工場安全衛生規程…186
鉱物資源保護試行条例…186
公務員法…18, 32
公務員職務職級相関規定…18
国営企業労働契約制実施暫定規定…166
個人情報及び重要データ国外持ち出し安全評価弁法…224
個人情報国外持ち出し安全評価弁法…224, 229
個人独資企業法…127, 136
戸籍登記条例…35
個体廃棄物環境汚染防止法…186
国家安全法…30
国家情報法…31
国家統一法律職業資格試験実施弁法…239
国家突発環境事件応急事前対策…194
国家賠償法…85, 242
婚姻法（1950年）…3, 95

婚姻法（1980年）…96, 97-

さ行

最低賃金規定…168
サイバーセキュリティ法…221-, 228, 229
産業指導目録…150
私営企業暫定条例…127, 136
児童個人情報ネットワーク保護規定…229
社会保険法…167, 179
集会・デモ行進法…15
就業促進法…167
集団所有制企業条例…135
住民身分証試行条例…36
住民身分証条例…36
住民身分証法…36
循環経済促進法…192
渉外経済契約法…67
障害者保障法…181, 182
渉外民事関係法律適用法…44, 259
証券法…127, 137-
消費者権益保護法…50, 85, 227
商標法…106, 117-
食品安全法…50
人口及び計画出産法…104
人民検察院組織法…6, 230, 236
人民調停委員会暫定組織通則…248
人民調停委員会組織条例…248
人民調停法…248, 249-
人民法院組織法…6, 230, 232, 235, 237
森林法…186, 187
水土保持暫定綱要…186
スパイ取締法…31
生活飲用水衛生規程…186
製品品質法…89
政府情報公開条例…16
政法工作条例…244, 246, 247
選挙法…6, 25
全人民所有制工業企業法…15, 135
草原法…186, 187
相続法…43, 95, 102-
村民委員会組織法…40

た行

大気汚染防止法…91, 186
担保法…54
治安管理処罰条例…249
地方各級人民代表大会及び地方
　各級人民政府組織法…6
中外合作経営企業法…143, 145
中外合作経営企業法実施細則…
　145
中外合資経営企業法…6, 143,
　144, 259
中外合資経営企業法実施条例…
　144
中華ソビエト共和国労働法…
　165
仲裁法…231, 253-, 261
著作権法…106, 122-
データ安全管理弁法…224, 229
テロ取締法…30, 31
陳情条例…255, 256
電子商取引法…224-
電信及びインターネットユー
　ザー個人情報保護規定…
　227
電信業務分類目録…221
電信条例…219
電力法…91
党内法規制定条例…17, 19
道路交通安全法…90

独占禁止法…127, 154-
都市国有土地使用権払下げ及び
　譲渡暫定条例…60
都市住民委員会組織法…39
都市不動産管理法…60
土地改革法…3, 95
土地管理法…54, 55, 59, 187
特許法…106, 111-
突発事件対処法…194

な行

農村集団所有制企業条例…135
農村土地請負法…54-56, 60, 63-
　66
農村土地請負経営権流通管理弁
　法…64
農村土地請負経営紛争調停仲裁
　法…254

は行

不正当競争防止法…154, 159-
物権法…43, 50, 53-, 91
弁護士暫定条例…230, 237, 238
弁護士法…231, 237-
法官法…231, 237
香港特別行政区基本法…15

ま行

澳門（マカオ）特別行政区基本
　法…15

水汚染防止法…91, 186
水法…187
民間紛争処理弁法…249
民事訴訟法…231, 240, 260
民事訴訟法（試行）…230, 233,
　241
民法総則…42-, 57, 68, 72
民法通則…16, 42, 44, 45, 47, 48,
　50, 52-55, 85 91, 227
民用航空法…91
無線電管理条例…218

や行

有給休暇条例…168
養子法…96, 101-, 104

ら行

立法法…15
労働組合法（1950年）…3, 165
労働組合法（1992年）…166,
　172-
労働契約法…16, 87, 167, 168-,
　171, 172, 175
労働契約法実施条例…168
労働紛争調停仲裁法…167, 174
労働法…166, 168
労働保険条例…165, 178
労働派遣暫定規定…168, 177
老齢者権利利益保障法…181

事項・法令索引

【執筆者紹介】

田中信行（たなか・のぶゆき）　＊編者／1章、2章、5章1節、10章1～4節担当
1947年生まれ。東京都立大学大学院社会科学研究科博士後期課程単位取得退学。東京大学社会科学研究所教授等を経て、東京大学名誉教授。
『最新中国ビジネス法の理論と実務』（編著、弘文堂・2011）、『現代中国法〔第2版〕』（共著、成文堂・2012）、『はじめての中国法』（有斐閣・2013）など。

石本茂彦（いしもと・しげひこ）　＊3章1節・2節、6章1節担当
1968年生まれ。東京大学法学部卒業、ニューヨーク大学ロースクール修了（LL. M.）。現在、森・濱田松本法律事務所パートナー、同上海事務所首席代表。東京大学法科大学院非常勤講師。
『中国ビジネス法必携』（編著、JETRO・2011）、『最新中国ビジネス法の理論と実務』（共著、弘文堂・2011）、『中国経済六法2012年版』（共著、日本国際貿易促進協会・2012）など。

國谷知史（くにや・さとし）　＊3章5節担当
1953年生まれ。早稲田大学大学院法学研究科博士後期課程単位取得退学。新潟大学人文社会・教育科学系教授を経て、新潟大学名誉教授。
「中国改革・開放期における家族と婚姻法の変化」佐藤康行ほか編『変貌する東アジアの家族』（早稲田大学出版部・2004）、「中国夫婦財産制に関する一考察」中国研究月報706号（中国研究所・2006）、『確認　中国法用語250』（共編著、成文堂・2011）など。

小口彦太（こぐち・ひこた）　＊3章3節、8章担当
1947年生まれ。早稲田大学大学院博士後期課程単位取得退学（博士（法学））。早稲田大学法学学術院教授を経て、現在、早稲田大学名誉教授、江戸川大学学長。
『中国ビジネスの法と実際』（監修、日本評論社・1994）、『現代中国の裁判と法』（成文堂・2003）、『現代中国法〔第2版〕』（共著、成文堂・2012）、『中国契約法の研究』（編著、成文堂・2017）など。

中島　敏（なかじま・さとし）　＊4章担当
1938年生まれ。東京大学卒業。弁護士・弁理士（中島敏法律特許事務所）。
『日中対訳逐条解説中国特許全法令』（財団法人経済産業調査会・2006）、『中国特許法第3次改正ガイドブック』（共訳、社団法人発明協会・2009）、『最新中国ビジネス法の理論と実務』（共著、弘文堂・2011）など。

文　元春（ぶん・げんしゅん）　＊3章4節、6章2節、7章担当
1979年生まれ。早稲田大学大学院法学研究科博士後期課程修了（博士（法学））。現在、早稲田大学法学学術院准教授。
『中国の森林をめぐる法政策研究』（共著、成文堂・2014）、『中国の法と社会と歴史』（共編著、成文堂・2017）、『中国不法行為法の研究』（編著、成文堂・2019）など。

松尾剛行（まつお・たかゆき）　＊9章担当
1984年生まれ。東京大学法学部卒業、ハーバード大学ロースクール修了（LL. M.）、北京大学経済学院エグゼクティブMBAコース修了、北京大学法学院中国法修士課程修了（修士（中国法））。現在、桃尾・松尾・難波法律事務所パートナー、ニューヨーク州弁護士、慶應義塾大学非常勤講師、中央大学非常勤講師、筑波大学非常勤講師。
『AI・HRテック対応　人事労務情報管理の法律実務』（弘文堂・2019）、『最新判例にみるインターネット上の名誉毀損の理論と実務〔第2版〕』（共著、勁草書房・2019）など。

森脇　章（もりわき・あきら）　＊5章2節・3節、10章5節担当
1970年生まれ。慶應義塾大学法学部卒業。現在、アンダーソン・毛利・友常法律事務所東京事務所パートナー、同上海事務所首席代表、中国人民大学法学院客員教授、慶應義塾大学法科大学院・グローバルロースクール非常勤講師、上海国際経済貿易仲裁委員会（上海国際仲裁センター）仲裁人。
「中国不法行為（侵権責任法）の制定と中国民法の動向」法律時報1018号（共著、2010）、『最新中国ビジネス法の理論と実務』（共著、弘文堂・2011）など。

劉　淑珺（Liu Shujun）　＊9章担当
1983年生まれ。中国人民大学卒業、北京大学法学院法学修士課程修了（修士（法学））、東京大学大学院法学政治学研究科博士前期課程修了（修士（法学））。現在、中国の環球法律事務所パートナー。
「中国における過去の独占禁止法執行体制の回顧と現行体制の概要」公正取引821号（共著、2019）など。

【編　者】

田中信行　　東京大学名誉教授

【執筆者】

石本茂彦　　弁護士（森・濱田松本法律事務所）

國谷知史　　新潟大学名誉教授

小口彦太　　早稲田大学名誉教授、江戸川大学学長

中島　敏　　弁護士・弁理士（中島敏法律特許事務所）

文　元春　　早稲田大学法学学術院准教授

松尾剛行　　弁護士（桃尾・松尾・難波法律事務所）

森脇　章　　弁護士（アンダーソン・毛利・友常法律事務所）

劉　淑珺　　中国弁護士（環球法律事務所）

入門　中国法〔第2版〕

2013（平成25）年10月30日　初　版1刷発行
2019（令和元）年10月15日　第2版1刷発行

編　者　田中　信行

発行者　鯉渕　友南

発行所　株式会社　弘文堂　101－0062　東京都千代田区神田駿河台1の7
　　　　　　　　　　　　　　TEL03（3294）4801　　振替00120－6－53909
　　　　　　　　　　　　　　https://www.koubundou.co.jp

装　幀　宇佐美純子

印　刷　大盛印刷

製　本　井上製本所

© 2019 Nobuyuki Tanaka. Printed in Japan

JCOPY ＜（社）出版者著作権管理機構　委託出版物＞
本書の無断複写は著作権法上での例外を除き禁じられています。複写される場合は、
そのつど事前に、出版者著作権管理機構（電話 03-5244-5088、FAX 03-5244-5089、
e-mail : info@jcopy.or.jp）の許諾を得てください。
また、本書を代行業者等の第三者に依頼してスキャンやデジタル化することは、たと
え個人や家庭内での利用であっても一切認められておりません。

ISBN978-4-335-35798-5